LA UNIVERSIDAD MULTILINGÜE

EVA ALCÓN
FRANCESC MICHAVILA
(*editores*)

LA UNIVERSIDAD MULTILINGÜE

EVA ALCÓN
JASONE CENOZ
FRANCESC ESTEVE
FERNANDO ETAYO
MARÍA PILAR GARCÍA MAYO
ROGER GILABERT
SANTIAGO GONZÁLEZ FERNÁNDEZ-
CORUGEDO
DURK GÖRTER

FEDERICO GUTIÉRREZ-SOLANA
DAVID LASAGABASTER
MIGUEL MARTÍNEZ
FRANCESC MICHAVILA
CARMEN MUÑOZ
CARMEN PÉREZ
ALBERTO RUIZ
MARÍA PILAR SAFONT

tecnos

Diseño de cubierta:
Natalia Lobato

© Eva Alcón y Francesc Michavila, 2012
© EDITORIAL TECNOS (GRUPO ANAYA, S.A.), 2012
Juan Ignacio Luca de Tena, 15 - 28027 Madrid
ISBN: 978-84-309-5461-2
Depósito Legal: M. 6.528-2012

Printed in Spain.

«A totes les persones amb qui hem compartit il·lusions durant 10 anys.»

ÍNDICE

PRÓLOGO

Las lenguas son el principal instrumento de comunicación entre los seres humanos y, como tales, se encuentran en la base de todo el desarrollo socioeconómico y cultural que hemos experimentado como especie, inimaginable e imposible si no hubiéramos contado con esta capacidad de interrelación y entendimiento. Además, las lenguas suponen el principal vehículo para la transmisión del conocimiento, elemento capital en nuestra evolución a lo largo de los siglos, pero especialmente fundamental en el momento histórico en el que nos encontramos. Por ello, todo análisis que se lleve a cabo sobre el papel que juegan las lenguas —en el pasado, en el presente y en el futuro— en nuestras sociedades redundará, sin lugar a dudas, en un mejor aprovechamiento de las mismas y en un progreso social. El presente volumen, que han coordinado magníficamente los profesores Francesc Michavila y Eva Alcón, se inspira precisamente en esa concepción de las lenguas como elemento clave y motor para un futuro mejor.

Las universidades, y en especial sus comunidades, son organizaciones sociales complejas y exigentes, que reclaman mucha reflexión y consenso en todos los ámbitos de aplicación de la política y la gestión. En el caso concreto de las políticas sociolingüísticas, la reflexión crítica, el debate y el consenso se hacen todavía más necesarias para poder aunar la multiplicidad de puntos de vista desde los que se debe abordar el tema del multilingüismo. Para las universidades, las lenguas, además de su obvia función comunicativa, tienen también un papel fundamental por lo que respecta a la configuración de la realidad y un valor simbólico insustituible para la construcción identitaria y la cohesión social. Desde este punto de vista, la Universidad ha de huir de cualquier reduccionismo utilitarista que pretenda minusvalorar las lenguas en función de su número de hablantes y su predominio, y ha de contribuir, por el contrario, a preservarlas por su valor en sí, como elementos vivos de la cultura, y también como derecho esencial de la ciudadanía. Todo ello sin olvidar, por supuesto, las evidentes oportunidades que genera el hecho de que determinadas lenguas puedan convertirse en elementos de encuentro y entendimiento para diferentes culturas alrededor del mundo.

A los retos generales del multilingüismo, que se ha extendido gracias a las posibilidades de las nuevas tecnologías de la información, las universidades además hemos de dar respuesta a las nuevas exigencias que se derivan de la creación de un nuevo espacio propio de educación superior, en el que el inglés parece llamado a ser la lengua universal para el intercambio de conocimientos, una situación ventajosa que hemos de hacer compatible con la preservación y el fomento de otras lenguas propias del continente europeo.

Todos estos retos, que se concretan en la necesidad de favorecer un mayor conocimiento de diversas lenguas entre nuestras comunidades universitarias, se han abordado en este volumen con rigor y reflexión crítica, lo que sin duda contribuirá a un mejor análisis de este problema y a la búsqueda de las propuestas y soluciones más oportunas. Todos somos conscientes de las necesidades lingüísticas que las universidades hemos de satisfacer, tanto desde un punto de vista interno, organizativo, como desde la perspectiva de instituciones clave en la enseñanza superior, la investigación y la difusión de la cultura. Por este motivo, es más necesario que nunca incentivar el diálogo y promover vías de cooperación interuniversitaria, como las que se recogen en este libro que muestra diferentes experiencias en el ámbito del multilingüismo en la Universidad en Europa, en Estados Unidos y en Australia. Por ello, quisiera felicitar especialmente a todos sus autores, que ofrecen aquí los textos clarividentes que resultarán de gran ayuda como marco de referencia en el futuro. Sólo desde una actitud constructiva, reflexiva y de fidelidad al intelecto podremos conseguir el éxito ante el reto que supone hoy el multilingüismo en la Universidad, para lo cual este texto resultará sin ninguna duda un aliado de gran ayuda.

VICENT CLIMENT JORDÀ
Rector de la Universitat Jaume I

INTRODUCCIÓN

La importancia de las lenguas para la internacionalización de las universidades es hoy en día incuestionable. Nadie niega el valor instrumental del inglés como *lingua franca* y su potencial para el intercambio de ideas en un mundo cada vez más globalizado. Al mismo tiempo, también se reconoce que la pluralidad y la diversidad de lenguas son características de la sociedad actual.

El debate universitario sobre las lenguas en la actualidad se centra en el alcance del multilingüismo y la definición de un modelo de educación multilingüe, según el contexto geográfico de las universidades.

Son muchos los que pueden, y deben, participar en este debate: debe el multilingüismo ser una realidad concreta en la vida de la universidad. En primer lugar se hallan aquellos que tienen responsabilidades en el diseño y la ejecución de la política universitaria, regional, nacional y europea, y los equipos de gobierno de las universidades. A ellos les corresponde hacer viable la idea que el multilingüismo es un valor añadido en la formación universitaria.

Un punto de partida para abordar esta tarea lo encontramos en los diversos documentos de la Comisión de las Comunidades Europeas. En el documento *Una estrategia marco para el multilingüismo*, publicado por la Comisión en el año 2005, se sugiere que cada individuo ha de poseer un conocimiento suficiente en, al menos, dos lenguas extranjeras además de su lengua materna. De manera similar, en la comunicación que la Comisión dirigió al parlamento Europeo en 2008, y que llevaba por título *Multilingüismo: una ventaja para Europa y un compromiso compartido*, se proponía que se fomentasen los idiomas, como medio que facilita la cohesión social y la prosperidad de los europeos. Dos objetivos centrales definidos en la Estrategia de Lisboa unos años antes.

Igualmente, en muchos de los encuentros que periódicamente organiza la Cátedra UNESCO de Gestión y Política Universitaria de la Universidad Politécnica de Madrid, algunos de ellos realizados con la colaboración de la Universitat Jaume I, se ha puesto de manifiesto el valor de las lenguas en la educación superior. En las conclusiones de seminarios como *La transversalidad en la educación universitaria, La profesión de profesor de universidad, Universidad e inmigración: un paso hacia la sociedad multicultural,* o *El día después de Bolonia,* se encuentran varios ejemplos de que las lenguas ocupan, y ocuparán aún más, un lugar destacado en la política universitaria.

Tampoco podemos olvidar la contribución del profesorado universitario. Sus experiencias, reflexiones y trabajos científicos ayudarán a los responsables académicos en la toma de decisiones encaminadas a la construcción de una universidad multilingüe, capaz de preparar a los estudiantes para desenvolverse satisfactoriamente en un mundo globalizado, siendo ciudadanos activos y con voluntad de incorporar su propio bagaje cultural a la convivencia colectiva.

En este libro se recoge el debate de la construcción de una universidad multilingüe en el que han participado diversas personas de la comunidad universitaria, responsables del diseño de las políticas universitarias e investigadores en la temática. Gracias a la generosidad de todos ellos y a su compromiso con la universidad multilingüe es posible que este libro vea hoy la luz.

El contenido del libro se estructura en cuatro partes. La primera, *El valor de las lenguas;* la segunda, *Luces y sombras en la universidad actual*; la tercera, *Hacia un horizonte multilingüe;* y finalmente, *Unos pasos en el camino.*

En el valor de las lenguas se describe el presente como un tiempo de oportunidades para la internacionalización de la universidad, y por tanto de uso del inglés como *lingua franca* para la difusión científica y para el uso de las tecnologías de la información y la comunicación, sin que por ello, haya de olvidarse la convivencia del inglés con diversas lenguas en los campus universitarios. Los autores de esta primera parte son Francesc Michavila, director de la Cátedra UNESCO de Gestión y Política Universitaria de la Universidad Politécnica de Madrid; Federico Gutiérrez-Solana, rector de la Universidad de Cantabria y expresidente de la Conferencia de Rectores de las Universidades Españolas, junto con Alberto Ruiz y Fernando Etayo, profesores de esta misma universidad; y Francesc Esteve, investigador de la Cátedra UNESCO de Gestión y Política Universitaria.

El segundo apartado, *Luces y sombras en la universidad actual*, fue escrito por Santiago González Fernández-Corugedo, consejero de Educación en Australia y Nueva Zelanda; Miguel Martínez, catedrático de universidad y exconsejero de Educación en Estados Unidos y Canadá; David Lasagabaster, profesor y exvicerrector de relaciones internacionales. En esta parte se lleva a cabo un repaso a las políticas multilingües en el ámbito universitario de Australia, Estados Unidos y Europa. Los autores muestran con realismo las dificultades que plantea una educación multilingüe en diferentes contextos, pero también señalan la necesidad de avanzar en esta dirección, aportando ejemplos de buenas prácticas en Europa para el paso de un sistema universitario monolingüe a uno multilingüe.

Hacia un horizonte multilingüe, la parte tercera de este libro, recoge, entre otros, los trabajos elaborados por Jasone Cenoz, catedrática y exvicerrectora de relaciones internacionales y Durk Görter, Ikerbasque de la Universidad del País Vasco. Estos autores plantean un modelo para la definición del multilingüismo según las características sociolingüísticas de cada universidad, que resulta necesario para el diseño y la planificación de la política lingüística en los campus universitarios. A continuación, María Pilar Safont, directora de la Unidad de Educación Multilingüe de la Universitat Jaume I, y Eva Alcón, catedrática y directora del grupo de investigación en Lingüística Aplicada a la Enseñanza de la Lengua Inglesa (LAELA), inciden respectivamente en la importancia del bagaje lingüístico y cultural del estudiantado, en el peligro que supone un enfoque monolingüe con inglés y en la importancia de la planificación de acciones encaminadas a la construcción de una universidad multilingüe.

Algunas de estas acciones se plantean en el cuarto y último apartado del libro, *Unos pasos en el camino*. Carmen Muñoz, catedrática y exvicerrectora de política científica de la Universitat de Barcelona, y el profesor Roger Gilabert narran dos experiencias que surgieron en el proceso de mejora de las competencias lingüísticas y la internacionalización en su universidad. La primera presenta un diseño lingüístico basado en las necesidades del estudiantado y la segunda relata la experiencia piloto de un programa de formación del profesorado para impartir docencia en inglés. Respecto a la formación del profesorado la profesora García Mayo, catedrática de la Universidad del País Vasco y directora del Máster Universitario de Adquisición de Lenguas en Contextos Multilingües, enfatiza la importancia de la formación del profesorado universitario responsable de la enseñanza de lenguas extranjeras. Por último, Carmen Pérez, delegada del rector para la Política Lingüística en la Universitat Pompeu Fabra, reflexiona, en primer lugar, sobre las políticas europeas de movilidad y promoción de lenguas que afectan a la educación superior en el horizonte del Espacio Europeo de Educación Superior y, en segundo lugar, aborda los programas de movilidad y los beneficios lingüísticos de las estancias en el extranjero.

En síntesis, este libro integra una visión actual de las lenguas en la educación superior que señala algunos peligros que deben ser superados para que la universidad multilingüe sea una realidad en la educación superior. Como editores estamos convencidos de que el multilingüismo, además de facilitar la comunicación en un mundo cada vez más globalizado, también potencia la riqueza cultural, la tolerancia y la apertura de miras en una sociedad. Es, en definitiva, un valor añadido de la formación universitaria.

La visión que hemos pretendido transmitir sobre la construcción de una universidad multilingüe no hubiera sido posible sin la reflexión realizada a lo largo del tiempo por los autores de los capítulos del libro. A través de su investigación, encuentros y, también, su amistad empezamos a soñar en la edición de este libro. Hoy el proyecto es una realidad. Igualmente debemos dar público testimonio del apoyo que hemos recibido de los miembros de la Cátedra UNESCO de Gestión y Política Universitaria. Durante las reuniones en la sede de esta Cátedra, los editores, junto con Francesc Esteve, nos olvidábamos del reloj discutiendo temas universitarios y detalles de la edición del libro, así como reflexionando sobre la vida. Este libro es el resultado del trabajo realizado, pero los encuentros han dejado huella en nuestra vida.

Del mismo modo, nuestro trabajo se ha visto influido por el compromiso social de la Universitat Jaume I y los equipos que la han liderado. Durante el tiempo que asumimos responsabilidades académicas en esta universidad, aprendimos de estos equipos e intentamos dar respuesta a las demandas sociales que planteaba nuestro entorno. Ahora, alejados de la responsabilidad de la representación institucional, hemos querido aportar nuestras ideas para la construcción de una universidad que refleje los cambios sociales, en este caso el cambio hacia una sociedad multilingüe.

Hasta aquí nuestro trabajo. Confiamos en que este libro suscite más interrogantes y que sirva a aquellos que, en las universidades y en las administraciones, tienen en sus manos la responsabilidad del diseño y la planificación de una política lingüística en los campus universitarios.

EVA ALCÓN
FRANCESC MICHAVILA

CAPÍTULO I
EL VALOR DE LAS LENGUAS

1. LA UNIVERSIDAD MULTILINGÜE*

1.1. UN PLANTEAMIENTO GENERAL

Internacionalización es la palabra. Pocas cosas de nuestro tiempo no tienen que ver con ella. La cultura de la internacionalización crece día a día, casi todo se hace global a pasos agigantados. El comercio es internacional, las marcas de la ropa de vestir o las de los electrodomésticos apenas se distinguen de un lugar a otro. Todo es y se reviste de un sentido internacional. Quien pretenda quedarse fuera de esa corriente corre el riesgo de caer en lo anacrónico o lo obsoleto. Y hablar de internacionalización es hablar de las lenguas y de sus modos de enseñanza.

En cualquiera de los planes de futuro para las universidades, las iniciativas orientadas a internacionalizarlas ocupan un lugar destacado. Las universidades hacen públicos sus avances científicos y sus resultados académicos, más allá de fronteras políticas o geográficas, intercambian sus estudiantes mediante programas de movilidad transnacionales, sus profesores se organizan en redes docentes o de investigación. La visión más elemental del modo de comunicarse lleva a la conclusión, simple, de que todo el mundo debe saber inglés y todos los intercambios científicos deben utilizar esta lengua. Pero la realidad es más compleja. Ocurre, sin embargo, que por el hecho de que el inglés sea aceptado como la

* Elaborado por FRANCESC MICHAVILA. Catedrático de Universidad, Director de la Cátedra UNESCO de Gestión y Política Universitaria de la Universidad Politécnica de Madrid y Rector Honorario de la Universitat Jaume I.

lingua franca de nuestro tiempo no todos los colectivos de docentes, de investigadores o de estudiantes lo utilizan con fluidez, ni tampoco las otras lenguas dejan de tener cabida en el nuevo tiempo de la educación superior.

Nadie niega la importancia que debe concederse a la enseñanza de las lenguas en las sociedades avanzadas, ni tampoco se refuta el hecho de que en la Europa plural y diversa a la que pertenecemos los flujos de personas y el intercambio de las ideas deben ser estimulados y simplificados.

La Ilustración dio una importancia capital a los viajes y las estancias en el extranjero, en el progreso de construcción de una sociedad europea fundada en la racionalidad, la libertad individual y el laicismo. En nuestros días, por encima de las diferencias lingüísticas, la permeabilidad entre las culturas se halla en la base del fortalecimiento de la soñada patria europea; de esa Europa unida que unos días se percibe como cercana y otros se aleja a base de torpezas políticas y egoísmos nacionales.

La Ilustración engendró a Europa tal como hoy la concebimos en la realidad, y nosotros somos los herederos de aquella visión fundada en la educación multilingüe.

El presente es un tiempo de oportunidades, a la vez que de amenazas, para la convivencia de lenguas diversas. Esto es así particularmente en los ámbitos universitarios, donde lo global y lo local deben combinarse armónicamente. La institución universitaria da, o puede dar, solución a la tensión entre el valor expansivo de las ideas y los intereses globales y el sentido de lo local, entendido como el resultado de una fuerza motora por la que los pueblos hallan en sus raíces los fundamentos de sus expectativas futuras.

La globalización es percibida a menudo como una amenaza, cuando se entiende en un sentido de mercantilización y de fuente de beneficios inagotables para las empresas multinacionales. Frente a ella, las culturas y las lenguas más locales no pueden dar una respuesta a la defensiva, surgida del miedo a lo desconocido, que ve todo lo que viene de fuera como fuente de peligro para la propia subsistencia. Esa visión conservadora o inmovilista encuentra el cielo del «mañana» lleno de negros nubarrones.

La tensión entre lo global y lo local no está resuelta. Se trata de una tensión compleja, que puede ser, aunque resulte paradójico, campo abonado para la creación y que requiere la búsqueda de soluciones complejas, a la vez que distintas, por parte de cada una de las sociedades.

La tarea académica y de creación científica de las universidades puede ayudar decisivamente a hallar esas soluciones. Pocas, acaso ninguna, instituciones son más idóneas que la universidad para encajar con armonía los valores y los principios de la globalización y de la expresión propia de cada uno de los pueblos. Y es aquí, en esta sintonía de aquello que tiene sentido universal y aquello otro que se enraíza en los valores singulares de cada comunidad, donde la convivencia fértil y simbiótica de las lenguas adquiere su principal virtud.

La universidad europea es multilingüe. La norteamericana no lo es, pero la europea lo es y lo será. El multilingüismo debe ser considerado como un valor añadido, una riqueza adicional que poseemos, y debemos valorar los europeos. No se trata de que para preservar ese patrimonio cultural se inventen barreras artificiales entre los universitarios, ni que la comunicación se dificulte, o que se entorpezca la movilidad de los jóvenes interesados en desplazarse a otro país, con otra lengua distinta de la propia, para completar sus estudios.

La lengua para la difusión de los conocimientos científicos es el inglés. Ésta es una realidad irrebatible. Quizá nos gustaría más que la lengua universal para difundir los avances de la ciencia fuese la nuestra propia, el francés, el castellano, el alemán o el catalán, pero la realidad es así.

Todos los que aspiren a difundir sus avances científicos deben aceptarla y saber que «el inglés internacional», al que se refería Todorov en uno de sus libros, es un instrumento de trabajo imprescindible. Las universidades han de utilizarlo masivamente, y estimular su uso no sólo en sus publicaciones de mayor relevancia, sino también en la docencia que imparten en cursos avanzados. No tienen a su alcance otro modo de proceder si aspiran a ser atractivas para estudiantes de otros países. Ésta es la realidad, y el punto de partida de una visión de la universidad europea multilingüe.

La pluralidad y la diversidad de lenguas y culturas es una de las diferencias esenciales entre la sociedad americana y la sociedad europea. Uniformidad frente a diversidad. Dos valores contrapuestos entre ambas.

Afirma Miguel Ángel VILLENA (2006) en su texto *La Europa de los idiomas y las culturas,* recogido en el libro *Universidad y Economía en Europa* que «la hegemonía económica, política, militar y cultural de Estados Unidos se ha sustentado pese a las apariencias sobre un rígido monolingüismo, sobre una exclusión social, todavía hoy de todos aquellos *wasp*, es decir, blancos anglosajones y protestantes y sobre un rechazo a que las nuevas minorías ocupen parcelas importantes de poder».

Frente a esta manera de entender la sociedad, y aunque de ella se derive un predominio o un liderazgo mundial, la mayoría de los europeos prefieren los *inconvenientes* de la diversidad. Es su historia. Está en las raíces del proceso de nacimiento y consolidación paulatina de la Unión Europea.

¿Qué significa que una universidad sea multilingüe? ¿Cómo debe organizarse de manera positiva la convivencia entre varias lenguas dentro de una institución? El sentido multilingüe del sistema de universidades europeas se entiende fácilmente de modo intuitivo; pero la convivencia fértil de varias lenguas dentro de una institución no se desarrolla de modo espontáneo, sin que se diseñen por los responsables académicos las estrategias adecuadas.

Una universidad podrá ser bilingüe en su docencia; incluso trilingüe, si imparte sus clases en la lengua regional que le sea propia, en la lengua común al Estado al que pertenezca y en la lengua inglesa que les abre sus puertas a estudiantes de otros ámbitos geográficos. Más aún, una universidad puede contener dentro de sus programas educativos enseñanzas de una o varias lenguas extranjeras. Pero todo esto no puede ser caprichoso, basado en ocurrencias o modas temporales, ha de estar en sintonía con los intereses de los ciudadanos. Un planteamiento plurilingüe debe ser visto como un beneficio y no como una imposición.

En el Eurobarómetro *Europeans and their Languages*, publicado en febrero de 2006, el 67 por 100 de los encuestados opinaban que la enseñanza de las lenguas debía ser una prioridad política. En los cinco años anteriores a tal documento, el número de ciudadanos europeos que conocían al menos una lengua extranjera, distinta de su lengua materna, había crecido linealmente desde el 47 por 100 en 2001 al 56 por 100 en 2005.

También aumentó el porcentaje de europeos que opinaba que el conocimiento de lenguas extranjeras era de alta utilidad. Los que así se expresaban eran el 83 por 100 en 2005 frente al 72 por 100 en 2001.

En ese Eurobarómetro de 2006 se recogía también el sentimiento generalizado de los ciudadanos europeos en cuanto a que los niños debían aprender inglés como la primera lengua extranjera. En tal visión coincidían más de tres cuartas partes de los consultados.

El programa Erasmus es una de las plasmaciones más evidentes de la universidad multilingüe. Su éxito lo convierte en una fragua fundamental de la colaboración y la integración en un proyecto común de las universidades europeas, más allá de la lengua propia de cada una. Los estudiantes, que disfrutan del beneficio y el privilegio de esta movilidad durante sus estudios de grado, se integran en los hábitos culturales y sociales del lugar de la universidad donde acuden sin problemas. No hay dificultades a causa de las lenguas originarias de cada uno, y la convivencia humana, social y cultural, que entre ellos se establece, constituye uno de los fundamentos más auténticos, sencillos y espontáneos, que sustentan la nueva ciudadanía europea emergente en la actualidad.

El caso de España es paradigmático en cuanto a la movilidad de los estudiantes universitarios amparada por el programa Erasmus. Si la mayoría de los informes sobre el conocimiento de lenguas extranjeras sitúa a España en los últimos lugares entre los países europeos, ello no limita la disponibilidad de las instituciones españolas para recibir estudiantes de otros países y, lo que es más importante, el interés que los jóvenes españoles tienen para desplazarse durante un año de sus estudios a una universidad de otro país europeo. España es el primer país receptor del programa Erasmus y el segundo en cuanto al envío de sus estudiantes a universidades foráneas.

La movilidad de los estudiantes constituye uno de los pilares esenciales del multilingüismo universitario. Pero el nivel de los estudios a cursar condiciona grandemente la lengua empleada en la universidad de destino. Si un joven quiere cursar estudios avanzados, lo que comúnmente se entiende como estudios de máster, en la inmensa mayoría de los casos sabe que la lengua en la que recibirá su formación será el inglés. Sin embargo, en los estudios universitarios previos, lo que se denomina enseñanzas de *bachelor* o de grado, la situación es mucho más plural. El inglés ocupa una posición importante pero no exclusiva en ese nivel formativo. El joven que se desplaza a una universidad de otro país habitualmente tendrá que hacer un esfuerzo lingüístico complementario.

Esto no representa ninguna barrera insalvable. Nadie aduce esta razón para abandonar. Por el contrario, la pluralidad de las nacionalidades y la diversidad de las lenguas son factores que contribuyen positivamente a la construcción en Europa de un proyecto universitario multilingüe.

El Consejo de la Unión Europea promovió una resolución en el año 2008 a favor del multilingüismo. La Comisión acogió favorablemente una Comunicación denominada *Multilingüismo, una ventaja para Europa y un compromiso compartido*. El organismo rector de la política europea estimaba en ese texto que «el multilingüismo es un tema transversal de envergadura, que abarca las esferas sociales, culturales, económicas y, por tanto, educativas».

En el desarrollo de la Comunicación, la Comisión animaba a los Estados miembros a que reforzasen el aprendizaje de lenguas a lo largo de toda la vida. Más concretamente, alentaba a los Estados a que se esforzasen en incrementar la enseñanza de las lenguas en todos los niveles educativos. La enseñanza de todas las lenguas, las lenguas de un alcance geográfico más limitado y las lenguas más extendidas. Asimismo, la Comisión animaba al uso de herramientas innovadoras y de las tecnologías *on line* para el aprendizaje de las lenguas europeas.

La resolución del Consejo europeo pretendía impulsar un nuevo marco de acción política tendente a favorecer el multilingüismo, vinculándolo estrechamente con la educación en general y de modo específico con la Educación Superior.

1.2. EL APRENDIZAJE DE LENGUAS

La plasmación de una universidad multilingüe en sus actividades docentes e investigadoras podría entenderse como una institución en la que sus docentes, y sus discentes en el ámbito educativo, estuviesen familiarizados con tres o cuatro lenguas: la lengua propia, el inglés, la lengua oficial del Estado y otra lengua europea, distinta de unas y otras, según su historia, su ubicación territorial o sus específicas opciones culturales o sociales. O sea, en una universidad valenciana, por citar un ejemplo concreto, se podrían usar el castellano, el catalán y el inglés en la enseñanza y la investigación; esta última, sobre todo, emplearía como vehículo principal para la difusión internacional de sus resultados la lengua inglesa. Además, los estudiantes podrían acceder al conocimiento de otra lengua europea como pueden ser el alemán, el francés o el italiano.

Así fue el diseño inicial lingüístico de la Universitat Jaume I. Un planteamiento que difiere en poco del habitual en muchas de las mejores universidades europeas, y del que se sienten satisfechas y orgullosas de hacerlo.

Hablar de un proyecto universitario común para los europeos, y diseñar estrategias encaminadas a convertirlo en realidad, lleva de modo inexorable a que se sitúen en una posición preferente ciertas cuestiones cruciales. Una de ellas es el uso de varias lenguas en la enseñanza y la investigación, con un fuerte carácter extensivo del inglés. La revisión de su alcance y el replanteamiento de las metodologías empleadas adquieren un valor singular en un escenario de aprendizaje diferente, de cambio en los modos del trabajo formativo y de la educación activa.

Si se aspira a que la educación superior en Europa sea mejor, a que dé un salto cualitativo relevante, los programas de estudio de lenguas no pueden tener en la actualidad o en el futuro el mismo alcance que tenían en tiempos pasados, ni conformarse con los mismos objetivos.

Aprender lenguas hoy no es un hecho aislado. Aprender lenguas hoy tiene mucho que ver con otros valores educativos y con otras competencias formativas. Aprender lenguas hoy, en definitiva, forma parte del mismo apartado educativo que las actuaciones encaminadas a la mejora de la comunicación oral o al incremento de la movilidad.

La consideración del aprendizaje de lenguas en los campus universitarios ha cambiado mucho en los últimos años. Antes se discutía sobre cuántos cursos debían darse de inglés o cuantos créditos había que reservar para la enseñanza de las lenguas. Incluso en los centros que se tenían por más avanzados, el debate se centraba en la incorporación de la enseñanza de una segunda lengua. No se discutía que en los cuadros horarios ocupasen tiempo la enseñanza en aula o en laboratorios del inglés, sino, si había que incorporar también el alemán, el francés o... el chino.

Con el paso del tiempo, y muy singularmente en los últimos años, ha ido ganando terreno una visión educativa diferente en la que el aprendizaje de los idiomas no es materia propia de los programas educativos universitarios, sino de centros especializados en dicha actividad. Si bien al principio estas ideas estaban más extendidas, e incluso ampliamente aceptadas por los departamento dedicado a las ciencias experimentales, poco a poco se ha ido produciendo un cierto consenso en torno a la idea de que la eficiencia de las aulas universitarias para la enseñanza de idiomas es dudosa y que procede organizarla de otra forma.

Los centros de aprendizaje de idiomas, entendidos como lugares donde la universidad presta este servicio, y las instituciones, públicas o privadas, especializadas en este tipo de formaciones, con las que se establezcan acuerdos de colaboración parecen lugares más idóneos para aprender lenguas.

También los hábitos sociales han cambiado mucho en los dos últimos decenios. Se viaja mucho más y salir al extranjero en la adolescencia es algo habitual. El punto de partida para el aprendizaje de lenguas en el período de educación superior es muy diferente de unos jóvenes a otros. Algunos, incluso, tienen el privilegio de realizar en otros países, y especialmente en los de cultura sajona, una parte de sus estudios secundarios.

Ello lleva a que sea cada vez más habitual en las universidades europeas más prestigiosas que las instituciones marquen un nivel de exigencia de lenguas foráneas, sobre todo de inglés, y pidan a sus estudiantes que demuestren poseer tales conocimientos, mediante la presentación de certificados o diplomas que prueben haberlos adquirido fuera de los campus. Las certificaciones de lenguas por parte de prestigiosas universidades británicas o norteamericanas o la evaluación de tales conocimientos por instituciones especializadas al respecto son cada vez más corrientes.

Sin embargo, las universidades no pueden limitarse a establecer el nivel de exigencia y no poner a disposición de sus estudiantes los medios para alcanzarlos. Si no actuasen así, las universidades favorecerían una discriminación entre los jóvenes, favorable a los que provienen de ámbitos sociales con mayores recursos. De ahí que las universidades no deben desentenderse del aprendizaje de las lenguas y de la supervisión de los centros en los que se realizan dicho aprendizaje.

¿Cómo debe orientarse en el nuevo contexto europeo la enseñanza de las lenguas? ¿Cuál debe ser su alcance? ¿Cómo medir los resultados? ¿Hasta dónde llega la uniformidad y a partir de dónde debe empezar la diversidad? ¿Hacia qué competencias formativas debe apuntarse? ¿Qué importancia tiene la incorporación de los créditos europeos en la ordenación de los estudios de lenguas? ¿Qué actividades formativas de tipo transversal pueden favorecerse con el uso de lenguas distintas de la propia?

Estas son algunas de las preguntas sobre el cómo y el dónde de la enseñanza de las lenguas. Parece cada vez más evidente que debe organizarse por servicios externos a los departamentos clásicos de las universidades. Pocos pueden dudar de que el denominado Proceso de Bolonia haga que el papel de las lenguas en el futuro universitario sea profundamente diferente al que tenía poco tiempo atrás. El actual es un momento muy oportuno para la revisión de los conocimientos lingüísticos. No se trata de que el inglés u otras lenguas de interés cultural o científico compitan con las matemáticas o la física, por ejemplo, en los programas de enseñanza. Al menos no en cuanto a la ordenación del tiempo lectivo y a las metodologías de evaluación.

La internacionalización, la movilidad y la cooperación entre instituciones en redes docentes o investigadoras son buenas razones que amparan y justifican cuantos esfuerzos se hagan en los campus universitarios para favorecer el trabajo en común de académicos de lugares geográficos más o menos alejados.

Si se acepta el carácter «externo» del aprendizaje de las lenguas respecto a la actividad docente e investigadora que se lleva a cabo en los campus universitarios puede parecer que se da un paso en la dirección correcta. Pero con la externalización de este tipo de enseñanzas no se terminan las responsabilidades de las instituciones al respecto. Surgen algunas preguntas que precisan de contestación. ¿Por dónde debe empezar la innovación en los programas de estudio de las lenguas de modo que sus objetivos se ajusten correctamente con las expectativas de la docencia y la investigación universitarias? El conocimiento de las buenas prácticas que otros realicen sobre dicha cuestión y la posibilidad de incorporar sus resultados fértiles en cada uno de los campus es una estrategia que resulta conveniente. Pocas cosas hay más útiles que aprender de lo que otros hacen bien.

¿La formación en lenguas debe desarrollarse a lo largo del curso académico o concentrarse en el período de vacaciones? ¿Cómo vincular el estudio de lenguas con la movilidad, entendiendo el binomio como el fortalecimiento de las relaciones con los estudiantes extranjeros?

Queda mucho por hacer, no todo consiste en aumentar el nivel de exigencia de los conocimientos de la lengua inglesa. Hay una cuestión esencial que surge de manera inmediata: la vinculación entre las lenguas y las culturas de los países que las hablan.

La enseñanza de las lenguas es un campo abonado para la renovación metodológica. El trabajo en equipo, las exposiciones orales, las búsquedas bibliográficas, la argumentación y el debate público son algunas de las modalidades en las que se debe incidir a la hora de definir las ofertas formativas en lenguas.

También ocupan un lugar destacado en el panorama de la educación lingüística, los intercambios de corta duración de estudiantes entre instituciones de intereses afines, o el uso de tecnologías virtuales y el trabajo en red dentro de programas compartidos entre centros universitarios de latitudes diferentes pero con similares intereses académicos y objetivos lingüísticos.

El obstáculo para la movilidad es económico o administrativo; nunca se hallan dificultades insalvables en el aprendizaje de las lenguas. Cada vez más, los jóvenes universitarios realizan, y realizarán cada día más, estancias en otros países y, por tanto, tendrán a su alcance con mayor facilidad y amplitud varios períodos de tiempo en los que puedan realizar procesos de inmersión lingüística.

El tiempo presente da una gran oportunidad para la innovación en la enseñanza de las lenguas.

Los departamentos de filología son sin duda las unidades de docencia e investigación más próximas a la cuestión de la enseñanza de lenguas. Cabe preguntarse por su papel en el buen desarrollo de esta actividad formativa. Los profesores de estas disciplinas han de aprovechar el carácter singular de la oportunidad que la construcción del Espacio Europeo de Educación Superior pone a su alcance. Un estímulo y un acicate especial para estos perfiles académicos.

Su misión no es absorber tal actividad e incorporarla a la oferta académica de los respectivos departamentos. Sí que, por el contrario, les corresponde la importante tarea de supervisarla y controlar la calidad de los resultados alcanzados. También deben los profesionales de las disciplinas filológicas participar en la definición de los objetivos educativos que se marquen y de su adecuación a las necesidades de vocabularios específicos que los diversos campos científicos requieran.

El perfil técnico, de conversación y de escritura, será conveniente que sea establecido por estas unidades docentes, además de su participación en el control de la calidad de los servicios prestados por los centros contratados o los servicios creados a tal fin dentro de los campus.

Las áreas de las correspondientes filologías, de un modo singular la de filología inglesa, deben asumir, por encargo de los directivos de la institución universitaria, la tutela académica de la enseñanza de las lenguas.

1.3. EL USO DE LAS LENGUAS

El aprendizaje de las lenguas siempre ha sido importante, ha ayudado a la promoción personal y a que los jóvenes profesionales se incorporasen mejor al mercado de trabajo. Saber inglés solía ser casi siempre un requisito para un buen empleo. Utilizarlo en la enseñanza universitaria era un indicio de innovación y de puesta al día en la disciplina correspondiente. Pero ahora las cosas van mucho más allá. No sólo se trata de aprender inglés u otras lenguas, o de enseñarlas, sino, también, se trata de convertirlas en vehículos fundamentales para la buena educación universitaria.

La cuestión principal ahora no se refiere al modo más eficiente de la enseñanza del inglés, el asunto es de un calado mayor. La cuestión se centra fundamentalmente en el alcance y los límites de la enseñanza en inglés y otras lenguas europeas. La clave se halla en el valor añadido que tiene para el aprendizaje el uso fluido de lenguas foráneas y la adquisición de una capacidad madura de comunicación oral en ellas.

La Europa plural en su expresión y en sus culturas debe tener en el ámbito universitario un lógico reflejo en el empleo de más de una lengua a la hora de adquirir una educación superior.

¿Cuál es la situación de la sociedad española en cuanto al conocimiento de otras lenguas distintas a las propias? En el año 2006 sólo había en la Unión Europea seis estados miembros en los que la mayoría de la población era monolingüe. Entre ellos se hallaba España (junto con Irlanda y el Reino Unido, que lo son por razones evidentes, además de Italia, Hungría y Portugal). El 56 por 100 de los ciudadanos españoles sólo sabía hablar su lengua materna. Este mal dato, de escasa formación lingüística, se ve agravado por el hecho de que apenas un 8 por 100 de todos los europeos consideraban, según estadísticas de ese mismo año, que era poco importante aprender idiomas.

Si la universidad española es reflejo de la sociedad en la cual se integra y desarrolla sus tareas, el avance hacia una universidad multilingüe se ve lastrado por ese punto de partida de pobreza en conocimientos idiomáticos foráneos, de una comunidad poco sensible y desconocedora del valor que posee el aprendizaje de otras lenguas distintas de las propias.

Más aún cuando el castellano se ve superado en su uso y conocimientos por otras cuatro lenguas dentro de la Unión Europea. Si el inglés es hablado por el 51 por 100 de los ciudadanos europeos, según datos del Eurobarómetro antes citado, a continuación le siguen en la importancia cuantitativa de su uso, el alemán que es utilizado por el 32 por 100 de los habitantes del Viejo Continente (el 18 por 100 lo consideran su lengua materna y el restante 14 por 100 lo aprenden), el francés, cuyo conocimiento alcanza al 26 por 100 de los ciudadanos europeos y el italiano utilizado por el 16 por 100 de los habitantes de los Estados que forman parte de la Unión Europea.

Estos datos conducen a una lectura poco favorable de la situación en España: es una de las sociedades con menos conocimiento de lenguas foráneas dentro de la Unión Europea y su lengua ocupa una posición de relevancia menor que las lenguas propias de los Estados cuyas economías son más avanzadas.

Los profesores universitarios no son una excepción. Los jóvenes suelen tener conocimientos suficientes de otras lenguas, especialmente del inglés, pero los académicos que tienen edades más elevadas encuentran en este asunto un *handicap*, a menudo insalvable. Si se tiene en cuenta que la edad media de los catedráticos de la universidad, según datos del INE del año 2010, supera los

56 años, las instituciones de educación superior españolas tienen en este asunto un problema que resolver.

A menudo, los planes de internacionalización y apertura a los estudiantes extranjeros de los programas de enseñanza más innovadores y originales que se diseñan, y los que pretendieran diseñarse, chocan con la realidad insalvable de que no hay docentes capacitados para llevarlos a la práctica.

La mayoría de los profesores de los campus universitarios en España tiene un nivel alto de conocimientos en su disciplina científica, las valoraciones internacionales los hacen homologables con los que poseen sus colegas de las mejores universidades de otros países, pero, por el contrario, no saben explicarlos en otra lengua que no sea la propia.

Si se diseñan programas educativos con asignaturas que puedan cursarse en otras lenguas diferentes de las oficiales en España, sobre todo en inglés, la dificultad no reside en el nivel científico sino en las limitaciones lingüísticas y en la escasa capacidad de impartir docencia en otras lenguas que tienen bastantes profesores.

Algunos pueden pensar que el planteamiento multilingüe en una universidad añade barreras adicionales en cuanto a la ordenación académica. ¿Es esto así? No cabe duda que es una complicación adicional, pero tiene, en contraposición, muchas ventajas que superan a los inconvenientes.

La riqueza cultural y la apertura de horizontes en los estudiantes constituyen un valor educativo fundamental. A la hora de escoger el horario más conveniente, el estudiante suele valorar como dificultad mayor la conveniencia de un turno horario frente a otro, más que la lengua en la que se imparte una asignatura determinada, siempre que tenga un nivel lingüístico mínimo en tal idioma.

Recuerdo que, en mi tiempo como rector de la Universitat Jaume I, en las titulaciones con una demanda reducida en cuanto al número de estudiantes matriculados, se optó por no duplicar los grupos, de modo que se impartiesen tanto por la mañana como por la tarde las clases en castellano o en catalán. En una lengua se impartían por la mañana y en otra por la tarde. A la hora de escoger, según las contestaciones ante la pregunta que se les hizo al respecto, los estudiantes elegían el grupo guiados por sus preferencias en cuanto al horario, más que por la lengua de impartición.

El diseño de la docencia en una universidad multilingüe debe ser planteado en dos estadios diferentes. No son lo mismo los estudios de *bachelor* o grado que los estudios de máster. Tampoco lo son los volúmenes de estudiantes en cada uno de ellos, ni la proyección internacional de la universidad se relacionan de igual modo con su oferta educativa de cursos iniciales que de cursos avanzados.

En los estudios de *bachelor* o de grado, que deben ser diseñados esencialmente para estudiantes locales, aunque sin olvidar la acogida de estudiantes extranjeros, la movilidad tiene que ser también facilitada.

Una característica que asimismo ha de ser considerada es el grado de optatividad de las enseñanzas. Con todo ello, la universidad que pretenda ser activa, en un panorama europeo de educación superior multilingüe, ha de prever que un porcentaje de sus créditos, que puede estar comprendido entre el 10 y el 25 por 100, debería impartirse en inglés y que, al menos, una asignatura por curso, con carácter optativo pudiera ofertarla a sus estudiantes en otra lengua europea como el francés o el alemán. Si esta opción multilingüe representa un salto demasiado brusco, puede hacerse de manera gradual en varios «escalones anuales».

El planteamiento lingüístico que hace referencia a los cursos avanzados, con carácter exclusivo en los estudios de máster y predominantes en el resto de las actividades docentes vinculadas con el doctorado, debe ser similar al que se esbozaba con anterioridad para la investigación. El inglés es la *lingua franca*. Esto no es rebatible y no tiene sentido, ni utilidad, buscar alternativas artificiosas.

Los estudios de máster deben organizarse con profesores locales capaces de impartir las enseñanzas en inglés y, si es necesario, con el refuerzo de especialistas extranjeros en las correspondientes disciplinas científicas.

La incorporación a las redes internacionales de las ofertas de estudios avanzados es vital para todas y cada una de las universidades, por sus programas de máster se medirá el valor docente de una institución a partir de ahora.

El *bachelor* o grado tendrá una cierta consideración de valor complementario a la hora de medir la calidad educativa de un campus. Su valor será preferentemente de tipo social, de formación del capital humano que impulse el progreso de la sociedad de su entorno, pero la cuestión esencial, el punto clave, radicará —en las mejores universidades norteamericanas y europeas ya es así ahora— en el atractivo que tenga para estudiantes extranjeros.

El asunto no será que vengan jóvenes de otros países sino que esta demanda sea lo suficientemente elevada para que los procesos de admisión adquieran un marcado carácter selectivo.

La visibilidad de las universidades en los buscadores por los que se accede a través de internet a las ofertas de estudios de máster facilita la comparación que de los estudios de este nivel puedan hacer los alumnos que concluyen su *bachelor* y desean completar su formación en buenas universidades extranjeras.

Para que este diseño docente se pueda llevar a la práctica es necesario que las universidades dispongan de eficientes planos lingüísticos. Para los profesores, de modo que los capacite y los incentive en el proceso. Para los estudiantes, con el fin de que la transición que hagan desde su formación en lenguas extranjeras en el período de sus estudios de secundaria hasta la terminación de su primer diploma universitario sea adecuada, y no les cierre ninguna de las puertas que el futuro cada vez más global les abre.

Con esta panorámica se comprende la importancia que tiene el acierto en el diseño de servicios propios de las universidades dedicados a la enseñanza de idiomas y la eficiencia en el cumplimiento de los objetivos que a tal fin se concierten con organismos especializados con la enseñanza de las lenguas.

En el proceso de construcción del Espacio Europeo de Educación Superior, una de las componentes de carácter transversal en la reforma universitaria contemplada hace referencia al contenido europeo de la educación. Las universidades no han de limitarse sólo a incluir en sus programas formativos disciplinas científicas sino que éstos han de incorporar también asignaturas y actividades tendentes a potenciar y a formar en los valores y las culturas europeas.

Aunque por ahora, en esta primera fase del proceso de convergencia universitaria, este principio, sostenido desde las declaraciones de la Sorbona y de Bolonia, ha quedado esbozado pero poco más, no podrá permanecer demasiado tiempo en una posición educativa marginal.

Si la Unión Europea pretende ser a medio plazo una realidad política, cuyas raíces se hallen en los valores del humanismo y la racionalidad que ha marcado su historia, la edificación de una verdadera ciudanía europea exigirá que la dimensión europea de la educación superior tenga un desarrollo considerable. Para su implantación, el sentido multilingüe de las universidades será esencial, y la convivencia fértil entre los diversos idiomas europeos y sus correspondientes culturas se verá favorecida.

Otro aspecto que merece ser citado, a la hora de perfilar una visión multilingüe de la universidad europea, se refiere a la formación *on line* y a los programas compartidos entre instituciones alejadas geográficamente.

No sólo es una cuestión de movilidad de los estudiantes sino también es importante la movilidad de las ideas. Aquí, el valor del sentido multilingüe de la educación superior adquiere una nueva dimensión que debe ser tenida en cuenta.

1.4. El multilingüismo y las alianzas

En el tránsito hacia una posición internacional destacada, las universidades deben superar sucesivos estadios. El primero consiste en la internacionalización de sus estudiantes, gracias a un incremento de los flujos de movilidad en el grado. El segundo se refiere a la internacionalización de sus programas en sus estudios avanzados o de máster. El tercero, que significa el sentido pleno de su carácter internacional, se refiere al uso de varias lenguas en su comunicación cotidiana con las instituciones homólogas de otros lares.

En una ocasión oí a Guy Haug, uno de los principales expertos europeos y participe destacado en el proceso de construcción del Espacio Europeo de Educación Superior, que conocía de primera mano alguna experiencia de centros universitarios franceses que no había funcionado adecuadamente en su intento de buscar una destacada posición internacional a causa de un conocimiento insuficiente de lenguas foráneas por parte de sus profesionales.

Contaba Haug que en el esfuerzo que se realizó por parte de esas instituciones en la captación de buenos estudiantes provenientes de China, las circunstancias que limitaron el éxito de la experiencia no fueron ni la calidad de los programas ni el nivel científico, sino las limitaciones lingüísticas de las unidades de gestión encargadas de atender preguntas y cuestiones de los estudiantes asiáticos sobre sus posibles enseñanzas.

El Consejo de la Unión Europea ha elaborado el año 2010 unas interesantes conclusiones sobre la internacionalización que conviene valorar. El Consejo concede el valor que se merece a la movilidad de los estudiantes universitarios como vehículo para enriquecer su formación personal y para mejorar su empleabilidad gracias a «la adquisición y el intercambio de conocimientos, en desarrollo de competencias lingüísticas e interculturales y la promoción interpersonales». También el Consejo insiste en que «el aumento del flujo de los conocimientos por esta vía puede aumentar la capacidad creativa y de innovación de los jóvenes».

Según el *Study on the Contribution of Multilingualism to Creativity*, publicado por la Comisión Europea en julio de 2009, sobre una muestra de 30 organizaciones consultadas, la formación multilingüe da a los ciudadanos mayor potencial de creatividad y mayores habilidades interpersonales. Así 20 de las 30 organizaciones opinaron que las personal multilingües tienen mayor potencial para pensar *outside the box*, frente a 5 que opinaban lo contrario. También muestran superiores competencias y habilidades de comunicación interpersonal; en este caso, son 18 los que piensan de este modo y 9 los que no lo creen.

Otro dato más del estudio hace referencia al hecho de que si las personas hablan más de una lengua, ello tiene una influencia positiva en su creatividad. En esto la coincidencia es abrumadora, 28 son favorables y 2 no coinciden con esa apreciación.

Un último dato que merece destacarse del cuestionario hace referencia a que los equipos constituidos por personas multilingües son más creativos que los que no tiene esta cualidad. Así lo consideran 16 encuestados frente a 6 que no coinciden con su valoración.

Una de las claves en la educación superior avanzada consiste en la capacidad que tienen las universidades para establecer alianzas entre ellas. Si la universidad es paradigma de globalización, las alianzas de tipo general o para la colaboración en temas concretos deben ser fuentes de sinergias para los campus participantes en proyectos compartidos.

Quizá en el diseño del futuro universitario no haya cuestión más vital que el de las alianzas, tanto para realizar ofertas educativas compartidas como para trabajar en proyectos de investigación conjuntos cuando las fortalezas de las instituciones coinciden en un mismo campo científico.

La reciente experiencia de las convocatorias de Campus de Excelencia, promovidas los dos últimos años por el Gobierno de España constituye un buen ejemplo. Suma las fortalezas de unos y otros, y permite a las instituciones que se alían alcanzar una posición internacional que no podrían esperar individualmente. Parece evidente que en esfuerzos de este tipo, las lenguas no pueden ser un obstáculo. Las alianzas entre universidades deben tener el multilingüismo como una de sus características.

La convergencia europea, tras el proceso culminado en el presente curso de homologación y transparencia de las ofertas educativas en los estudios de grado, ha de desembocar en los próximos años en el impulso decidido de las estrategias de colaboración entre las universidades con intereses afines.

La movilidad es el primer paso, importante, que se da en la convergencia universitaria. A continuación, el siguiente paso no es menor, y se debe centrar en el aumento del potencial académico, científico e investigador de los campus europeos mediante las alianzas necesarias. Estas alianzas no son otra cosa que las herederas, con un sentido temporal más permanente, de los proyectos europeos promovidos por la Comisión Europea en las décadas precedentes.

Si alguien en el pasado, con una visión simplista, entendía el multilingüismo de las universidades europeas como un inconveniente que tenían que superar para poder competir con las norteamericanas, hoy no puede ser entendida así.

El multilingüismo europeo influye, e influirá benéficamente en su educación superior: es fuente de riqueza cultural y los expertos y los estudios realizados al respecto coinciden en que tiene un valor añadido respecto a la apertura de miras de los jóvenes y al desarrollo de sus habilidades.

Una fuente de creatividad, en suma.

1.5. REFERENCIAS BIBLIOGRÁFICAS

COMISIÓN DE LAS COMUNIDADES EUROPEAS (2008): *Multilingüismo: una venta-ja para Europa y un compromiso compartido. Comunicación de la Comisión al Consejo, al Parlamento Europeo, al Comité Económico y Social Europeo y al Comité de las Regiones*, Bruselas, 18.9.2008. COM(2008).

CONSEJO DE LA UNIÓN EUROPEA (2010): «Conclusiones del Consejo de 11 de mayo de 2010 sobre la internacionalización de la educación superior (2010/C 135/04)», *Diario Oficial de la Unión Europea*.

EUROBAROMETER (2006): *Europeans and their languages*, European Commission.

EUROPEAN COMMISSION (2009): *Study on the Contribution of Multilingualism to Creativity*, Brussels.

VILLENA, M. A. (2006): «La Europa de los idiomas y las culturas», en F. Tole-do, F. Michavila y E. Alcón (eds.): *Universidad y economía en europa*, Tecnos, Madrid, pp. 158-160.

2. LAS LENGUAS EN LA ACTIVIDAD INVESTIGADORA*

2.1. INTRODUCCIÓN

La actividad investigadora consiste en realizar un conjunto de acciones para hallar algo que estaba ignorado o desconocido. El lenguaje es el sistema de comunicación, es decir el mecanismo para transmitir o recibir la información adecuada para realizar tal actividad.

El lenguaje en la actividad investigadora es complejo, como lo es la propia actividad. Y como ésta, es muy dependiente de la situación política, social y económica de los actores implicados, de la materia objeto de la investigación y de la propia historia.

La reflexión que se puede hacer sobre el lenguaje científico es, por tanto, compleja. Por una parte, se puede plantear la evolución histórica y aprender del pasado para entender el presente y pre-decir el futuro de la lengua en la investigación. Efectivamente, se aprende de la historia que los factores políticos, económicos y

---

* Elaborado por FEDERICO GUTIÉRREZ-SOLANA. Rector de la Universidad de Cantabria; ALBERTO RUIZ. Director de la Escuela de Doctorado de la Uni-versidad de Cantabria; y FERNANDO ETAYO. Director del Área de Posgrado y Formación Continua de la Universidad de Cantabria.

sociales han estado siempre muy ligados al devenir de la investigación y al desarrollo de la formación de los investigadores. Las actitudes de los gobernantes junto con la toma de decisiones puntuales han producido efectos muy importantes en el desarrollo del conocimiento. Y, por otra parte, la lengua, como medio de comunicación, se engrana también en el contexto social. Ambos, investigación y su lenguaje, se coordinan y lo hacen con la evolución social.

Si se reduce el lenguaje a la comunicación por medio del idioma, ha de aceptarse que, actualmente, el inglés es la lengua de la ciencia, particularmente en las Ciencias Experimentales y Tecnológicas, así como en las Ciencias de la Salud. Lo es también, en buena medida, en el caso de las Ciencias Sociales y las Humanidades, si bien, en este caso se produce una mayor dispersión y dependencia del contexto particular que se analice.

El buen lenguaje científico se caracteriza por ser conciso, seguro y claro, donde las sentencias son cortas y el vocabulario ha introducido nuevas palabras para poder expresar los conceptos científicos. Estas palabras conceptuales son, en buena medida, neologismos derivados del latín e incluso del griego antiguo, por lo que su traducción a diferentes idiomas es bastante similar, lo que hace que el lenguaje técnico sea más universal. Ese sustento a los nuevos avances científicos del latín también lo dieron otras lenguas y hoy lo hace el inglés. Como ejemplos: en Biología, la clasificación (de Linneo) de animales y plantas se hace en latín; algunas expresiones científicas vienen también derivadas del árabe (*algoritmo, álgebra*); muchas palabras técnicas nacidas recientemente se expresan en inglés en todos los idiomas (*hardware, software*). Por otra parte, muchos de los símbolos científicos utilizados hoy en día son universales, para todas las lenguas. Palabras y símbolos comunes facilitan la comunicación científica en el mundo.

Pero, además, hay diversos factores que se están produciendo en la actualidad y que pueden definir las tendencias futuras. La propia comunicación entre humanos es más compleja que la lengua o lenguas utilizadas. La era de la globalización está dotando de tecnologías que hacen cada vez más factibles el intercambio de información, sin el recurso único de la lengua o, al menos, del conocimiento de la lengua del transmisor, para obtener la información por parte del sujeto receptor.

En todo caso la actividad investigadora y la comunicación entre investigadores, como parte fundamental para el desarrollo de dicha actividad, requiere, como toda actividad humana, del intercambio de ideas y opiniones en un contexto que no siempre está inmerso en la propia acción de investigar. Además, del investigador debe trabajar en un contexto social, en el que hay más personajes que los propios investigadores con los que debe comunicarse para una actividad normal y vital. En este contexto la lengua sigue siendo el principal vehículo de comunicación, pero no está afectada por las mismas condiciones que la actividad puramente científica, por lo que no tiene por qué coincidir con la lengua dominante en la transmisión de los aspectos de investigación correspondientes. En cualquier caso debe considerarse que la actividad investigadora ha ido aumentando su carácter internacional, su dimensión global y, en consecuencia, el aprendizaje de lenguas se ha hecho necesario para progresar en ciencia.

La evolución de la ciencia hasta el momento actual en los diferentes contextos sociales en que se ha desarrollado explica la influencia de la lengua y de su adaptación a la actividad investigadora. Por ello, en este análisis una primera sección desarrolla brevemente la evolución histórica de la investigación, resaltando aquellos aspectos que son referentes en la trayectoria del pensamiento científico y de su transmisión. La lengua o lenguas de comunicación científica dominantes han venido afectadas en mayor o menor medida por estos factores. En la sección siguiente se estudia la situación actual, donde los medios de comunicación científicos, publicaciones preferentemente, toman fuerza preferencial. Finalmente, en una última sección se exponen algunas reflexiones sobre la movilidad internacional y lo que ello supone de importancia para la formación y desarrollo de la profesión de los investigadores, así como la importancia de la lengua en dicho contexto.

2.2. EL CONTEXTO HISTÓRICO

El pensamiento «científico» en la antigüedad estaba ligado a sus mitos y orientado a la solución de los problemas acuciantes de las sociedades surgidas del neolítico, como por ejemplo la necesidad de establecer calendarios para sus cosechas agrícolas. La transmisión de conocimientos estaba muy localizada en la zona de influencia de estas primeras civilizaciones y su difusión a lo largo de los siglos estuvo muy condicionada por factores tales como los propios medios de escritura y su durabilidad (por ejemplo, la gran cantidad de tablillas astronómicas babilónicas utilizadas por los primeros astrónomos griegos, frente a los reducidos restos egipcios, debido a la mayor estabilidad en el tiempo de la arcilla en comparación con el papiro). Gracias a la existencia de su escritura denominada cuneiforme, la cultura babilónica, que se extendió durante tres milenios, desde 4000 a. C. hasta 1000 a. C., pudo transmitirse. La obra más importante conocida es el *Código de Hammurabi* (hacia 1700 a. C., traducido al francés en 1901), donde se exponen los primeros conceptos transmitidos del derecho, incluyendo los referidos a la Medicina y los médicos de la época. La civilización egipcia, con su escritura jeroglífica, ha sido, asimismo, fuente de conocimientos que abarcan desde la Medicina hasta las Matemáticas.

La primera gran revolución científica es fechada por los historiadores de la ciencia entre 600 a. C. y 450 a. C., cuando los «físicos» griegos desarrollaron la filosofía natural, para la comprensión del Universo al margen de la mitología, las matemáticas con un enfoque esencialmente geométrico y astronómico, y la medicina racional. Asimismo, tuvo lugar una revolución en la escritura, que conservó tanto la poesía homérica como los nuevos géneros de la filosofía, la historia, la retórica y los tratados de artes prácticas. Un aspecto destacable en el contexto de la comunicación es la existencia de las primeras escuelas de pensamiento, en particular la pitagórica. Pitágoras apenas dejó nada escrito y, sin embargo, su escuela ejerció una influencia muy notable en la cultura griega posterior. Grandes pensadores, como Leucipo o Demócrito crearon el atomismo y sus trabajos fueron difundidos por científicos posteriores. O como Hipócrates, cuya escuela, entre los siglos v a. C. y iv a. C., estableció las primeras obras científicas correspondientes a diferentes especialidades médicas, en particular la ética médica, fundamento del denominado juramento hipocrático. Algo que caracterizó las escuelas griegas de la antigüedad fue la capacidad de crítica de las ideas y la libertad de expresión de las mismas. Así, la lengua griega fue el primer medio transmisor del conocimiento porque su comunidad pensadora se situó en su vanguardia y lo hizo avanzar.

Los pensadores griegos trataron de crear teorías que encajaran con las observaciones del cosmos. Para poder desarrollarlas y comunicarse entre ellos mismos inventaron nuevas técnicas matemáticas, como la trigonometría y la computación. Aristóteles introdujo un modelo físico del cosmos que incluía, junto a las esferas celestes, movibles, un ser inamovible, espiritual, fuente del movimiento celestial. Este modelo fue el de referencia durante los siguientes 1.800 años.

Las obras de los científicos griegos de mayor influencia posterior fueron escritas en Alejandría de Egipto: los *Elementos*, del geómetra Euclides (siglo III a. C.) y el *Almagesto* del astrónomo Ptolomeo (siglo II d. C.). Su difusión posterior a la cultura occidental se debió a los árabes y no a Roma, dado que la desintegración del Imperio romano de Occidente a partir del último cuarto del siglo V por las invasiones germánicas creó un largo paréntesis en el desarrollo de la cultura clásica. El Imperio romano había logrado un desarrollo notable de las técnicas y de la medicina, aplicando el conocimiento al desarrollo de la sociedad, pero diversos factores limitaron el potencial de transmisión del conocimiento científico. Entre estos factores estaba la ausencia de lenguajes simbólicos apropiados para tratar la aritmética, el álgebra y el cálculo. Sólo a partir de la Edad Media se introdujeron los números arábigos (con Fibonacci) en Europa. Y la notación para el cálculo hubo de esperar al siglo XVII, con Newton y Leibniz. La tolerancia religiosa (en Toledo coexistieron en gran armonía judíos, árabes y cristianos), junto a la supremacía militar y política de los árabes y sus conocimientos técnicos, en particular el uso del papel desde el siglo VIII, conformaron la supremacía del Islam en la ciencia del Medioevo. Los árabes desarrollaron la trigonometría esférica, el álgebra y diversas técnicas experimentales, algunas importadas de los griegos como el astrolabio. Desarrollaron teorías sobre el movimiento de proyectiles, entre otros muchos avances científicos. Sus avances en cosmología estuvieron en gran modo propiciados por sus críticas científicas al sistema ptolemaico. El inicio del ocaso en el dominio de la cultura científica por parte de los árabes coincide con el comienzo del fundamentalismo religioso. Cesó así su influencia.

La recuperación de los conocimientos helenísticos, por tanto, llegó a la Europa medieval a través de los árabes establecidos en España, gracias en buena medida a la Escuela de Traductores de Toledo. Gerardo de Cremona (siglo XII) tradujo del árabe al latín el *Almagesto* y los *Elementos* (del texto traducido del griego gracias a las actividades científicas patrocinadas por el califa Al-Ma´mun, de Bagdad) y otros textos científicos. Así, a través del árabe, el latín releva al griego como lengua vehicular de la ciencia y la cultura desde la segunda mitad de la Edad Media, manteniéndose hasta buena parte de la Edad Moderna. La filosofía natural de Aristóteles fue adoptada por el pensamiento cristiano dando mayor énfasis a la dimensión temporal, que había sido escasamente considerada por los griegos, con el fin de magnificar la idea de un Dios creador de un Universo finito en el tiempo. Las escuelas de Oxford y París revivieron el aristotelismo, adaptado a las ideas religiosas cristianas y al florecimiento de la teología. La influencia de Tomás de Aquino fue decisiva para la implantación del mismo en Europa en el siglo XIII. Así, frente a las restricciones impuestas por el pensamiento cristiano se estableció el avance de la mecánica y de las técnicas matemáticas, influyendo notablemente en las escuelas italianas del Renacimiento.

El nacimiento de la ciencia moderna en Europa se fraguó, en buena medida, hacia mediados del siglo XIV, cuando el franciscano inglés William de Ockham socavó los fundamentos del aristotelismo. Mayor influencia supuso la revolución científica de Nicolás Copérnico (siglo XVI) con su modelo heliocéntrico, que destronaba a la Tierra como centro del universo. El trabajo de Copérnico fue completado por la difusión del mismo y las observaciones con técnicas experimentales muy precisas de Tycho Brahe (quien, sin embargo, adoptó un sistema geocéntrico). En paralelo a Copérnico podría citarse a Andrea Vesalio, que desarrolló la Anatomía generalizando la disección de cadáveres como fuente de conocimiento médico. Un aspecto totalmente decisivo para la difusión y desarrollo de la ciencia y la cultura europeas lo supuso la invención de la imprenta moderna, a mediados del siglo XV, por parte de Johannes Gutenberg.

En este contexto tecnológico, en el siglo XVII aparecen dos escuelas filosóficas que desplazan definitivamente las ideas aristotélicas: el empirismo, impulsado por Francis Bacon, y el racionalismo, promovido por René Descartes. Muchas de sus obras fundamentales fueron escritas todavía originalmente en latín, como *Novum Organum Scientiarum*, o incluso se traducen al latín, como *De Homine*.

La primera mitad de esta centuria marca el nacimiento del método científico, gracias a la obra monumental de Galileo Galilei, apoyada por las observaciones astronómicas de Brahe y Kepler y las suyas propias, tras la invención de su propio telescopio. El mecenazgo del Duque de Venecia, gracias a las ventajas que estos instrumentos de Galileo ofrecían para la seguridad en empresas marinas, le permitió prosperar y tener influencia en los ámbitos culturales y científicos. Su integridad científica le supuso, no obstante, la condena por parte de la Inquisición, por defender el sistema heliocéntrico copernicano. William Harvey, por su parte, desarrolló la fisiología; la invención del microscopio y su perfeccionamiento estimuló enormemente los avances en Medicina.

Soporte, la imprenta, y método dan fruto y así en el año 1660 se crean, en Inglaterra, las primeras sociedades científicas, como la Royal Society y, a los pocos años, dan a la luz las primeras publicaciones científicas, como la *Philosophical Transactions of the Royal Society*. Este proceso supuso un enorme avance en la transmisión y desarrollo del conocimiento. El dominio del inglés como lengua de la ciencia por excelencia, viene influenciado en gran medida por estos primeros pasos hacia la institucionalización de la ciencia. De hecho, como destaca D. J. S. Price, el propósito de estas revistas científicas no era tanto la publicación de nuevos trabajos científicos como el control y asimilación del excesivo número de publicaciones asumibles por un solo lector.

Isaac Newton (1642-1727) es el primer gran científico de la historia de la ciencia moderna. Su influencia trasciende varios siglos y aún se contemplan sus teorías gravitacionales y su mecánica desde el denominado punto de vista «clásico». Junto con Gottfried Leibniz desarrolló el cálculo diferencial e integral. Dicho desarrollo de técnicas matemáticas le permitió formular y comunicar mejor sus ideas físicas. Newton aún publicó sus obras principales en latín, como los *Principia Mathematica* de 1687, si bien hay otros textos en inglés. Leibniz escribía en latín, alemán y francés.

El siglo XVIII, Siglo de la Ilustración, se caracteriza por la expansión de Francia —con la monarquía, la revolución y el imperio napoleónico— en muchos frentes, incluido el científico. La mecánica newtoniana es desarrollada, entre otros, por Joseph Louis Lagrange y Pierre Simon de Laplace. Las matemáticas, química, física, ingeniería, biología, astronomía, botánica florecen en una Francia que institucionaliza la Ciencia, con la creación de las Escuelas Politécnica, Normal y, sobre todo, el Instituto de Francia, al que el propio Napoleón perteneció. Otras pequeñas asociaciones, como la Societé d'Arcueil, creada para matematizar la física experimental, ejercieron una influencia decisiva en el desarrollo científico, ligado a nombres como Gay-Lussac, Dulong, Malus, Poisson, Arago, incluso, extranjeros, como Alexander von Humboldt. La ciencia se manifestó como un instrumento de dominación política y colonización cultural y se concedieron honores a científicos extranjeros notables como Alessandro Volta. La lengua francesa adquirió una importancia notable para la comunicación científica, junto con la inglesa.

Simultáneamente, en los siglos XVII y XVIII aparecen las primeras escuelas del pensamiento económico, como la creación del mercantilismo o la fundación de la Economía Moderna por el escocés Adam Smith.

El siglo XIX es el siglo del liberalismo y de la Revolución industrial. Nace la electrodinámica, Volta inventa la pila que lleva su nombre y figuras como Michael Faraday, descubridor del fenómeno de la inducción en 1831, dan paso a la electrotecnia. Un ingeniero francés, A. J. Fresnel, descubre la teoría de la difracción y la polarización, dejando abierto el camino para la óptica de precisión. J. Dalton establece el atomismo, dando paso a la química moderna. Los conceptos de energía y entropía, por J. P. Joule y R. Clausius, respectivamente, dan nacimiento a la termodinámica, que abre la vía al desarrollo de las máquinas térmicas, por J. Watt, y, por ende, a la Revolución industrial. La Mecánica Estadística es formulada por L. Boltzmann. La obra monumental de J. C. Maxwell, que puede desarrollar gracias al ambiente instrumental y experimental avanzado de la época, unifica y formaliza la electrodinámica. H. Hertz confirma la teoría electromagnética de la luz. En otros campos científicos se avanza en paralelo y se crea la teoría de la evolución por Darwin.

Es interesante destacar, en este punto, que las lenguas científicas dominantes durante los siglos XVIII y XIX, francés, inglés y alemán, propias de las sociedades dominantes, no eludieron la utilización del latín como lengua transmisora del conocimiento, posición que fue mantenida hasta bien entrado el siglo XIX. El último gran trabajo científico realizado en latín se debió a Gauss, que en 1828 publicó su *Disquisitiones generales circa superficies curvas*. Así, el latín dejó de ser la lengua dominante que fue durante muchos siglos, en todas las áreas de la ciencia. La lengua española no fue relevante en la comunicación científica, a pesar de su primacía política en el mundo durante dos siglos, debido a su escasa presencia en el panorama científico y a que las publicaciones transmisoras del conocimiento se escribieron en latín.

El final del siglo XIX y comienzos del siglo XX ve la revolución de las nuevas teorías científicas que suplantan a las clásicas y establecen el nuevo paradigma que rige el desarrollo de la investigación científica contemporánea. El descubrimiento de los rayos X, la física cuántica, los modelos de átomo, la nueva espectroscopía, la radiactividad, la transmutación nuclear, la teoría de la relatividad especial, la nueva teoría de la gravitación o relatividad general, junto con los paradigmas médicos anatomoclínico, fisiopatológico y etiológico. Las escuelas de ciencia económica de finales del siglo XIX se concentran en Inglaterra, Austria y Francia. El padre de la moderna teoría macroeconómica, Keynes, realiza su obra en Cambridge.

Una gran parte de los científicos que desarrollan las nuevas teorías son europeos, muchos de ellos de origen judío, que llevaron a cabo sus avances originalmente en Alemania, gracias al prestigio y desarrollo tecnológico de las escuelas alemanas de principios del siglo XX. La dinámica evolutiva de la ciencia de comienzos del siglo XX se vio afectada fuertemente por las dos guerras mundiales, muy particularmente la de las escuelas alemanas y austríacas como consecuencia de la persecución nazi contra los judíos, que hizo que muchas de las mejores mentes científicas tuvieran que emigrar a Estados Unidos, donde la ya floreciente y fuerte investigación científica se vio así reforzada y aumentada. Así, al expulsar a sus mejores científicos por razones ideológicas, Berlín y Viena provocaron la decadencia del alemán como lengua científica.

La segunda mitad del siglo XX se caracteriza por el enorme desarrollo tecnológico, a consecuencia de la aplicación de los nuevos conocimientos científicos. La aparición y desarrollo de los aceleradores y su expansión industrial propició la creación de asociaciones de universidades y centros de investigación. Primero a nivel estatal, como las asociaciones de universidades del Este de Estados Unidos, que dieron lugar a grandes instituciones de investigación científica, en todas las ramas de la ciencia, como fue el caso del Brookhaven National Laboratory, cerca de New York, o el Fermi National Laboratory, cerca de Chicago. Pero también, al mismo tiempo, se desarrollan centros de investigación de carácter internacional, como el CERN («Conseil Europeenne pour la Recherche Nucleaire»), propiciado por la UNESCO, que llegaría a ser el centro de investigación más importante del mundo.

La colaboración científica y técnica, de carácter marcadamente internacional, se hace patente en las grandes colaboraciones que desarrollan sus investigaciones en un ambiente cosmopolita, en el que ingenieros y científicos conviven con un fin común, en estrecha colaboración con administrativos y especialistas de otras ramas y con empresas de alta tecnología, interesadas en la transferencia que los resultados en la frontera de la ciencia puedan suponer para las aplicaciones en la industria. Las grandes escuelas de ciencia económica se nuclean en Estados Unidos, siendo su referente la Escuela de Chicago.

Hay otras características que resultan interesantes en el análisis de los desarrollos científicos del siglo XX, como las derivadas de la guerra fría entre Occidente y los países soviéticos. En efecto, la ciencia en Rusia avanzó e incluso superó en algunos aspectos a los Estados Unidos, como fue el caso del lanzamiento de la carrera espacial. Pero su trascendencia para la ciencia mundial fue mucho más lenta, como consecuencia de la falta de comunicación entre ambos bloques. Efectivamente, los científicos occidentales desconocían en buena parte los avances científicos soviéticos, pocos de los cuales estaban escritos en inglés, y eso gracias a las traducciones de algunas de las revistas científicas más prestigiosas de la ciencia occidental. Esa falta de comunicación también se producía en el sentido contrario, más acusada aún por la falta de libertad interna en la sociedad soviética.

Algo parecido ocurrió con Japón, si bien este caso estaba más ligado a la propia dificultad de la lengua. Buena parte de los avances científicos desarrollados por eminentes científicos japoneses no estaban traducidos al inglés, por lo que fueron desconocidos por la ciencia occidental. Una vez más, la falta de comunicación, derivada del desconocimiento de la lengua, afectó al buen aprovechamiento y transmisión de las ideas científicas.

2.3. EL CONTEXTO ACTUAL

Actualmente nos encontramos en la era de la globalización. La discusión, intercambio y difusión de conocimientos científicos han adoptado nuevas vías de transmisión diferentes de las publicaciones en revistas científicas especializadas, como son las notas internas de las colaboraciones, las comunicaciones en encuentros, talleres y conferencias y, últimamente, la publicación en revistas electrónicas, en muchos casos de acceso abierto a toda la comunidad científica mundial e incluso al público en general. Las publicaciones en revistas científicas mantienen su importancia como medio para asegurar la propiedad intelectual de autores e instituciones y como garantía de fiabilidad, al propiciar revisiones rigurosas por parte de expertos externos. Estos procesos de evaluación hacen que la publicación en revistas científicas suela llevar un retraso considerable, desde su concepción hasta su publicación, debido al proceso de evaluación, discusión y edición.

La razón del cambio en las costumbres de transmisión de conocimientos interna entre los científicos es una razón de eficacia. En efecto, desde la aparición de las primeras revistas científicas, a mediados del siglo XVII, el crecimiento en el número de artículos ha sido exponencial, con un ritmo de duplicación de los mismos cada 15 años, lo que implica multiplicar por un millón su número después de los tres siglos subsiguientes. Ello hace imposible la lectura, por parte de un investigador, de todo lo que se publica en torno a su propia especialidad. En contraste, la acumulación de nuevos resultados científicos exige la puesta al día por métodos más rápidos y eficaces. La comunicación personal, del día a día, utilizando las posibilidades que ofrecen las nuevas tecnologías de comunicación a través de correo electrónico o videoconferencia, junto con la participación en congresos y reuniones y la discusión directa en el seno de organismos de investigación donde se desarrollan proyectos internacionales de alto nivel, ha sustituido a las revistas científicas como medio inmediato de trabajo, si bien éstas siguen manteniendo su condición de soporte de transmisión y salvaguarda de la producción científica de autores e instituciones.

El crecimiento de la producción se debe al de la propia población científica, que ha crecido también, de forma exponencial, durante los últimos siglos, con un período de duplicación en torno a 12,5 años, si bien en los países más desarrollados se está produciendo ya una tendencia a la estabilización. La inversión en investigación científica en Estados Unidos se duplicó espectacularmente cada cinco años, desde la década de los años cincuenta, alcanzando en torno al 2-3 por 100 de la renta nacional. Este proceso de crecimiento se estabiliza en estos valores también en otros países, como los del norte de Europa o Japón, siendo el objetivo para Europa y en países emergentes como son China, India o Brasil.

El escenario global hace que la distribución de las publicaciones por países haya cambiado, también, de forma drástica. Sirva como ejemplo el caso de China, cuyo número de revistas hacia 1950 era nulo, pasando a 400 en apenas una década, logrando una duplicación de su población científica cada tres años, durante el tercer cuarto del siglo xx.

La ciencia y tecnología en China, como en otros países emergentes, durante el final del siglo xx y comienzos del xxi, ha seguido creciendo de forma espectacular, ligada al propio crecimiento económico. Según el *Scimago Journal & Country Rank* el número de publicaciones realizadas por científicos chinos, en los últimos quince años, en revistas especializadas científicas indexadas, ocupa el segundo lugar, después de Estados Unidos. Sin embargo, una fracción muy pequeña de dichos artículos están escritos en chino, y la mayoría de ellos se encuentran en revistas en lengua inglesa, bien por autoría propia o coautoría de investigadores chinos. Aun así, el número de publicaciones por millón de habitantes en China es muy inferior al de países de larga tradición científica, como Estados Unidos o Reino Unido. Si analizamos el número de artículos científicos publicados por países de lengua inglesa frente al número de artículos en chino, aún nos encontramos con un factor superior a dos a favor de los ingleses.

FIGURA N.º 1

Comparativa por regiones de la producción de artículos

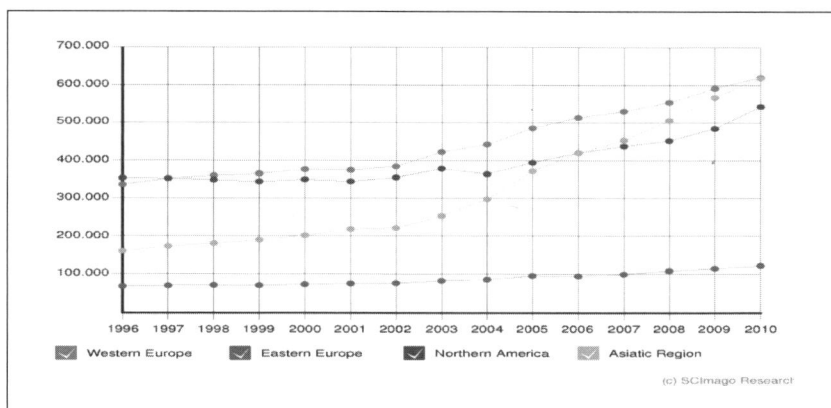

Un análisis comparativo por regiones se observa en la Figura 1, donde se aprecia el salto espectacular dado por la región asiática (China particularmente), a partir del año 2002. Sin embargo, el impacto de los artículos, medidos por el número de citas, está encabezado por Norteamérica, con un factor aproximado de 1,5 sobre Europa Occidental y 2 sobre Asia. Es interesante situar a España en esta clasificación: ocupa el puesto 9 en cantidad de publicaciones, con un número de citas/documento de 12,34 (frente a 19,11 de Estados Unidos, o 16,48 del Reino Unido). Es interesante notar que, a partir de 2002, todas las regiones, Asia en menor medida, incrementaron notablemente la colaboración internacional, lo que recoge el número de publicaciones firmadas por al menos dos países (Figura 2).

Los antiguos países de la Unión Soviética, donde la lengua rusa fue su primera lengua extranjera, escogen actualmente el inglés. Lo mismo ocurre en países muy ligados a la lengua alemana en otros tiempos. La comunicación de la actividad científica que realizan los investigadores hacia sus colegas se lleva a cabo, con carácter casi exclusivo, en inglés.

Una razón de mucho peso por la que la mayor parte de las publicaciones científicas se realizan en revistas de lengua inglesa está relacionada con el índice de impacto de las mismas. La calidad científica de los investigadores se mide, habitualmente, en

FIGURA N.º 2
Comparativa por regiones de la producción de artículos conjuntos
(porcentajes artículos dos o más países)

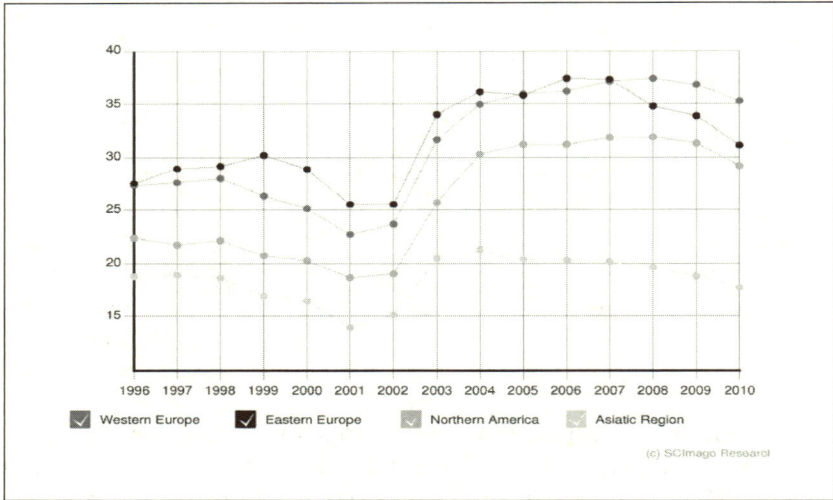

términos de su producción científica en revistas de alto impacto. Si analizamos la situación actual, concretamente en Ciencias Experimentales o Ingeniería, la base de datos que suministra el factor de impacto universalmente aceptada por los investigadores, es el *Journal Citation Reports*[1], resultando abrumadoramente destacable la primacía de las revistas en lengua inglesa, frente a otras lenguas. Por ejemplo, en 1970, el 83 por 100 de los artículos de física incluidos en el JCR estaban escritos en inglés y dicha proporción ha crecido hasta el 99 por 100 en 2010. Situación análoga se produce en Ciencias de la Salud, en cuyo caso la base de datos más aceptada es *PubMed*[2]. Ciertamente, ambas compañías son americanas, pero no parece que introduzca prácticamente ningún sesgo con respecto a la selección de revistas de alto impacto. La situación en Ciencias Sociales y Jurídicas, así como en Humani-

---

[1] *Journal Citation Reports* (JCR), Thomson Reuters.
[2] *PubMed.gov* National Center for Biotechnology Information, U.S. National Library of Medicine, National Institutes of Health, http://www.ncbi.nlm.nih.gov/pubmed.

dades es más dispersa y no se pueden establecer argumentos válidos en las diferentes líneas de investigación correspondientes a las mismas.

Analizando las 100 primeras revistas, en todas las áreas, con los mayores índices de cita/documento, hay 87 de lengua inglesa, 11 de Holanda, 1 de Francia y 1 de Alemania, siendo de lengua inglesa las 27 primeras de la lista.

Como hemos comentado previamente, las nuevas tecnologías de la información están propiciando la difusión mediante *world wide web* de las revistas habituales en papel, así como la aparición de nuevas revistas electrónicas, lo que permite una difusión de conocimientos mucho más rápida así como la posibilidad de llegar a un número mucho más amplio de lectores. Ello no afecta a la lengua utilizada mayoritariamente, que sigue siendo el inglés.

2.4. LA MOVILIDAD INTERNACIONAL

De la sección anterior podemos concluir, sin ninguna duda, que el inglés es, en la actualidad, la lengua dominante para la comunicación entre investigadores, al menos por lo que se refiere a las publicaciones científicas, que resultan una importante vía de salvaguarda de la producción científica de autores e instituciones; es un medio indexado donde la calidad de la producción científica viene refrendada por la revisión por pares y donde las bases de datos las proporcionan el índice de impacto de la propia revista mediante el rastreo de las citas de las publicaciones por parte de otros autores.

Sin embargo, la comunicación en la actividad científica no se limita a la expresión y difusión de los conocimientos mediante publicaciones. Otra vía muy importante en la comunicación científica, entre especialistas de la misma área, son los encuentros, talleres, congresos y reuniones científicas de diferentes categorías, particularmente las de carácter internacional. El avance de los trabajos de investigación y la discusión de los métodos, resultados o teorías subyacentes, suelen producirse con mucha frecuencia con carácter previo a la publicación de los mismos, en el contexto de las reuniones indicadas.

Si bien las tecnologías de la información y las comunicaciones están propiciando que la asistencia a dichas reuniones se realice de forma virtual, con el consiguiente ahorro de costes materiales y mayor flexibilidad, los investigadores suelen acudir presencialmente al menos a algunas de las reuniones, ya que además del intercambio de conocimientos científicos, objeto de las mismas, las discusiones en encuentros entre colegas aportan un grado importante de transmisión de conocimientos, suponiendo un factor importante para el avance de sus investigaciones.

Por otra parte, cada vez es más frecuente la existencia de grandes colaboraciones internacionales en torno a un proyecto de investigación común, no abordable por una sola institución o unas pocas. Es el caso, por ejemplo, de las grandes colaboraciones científicas en torno a los aceleradores de partículas actuales. En todas estas situaciones, la movilidad es aún más acusada que la correspondiente a la participación en Congresos. Si bien son frecuentes las reuniones por videoconferencia, como parte integrante del trabajo rutinario para la discusión de objetivos, métodos y resultados de la investigación, la participación presencial se hace necesaria muchas veces. Aunque no se dispone de información tan precisa como en el caso de las publicaciones científicas, también en este caso el inglés es la lengua dominante para la comunicación entre los investigadores participantes.

En el caso de cooperaciones científicas, ya sea debido a la existencia de grandes colaboraciones o de redes de investigación, los científicos deben desplazarse, habitualmente, para estancias medias y largas a centros especializados, donde se producen los trabajos de investigación conjuntos. El lenguaje científico habitual, en este entorno internacional, suele ser el inglés. Sin embargo, el entorno social es el propio del país que alberga la institución y el lenguaje dominante es el específico de dicho país. Si bien en instituciones de muy alto nivel, el personal administrativo y de gestión practica el inglés, el entorno circundante no tiene por qué practicarlo. Por ello es muy conveniente la capacidad, por parte del investigador desplazado, de comunicarse en el idioma propio del país. El multilingüismo propicia, ciertamente, mayor capacidad de adaptación y, consecuentemente, de éxito profesional por parte del investigador.

Cuando se habla de investigadores, en España, la referencia mayoritaria se encuentra en Universidades o en Organismos Públicos de Investigación. Ello es debido a que en torno al 85 por

100 de los doctores ocupan puestos en dichas instituciones, frente a un 15 por 100 en otras entidades privadas o públicas. Sin embargo, en países como Estados Unidos, Alemania o Japón, el mercado de trabajo del 60 por 100 o más de los doctores está fuera de estos ámbitos académicos. La formación de profesionales de la investigación, es decir de nuevos doctores, contempla como un objetivo esencial la integración de los mismos en los entes productivos, lo cual es particularmente acuciante en España. Si bien esta tarea corresponde, particularmente, a la empresa, la formación de nuevos investigadores debe potenciar dicha integración. El aprendizaje de lenguas, particularmente el inglés, pero no exclusivamente, es un aspecto importante en dicha formación.

Por tanto podemos concluir que la formación de profesionales de la investigación debe contemplar el aprendizaje de lenguas y mejora de la comunicación lingüística a todos los niveles de la comunicación, hablada y escrita. La lengua inglesa es y será, por mucho tiempo, la dominante en el campo de la ciencia. Pero el entorno local hace que el multilingüismo sea muy conveniente y un factor importante para un buen desarrollo profesional de los investigadores.

2.5. REFERENCIAS BIBLIOGRÁFICAS

KRAGH, H. S. (2007): *Conceptions of Cosmos*, Oxford University Press, Oxford.
PAIS, A. (1986): *The Inward Bound*, Oxford University Press, Oxford.
PRICE, D. J. S. (1973): *Hacia una ciencia de la ciencia*, Ariel, Barcelona.
—*Ciencia, política y poder: Napoleón, Hitler, Stalin y Eisenhower.*
SÁNCHEZ RON, J. M. (2010): *Ciencia, Política y Poder*, Fundación BBVA, Bilbao.
SCIMAGO (2007): SJR - SCImago Journal & Country Rank.

3. LAS LENGUAS EN LA ERA DIGITAL*

3.1. LAS LENGUAS Y LA UNIVERSIDAD EN LA SOCIEDAD DIGITAL

En las últimas décadas hemos asistido a una revolución, sin precedentes, con la incorporación de las Tecnologías de la Infor-

---

* Elaborado por FRANCESC ESTEVE. Investigador colaborador de la Cátedra UNESCO de Gestión y Política Universitaria de la Universidad Politécnica de Madrid, y del grupo de investigación ARGET de la Universitat Rovira i Virgili.

mación y la Comunicación (TIC) a todos los campos de nuestra sociedad. Las TIC han cambiado radicalmente la manera en que los individuos nos comunicamos e interactuamos, siendo un factor de vital importancia en la transformación de la nueva economía global, en los cambios sociales (UNESCO, 2004) y, según CASTELLS (1997), dando lugar a una de las mayores revoluciones de la historia, más allá de la revolución industrial, en cuanto que afecta al conjunto de la actividad humana. Según los datos del último informe de la FUNDACIÓN TELEFÓNICA (2011), el sector TIC representa el 5,9 por 100 del PIB de España, y sumando todos sus efectos inducidos, el sector beneficia a otros sectores que generan un valor añadido bruto total que asciende a los 246.160 millones de euros, lo que supone un 22,5 por 100 del PIB español. Datos de crecimiento exponencial que se ven reflejados también en el día a día de la población, como puede ser, por ejemplo, el crecimiento en el nivel de digitalización o en el uso de internet. Un sector y una revolución que afecta a todo lo que hacemos y a todas las áreas de nuestra vida.

Como resulta evidente, esta revolución tecnológica también ha entrado con fuerza en la educación superior. Si miramos a nuestros estudiantes, resulta habitual hoy en día encontrarles trabajando con sus ordenadores portátiles por los campus universitarios, descargando material en las aulas virtuales, utilizando las redes sociales para comunicarse o simplemente escuchando música a través de servicios *on line*. Numerosos autores apuntan que en estos últimos años, ciertas características y hábitos de éstos han cambiado (TAPSCOTT, 1999; PRENSKY, 2001; OBLINGER y OBLINGER, 2005; PEDRÓ, 2009), representan la primera generación que ha crecido los 365 días del año rodeados de nuevas tecnologías, tales como internet, los videojuegos o los teléfonos móviles, y todo ello tiene fuertes implicaciones educativas.

Al igual que nuestros estudiantes, nuestras instituciones universitarias también han experimentado cambios profundos con la incorporación de las TIC, tanto en los procesos administrativos y de gestión, como en docencia o investigación. Por poner algún dato, en el caso de España y según el informe *Universitic 2010* elaborado por la CRUE (UCEDA y BARRO, 2010), hay actualmente cerca de 13 alumnos por ordenador en las aulas de docencia reglada (19 en 2006), el 86 por 100 de las aulas tienen cobertura *wifi* (54 por 100 en 2006) o el 92,5 por 100 de los estudiantes utiliza la plataforma de docencia virtual de su institución (60 por 100 en 2006), tendencias, todas ellas, que han ido aumentando sucesivamente año tras año.

En este sentido, el informe *Horizon 2010* (GARCÍA, *et al.*, 2010) identifica las siguientes tendencias clave en la adopción tecnológica para el período 2010-2015 en la educación superior:

— El conocimiento se «descentraliza» en tanto que producción, distribución y reutilización.
— La tecnología sigue afectando profundamente a nuestra forma de trabajar, colaborar, comunicarnos y seguir avanzando.
— La tecnología no sólo es un medio para capacitar a los estudiantes, sino que se convierte en un método de comunicación, y de relación, así como una parte ubicua y transparente de su vida.
— Los docentes —y muchas de las instituciones en las que trabajan— van perdiendo paulatinamente sus recelos hacia las tecnologías, desapareciendo progresivamente la distinción entre fuera de línea y en línea.
— Nuestra forma de pensar acerca de los entornos de aprendizaje está cambiando, pasando de ser lugares totalmente físicos a espacios TIC comunitarios, interdisciplinares y virtuales.
— Las tecnologías que usamos se bajan cada vez más en nube, y nuestra idea de apoyo a las tecnologías de la información tiende a descentralizarse.

Como plantea DEDE (2005), las universidades no pueden obviar todas estas posibilidades respecto a las TIC, tanto en sus políticas como en los proyectos formativos que llevan a cabo en sus instituciones. Y es que, más allá de la modernización necesaria de nuestros procedimientos y de la actualización de nuestras infraestructuras y de nuestros campus, es necesario repensar dos aspectos clave: la formación de las competencias TIC, y la formación del resto de competencias a través de las TIC.

En primer lugar, las universidades deben establecer sus estrategias formativas para facilitar el desarrollo de la competencia digital. Esa competencia, clave para el aprendizaje de la persona a lo largo de la vida, permite disponer de nuevas formas de enfrentarse y de abordar los problemas en este nuevo contexto (CA-

BERO y LLORENTE, 2008). Es por tanto imprescindible que tanto profesores como alumnos desarrollen una serie de habilidades tecnológicas, informacionales, comunicativas y audiovisuales, para saber desenvolverse en esta sociedad del conocimiento.

Pero además de la importancia que tiene desarrollar dichas competencias TIC para manejarnos en este nuevo contexto, estas herramientas tecnológicas tienen también un gran potencial para el aprendizaje de otras competencias y áreas disciplinares, entre ellas, el aprendizaje de lenguas y la formación de competencias comunicativas. Como proponen BRUNS y HUMPHREYS (2005), estas herramientas generan de por sí espacios de comunicación idóneos para el desarrollo de ciertas habilidades y actitudes y resultará clave incorporarlas en nuestros procesos formativos. Y es que, además de las ventajas evidentes que poseen las TIC al poner a disposición del estudiante un amplio volumen de información, de fácil actualización y con independencia del espacio y tiempo, éstas pueden ser una gran fuente de posibilidades de aprendizaje contextualizado (ESTEVE, 2009).

Este nuevo escenario que aquí se presenta, cargado de nuevos retos para las instituciones y para el profesorado, vislumbra también un gran abanico de oportunidades para la enseñanza y el aprendizaje de lenguas. Las TIC ofrecen un marco idóneo para el desarrollo de competencias clave tales como la comunicación en la lengua materna o en lenguas extranjeras, de manera natural y en un contexto real, global y multilingüe, como es internet. Nuestros estudiantes, como decíamos, son grandes consumidores de contenidos multimedia en la red. Contenidos, que en muchos casos, están en múltiples idiomas y que se «consumen» de manera frecuente y natural. ¿Cuántos de nuestros estudiantes siguen a diario series de televisión a través de internet en versión original? Películas, videojuegos, redes sociales o plataformas de realidad virtual, con usuarios de numerosos países. La red y todas estas herramientas 2.0 suponen un gran potencial como recursos de aprendizaje, especialmente para ellos, que han nacido en esta cultura digital (KENNEDY, 2009). Hablamos de herramientas de comunicación instantánea, con múltiples usuarios, que permiten y facilitan la colaboración y el trabajo en equipo, y todo ello, en un contexto real, y multilingüe. A continuación, veremos algunas de estas herramientas y recursos digitales para la enseñanza y el aprendizaje de lenguas.

3.2. LA WEB 2.0 EN LA ENSEÑANZA Y EL APRENDIZAJE
      DE LENGUAS

En los últimos años, las TIC e internet han sufrido una nueva
revolución con la aparición de la web 2.0 o la web social. Como
afirma FREIRE (2007), la web 2.0 se podría definir como un conjunto de tecnologías para la creación social de conocimiento, in-
corporando tres características esenciales: tecnología, conocimiento y usuarios; y se caracteriza por la creación colectiva de
contenidos, el establecimiento de recursos compartidos y el control
de la calidad de forma colaborativa entre los usuarios (RIBES,
2007). Nos encontramos ante un nuevo paradigma causante de la
proliferación de tecnologías participativas y colaborativas como
los *blogs*, los servicios de intercambio de contenido multimedia
(*Flickr, Youtube, Slideshare*, etc.), los *podcasts* (p.e.: *iTunes*), los
wikis, los mundos virtuales (p.e.: *Second Life*), las redes sociales
o los *feeds*.
    Según el informe, citado anteriormente de la FUNDACIÓN TE-
LEFÓNICA (2011), hay 945 millones de usuarios en las redes sociales en todo el mundo. *Facebook*, la red social por antonomasia,
supera ya los 500 millones de usuarios, siendo la participación en
redes sociales la segunda actividad más habitual entre los internautas, tras la búsqueda de información (COMSCORE, 2011), des-
tacando la publicación de fotos y la actualización de mensajes,
como algunas de las actividades más comunes en estas redes. Se
calcula que hay más de 2 millones y medio de artículos escritos
en inglés en la *Wikipedia*, más de 70 millones de vídeos albergados
en *Youtube* (SINGER, 2009), y según COMSCORE (2011), cada in-
ternauta español pasó una media de 16,2 horas viendo vídeos
on line durante el mes de diciembre de 2010. Por otro lado, resulta curioso destacar, por ejemplo, los datos de una red social de
microblogging como *Twitter*, que cuenta ya con más de 145 millones de usuarios registrados, donde el 75 por 100 de los usuarios
en España afirma usarla por motivos profesionales, y el 57 por
100 de sus usuarios accede desde el teléfono móvil.
    Estos nuevos recursos también han empezado a utilizarse a
nivel educativo, con un considerable potencial para la innovación
pedagógica. Como apunta el informe *Learning 2.0* (REDECKER,
2009), estas herramientas ofrecen nuevas vías para la creación co-

laborativa y el intercambio de contenidos de aprendizaje. Según ese mismo estudio, la educación en este nuevo contexto debe enfatizar principalmente el desarrollo de cuatro competencias básicas:

— Creatividad. Los estudiantes necesitan estas capacidades para generar nuevas ideas, colaborar de manera flexible, con iniciativa y persistencia.
— Colaboración. Asimismo, es necesario desarrollar actitudes de compromiso, cooperación y capacidad de trabajo y esfuerzo compartido.
— Capacidad crítica. Resulta clave trabajar el pensamiento crítico que permita al estudiante aportar, debatir y construir nuevos aprendizajes.
— Comunicación. El trabajo en estos entornos participativos y colaborativos requiere el desarrollo de las habilidades comunicativas de los estudiantes.

La web 2.0 y muchos de estos recursos bien implementados, facilitan nuevas formas de comunicación entre estudiantes y profesores, un aprendizaje más personalizado, entornos más centrados en el estudiante, nuevos contextos de aprendizaje, y una motivación para un aprendizaje más activo y productivo.

Si analizamos, por ejemplo, el *ranking* de las 100 herramientas tecnológicas más utilizadas para el aprendizaje en el año 2010, según *C4LPT Resource Centre* (2010), podemos observar como la mayoría son tecnologías 2.0 o colaborativas: *Twitter*, *Youtube*, *Google Docs*, *Delicious*, *Slideshare*, *Skype* o *Facebook*, entre otras. Herramientas, todas ellas, que por sí mismas no poseen ninguna propiedad inherente para producir aprendizaje, pero que contienen extraordinarias características, asociadas con adecuadas prácticas, para el aprendizaje y la enseñanza de lenguas y el desarrollo de competencias comunicativas. Veamos algunos ejemplos.

3.2.1. *Blogs, wikis y otras herramientas colaborativas en contextos multilingües*

La web 2.0 ofrece un gran abanico de recursos para el desarrollo de las competencias comunicativas, y en concreto, de la habilidad para expresarse de manera escrita, tanto en nuestra lengua materna como en otras lenguas. Esto, sumado al entorno global que supone internet, como comunidad multilingüe, ofrece un marco idóneo para el uso y el aprendizaje, de manera natural.

Existen múltiples webs para el desarrollo de las habilidades de escritura. Por ejemplo, *The Scriptorium, The Write Site, ReadWriteThink* o *EnchantedLearning* son portales web para el desarrollo de estas competencias, con posibilidad de compartir textos y breves historias, ejercicios y consejos para mejorar las propias habilidades, ideas de escritura y trucos para desarrollar el propio estilo o glosarios especializados (SWEENY, 2010). Muchas universidades e instituciones de educación superior, han puesto en marcha plataformas similares, con múltiples recursos, como por ejemplo, la Universidad de Michigan, que puso en marcha la web *Writing a Literature Paper*[3], con guías, consejos y estrategias para el desarrollo de estas competencias, o la Universidad Politécnica de Madrid, que en su Modelo Educativo[4] establece una serie de medidas para la correcta integración de sus nuevos estudiantes, proponiendo la creación de plataformas web para la nivelación científica y la formación lingüística.

Además de estas herramientas más tradicionales, internet y la web 2.0 ofrece nuevas posibilidades ya que permite compartir, editar y revisar colaborativamente y por toda la comunidad internacional de internautas, nuestro propio trabajo, incluyendo además nuevos elementos multimedia en nuestra comunicación y mensaje. El aprendizaje tradicional, basado en la interacción cara a cara, puede ser más apropiado para ciertas tareas, mientras que la comunicación *on line* abre numerosas posibilidades para muchas otras actividades (SWEENY, 2010).

Un ejemplo es el caso de los *blogs*. Los *blogs* son simplemente diarios personales donde el usuario va recopilando cronológicamente artículos y reflexiones personales. No se trata de un invento actual de la era de internet, estos cuadernos de bitácora existían mucho antes de la revolución de la web 2.0, pero las características y las propiedades de la red han multiplicado sus posibles usos en educación. Los *blogs* en internet permiten no sólo la tradicio-

---

[3] http://umd.umich.edu/casl/hum/eng/jonsmith/writing.html
[4] http://www.upm.es/modeloeducativo/pland.html

nal auto-edición o auto-reflexión personal hecha en un diario, sino que multiplica sus usos permitiendo elaborarlos de manera cooperativa, rompiendo las barreras temporales y espaciales, y favoreciendo la retroalimentación, en tiempo real, de múltiples usuarios (HOLDER, 2006).

Un *blog* puede servir como un lugar donde los estudiantes se comuniquen, escriban y publiquen sus artículos, y por tanto, como un lugar para la práctica de las competencias comunicativas y de las habilidades de lectura y escritura. Los estudiantes, a la vez, pueden llegar a ser mentores de sus propios compañeros de clase, compartiendo su escritura y sus procesos para la generación de ideas. Hay profesores que animan a través de las redes a compañeros y profesores de otras universidades para entrar a comentar los *blogs* de sus estudiantes. Profesores de otras universidades, que en muchos casos, son los autores de los artículos que los alumnos están estudiando y trabajando, y que sin duda, sumado al contexto real que ya de por sí supone internet, da lugar a una motivación extra para el trabajo del estudiante. Otro ejemplo, el Aula-ELE[5] es una red de *blogs*, creada por la Universidad de León y el *College of The Holy Cross* de Estados Unidos, donde estudiantes de las asignaturas de gramática, composición y lengua española de ambas universidades colaboran como editores y autores del contenido de esta especie de revista digital. Como apunta Chapelle (1998), el *blog* hace posible que los estudiantes tengan una audiencia real, y esto es clave, ya que el estudiante deja de escribir con el fin de que se le corrija para hacerlo con el fin de comunicar, y ello da lugar a múltiples actividades didácticas que se pueden hacer con los *blogs* (DE DIOS, 2009).

El *microblogging* posee también grandes potencialidades y abre nuevos escenarios de aprendizaje. La herramienta más extendida es *Twitter*, surgida en 2007, y que al igual que en los *blogs* permite la comunicación a través de internet con mensajes y reflexiones, pero limitando la extensión de éstos a 140 caracteres por mensaje. Posiblemente, una de las características que lo ha hecho más popular es su carácter móvil (EBNER, 2010), ya que permite leer y escribir mensajes tanto a través de plataformas web, como desde el teléfono móvil. Actualmente, han empezado a surgir bastantes

---

[5] http://aula-ele.blogspot.com

ejemplos de su uso en el campo educativo[6], como por ejemplo, para acceder y compartir información de actualidad y de forma instantánea con toda la clase, para realizar el seguimiento en todo el mundo de un tema específico de actualidad, para promover el debate público y conocer la opinión sobre un tema en concreto, como canal de comunicación entre compañeros, o para interactuar con otros estudiantes de otras instituciones.

El profesor Fornara[7] publicó su experiencia de utilización de *Twitter* en la enseñanza del español como lengua extranjera para un grupo de estudiantes universitarios norteamericanos. Como él comenta, la mayoría de sus estudiantes coinciden en que sus destrezas comunicativas se refuerzan principalmente fuera de clase, gracias a la práctica informal, y que esta herramienta social es un instrumento fundamental en el proceso de aprendizaje porque su carácter esencialmente comunicativo les ha permitido extender la enseñanza formal, fuera de las aulas, a la informalidad cotidiana, mezclando los dos ámbitos en un proceso de aprendizaje y práctica espontáneo y continuo. Según Fornara, *Twitter* es una herramienta comunicativa que, aún basándose en la producción escrita, puede llegar a reproducir la informalidad de la interacción oral, favorece asimismo la capacidad de síntesis y la pertenencia comunicativa, y brinda al profesor la posibilidad de entrar en la informalidad cotidiana del estudiante, espacio real de práctica y aprendizaje.

Más allá del potencial que ya tiene el hecho de escribir y compartir pequeños comentarios, reflexionando acerca del propio aprendizaje y discutir sobre sus propias investigaciones, como destaca EBNER (2010), el *microblogging* posee un gran potencial para la búsqueda e intercambio de información, y para el *networking* entre estudiantes, profesionales y profesores que hasta ese momento no se conocían pero que comparten intereses comunes, más allá del aula y en contextos multilingües.

Otra importante tecnología son los *wikis* y las diferentes herramientas para la escritura y el trabajo colaborativo. Internet ha favorecido que personas que viven y trabajan en diferentes países,

---

[6] «31 Interesting Ways to use Twitter in the Classroom» en https://docs.google.com/present/view?pli=1&id=dhn2vcv5_118cfb8msf8
[7] http://www.elbazardeloslocos.org/?page_id=748

colaboren en proyectos comunes de manera natural y habitual. Y esto también ocurre frecuentemente en las aulas universitarias, tanto entre estudiantes del mismo centro como en proyectos conjuntos con estudiantes de otras universidades y de otros países. Como afirma ADELL (2007), los *wikis* son tecnologías que permiten compartir el conocimiento y construirlo de manera colectiva, asimismo, cualquiera puede editarlo de manera sencilla, y no tienen una estructura predefinida a la que se tengan que adaptar los usuarios, son flexibles.

Este tipo de espacios, en educación, ha sido utilizado para múltiples fines (LOT, 2005): como tablones de anuncios o espacios de comunicación de la clase, como espacios de colaboración y construcción de conocimiento, como espacios para presentar tareas y proyectos, etc. Como afirman BRUNS y HUMPHREYS (2005), son espacios de comunicación idóneos para desarrollar algunas de las habilidades y actitudes de forma crítica, colaborativa y creativa, desarrollando al mismo tiempo, nuevas competencias digitales.

Existen numerosos ejemplos del uso de wikis en educación y muchos de ellos en la enseñanza y el aprendizaje de lenguas. Por ejemplo, el *wiki* creado por estudiantes de la Universidad de Göttingen[8] para el aprendizaje de la lengua española, o la web colaborativa de la Universidad de South Florida[9] para la creación de forma colaborativa del contenido de las clases, las metodologías y las rúbricas de evaluación de los cursos cero de formación lingüística (JOHNSON *et al.*, 2009).

Además de los *wikis*, actualmente hay otras tecnologías de escritura colaborativa que están despuntando, tales como *Google Docs* y otras herramientas en la nube —*cloud computing*—, que permiten también todas estas posibilidades, suelen ser gratuitas y son muy sencillas de usar, ya que no necesitan de ningún tipo de instalación. Hay universidades, como por ejemplo, la Universidad Estatal de Arizona o, de forma más cercana, la Universidad de Deusto con la iniciativa OpenDeusto[10], que ofrecen estas aplica-

---

[8] http://wikifachdidaktikws07.pbworks.com/
[9] http://collegewriting.us
[10] http://www.opendeusto.es/myopendeusto/

ciones de comunicación y colaboración integradas en Google, a todos sus estudiantes.

3.2.2. *Las redes sociales y los portafolios digitales en el aprendizaje de lenguas*

Las redes sociales han revolucionado, en pocos años, la forma de comunicarnos y compartir la información dejando atrás otras tecnologías como la mensajería instantánea o el correo electrónico (COMSCORE, 2011). Las redes sociales (BOYD y ELLYSON, 2007) son un medio que permite a los individuos construir un perfil público o semi-público dentro de un sistema delimitado, articular una lista de usuarios con los que compartir una conexión, y ver y recorrer la lista de conexiones de otros miembros del sistema. Existen multitud de redes sociales, algunas más orientadas a actividades lúdicas y otras con un carácter más profesional, orientadas a establecer contactos de tipo laboral y comercial. Existen también otras herramientas y plataformas que permiten la creación *ad hoc* por parte del usuario de sus propias redes sociales o comunidades, como por ejemplo *Ning* o *Grouply*.

Dado al tremendo interés que las redes sociales suscitan entre los estudiantes, cada vez más instituciones educativas y universidades buscan la forma de utilizar estos sistemas (THE NEW MEDIA CONSORTIUM, 2007). En ese sentido, existen experiencias de distintos tipos. Hay universidades que han apostado por utilizar las redes sociales ya en funcionamiento, creando canales específicos para sus instituciones, como por ejemplo el *IE University* integrado en *Facebook* o *MySpace*. Y otras universidades que han apostado por crear sus propias redes sociales, como por ejemplo la Universidad Internacional Menéndez Pelayo (UIMP) con la creación del portal propio UIMP 2.0. En este caso, dicha universidad ha desarrollado una serie de canales de apoyo a todos sus cursos presenciales, y cabe destacar el uso que hace de éstos en los cursos de inmersión lingüística que organiza anualmente, con más de mil usuarios, facilitando la conversación informal, e integrando todo tipo de contenido multimedia.

Además de éstas, existen también redes sociales especializadas en temas concretos. *Mendeley*, *Academia.edu* o *Citeulike* por ejemplo, son redes sociales de carácter profesional destinadas al intercambio de documentación, artículos de investigación y opiniones entre profesionales de educación superior. Estas redes facilitan el intercambio, el archivo y la gestión bibliográfica, permiten descubrir nuevos recursos y recomendar documentos a otras personas. Este último ejemplo citado, *Citeulike*, cuenta ya con una base de datos de más de 5 millones de artículos y miles de usuarios. *Livemocha*, o *Busuu* son redes sociales para el aprendizaje de idiomas, de forma colaborativa entre los usuarios. Estas redes permiten intercambiar apuntes y consejos de manera social, contienen ejercicios que pueden corregir otros usuarios, y proporcionan espacios para conversaciones escritas o VOIP. Ejemplos todos ellos, de una clara apuesta por las TIC 2.0, que no sólo ha concebido una nueva forma de comunicación sino que ha generado un nuevo escenario de colaboración, de internacionalización y de transferencia de conocimiento.

La utilización de estas redes sociales en educación, por un lado puede favorecer la interacción y la comunicación entre los diferentes agentes (PDI, PAS, estudiante, egresado, empleador, sociedad), fomenta una orientación más práctica y profesional de los estudios, y asimismo, amplía y reemplaza los espacios y tiempos de aprendizaje. Como afirma la profesora ALEMANY (2009), las redes sociales proveen al estudiante de un entorno creativo con múltiples herramientas y materiales, facilitan el contacto entre alumnos y profesores permitiendo que realicen actividades en conjunto, rompen la barrera de espacio y tiempo, y ofrecen al estudiante acceso a un mundo de información que les permite una conexión con el contexto del mundo real. Asimismo, las redes sociales sumadas a iniciativas de contenido en abierto, pueden jugar un papel clave en la integración social y en la cohesión europea a través de la transmisión del conocimiento, no sólo a nivel intergeneracional, sino a nivel internacional.

Por otro lado, resulta relevante apuntar el tema de los portafolios digitales. Al igual que en el caso de los *blogs*, los portafolios no son herramientas de nueva creación, sino que gracias a las TIC, han experimentado una reciente revolución. Son herramientas que permiten a las personas, bajo su iniciativa y responsabilidad, recopilar materiales que pueden ser usados en diferentes momentos y con diferentes propósitos: como herramienta de aprendizaje, para la evaluación y acreditación de competencias, y para compartir conocimiento (WIELENGA y MELISSE, 2000), facilitando la regulación del propio proceso de aprendizaje del estudiante (BARBERÁ, *et al.*, 2006).

Dependiendo de la finalidad del portafolio, podemos distinguir diferentes tipos:

— Portafolios de aprendizaje. Herramientas de apoyo al proceso de enseñanza-aprendizaje, diseñadas y administradas por el estudiante y supervisadas y tutorizadas por el profesorado.
— Portafolios de evaluación. Portafolios enfocados hacia la evaluación. Es una forma de aportar una dimensión cualitativa a estos procesos, argumentando y justificando la adquisición de conocimientos y competencias.
— Portafolios de presentación. Recopilación de trabajos, orientado al reconocimiento de competencias o a la búsqueda de empleo. Es una especie de currículum vítae ampliado, acreditando las competencias adquiridas mediante muestras de trabajos.

En la actualidad existen múltiples experiencias de aplicación de portafolios digitales en educación superior. Por ejemplo, en el sistema universitario de los Países Bajos, según reflejan diferentes informes, Los portafolios digitales tienen un impacto muy positivo tanto para estudiantes como para profesores (PUNIE, *et al.*, 2006; COSTA Y LARANJEIRO, 2008). En España también hay diferentes experiencias en este sentido. La Universitat Jaume I, a través del Centre d'Educació i Noves Tecnologies, inició en 2008 la experiencia piloto *Eporfolio*[11], un portal web creado con la tecnología de código abierto *Mahara*, para la creación y gestión de portafolios electrónicos de estudiantes y docentes, y que además, posee funcionalidades de red social, permitiendo que los usuarios se conecten y colaboren entre ellos.

Los portafolios digitales o electrónicos utilizan las TIC como contenedor y canal, permitiendo a los estudiantes y profesores recoger y organizar las muestras de trabajo en numerosos formatos multimedia, y transformando dimensiones tales como el formato,

---

[11] http://mahara.uji.es/

el modo de presentación de la información, la naturaleza y la calidad de la interacción, la participación o el uso y propósito del mismo (CARNEY, 2004). Estas herramientas permiten al estudiante adquirir una mayor conciencia de su propio aprendizaje, fomentando la reflexión y la autoevaluación, algo muy relevante en el caso de aprendizaje de lenguas. Como afirma la profesora GARCÍA DOVAL (2005), el aprendizaje de lenguas no se circunscribe a un momento específico, sino que es un proceso cíclico, a lo largo de la vida, que se enriquece con las aportaciones de diferentes ámbitos, que requiere grandes dosis de metacognición, y donde, por tanto, los portafolios digitales juegan un importante papel. Iniciativas como el Portafolio Europeo de las Lenguas (PEL), inciden en la utilización de estos instrumentos para orientar el aprendizaje hacia la adquisición y certificación de competencias lingüísticas e interculturales (RUIZ Y LÓPEZ, 2004), y herramientas digitales como *Mahara*, no sólo posibilitan las capacidades formativas de los portafolios, sino que permiten construir fácilmente el propio Pasaporte de Lenguas Europass como parte del portafolio del usuario.

3.3. LOS ENTORNOS PERSONALES DE APRENDIZAJE (PLES) Y LAS LENGUAS

Como afirman ADELL Y CASTAÑEDA (2010), en los últimos tiempos ha surgido un nuevo acrónimo que inunda todos los titulares sobre educación en general y sobre tecnología educativa en particular. Los *Personal Learning Environment* (PLE) o Entornos Personales de Aprendizaje, un concepto que va más allá de la tecnología y que supone cambios profundos en nuestras prácticas educativas habituales, personales y colectivas. Según estos autores, un PLE es el conjunto de herramientas, fuentes de información, conexiones y actividades que cada persona utiliza de forma asidua para aprender.

Tradicionalmente, un docente ampliaba su formación a través de los libros que consultaba en la biblioteca, de los artículos de investigación de las revistas a las que estaba suscrita su universidad, de los documentos que le prestaban compañeros de otras universidades, o de los congresos a los que asistía, entre otras fuentes. Pero las TIC, y en especial internet, han revolucionado este panorama, haciendo necesario replantearse el conjunto de herramientas, fuentes de información, conexiones y actividades que cada uno de nosotros realizamos habitualmente para aprender. Es necesario, por tanto, repensar nuestro Entorno Personal de Aprendizaje, incluyendo muchas de estas herramientas mencionadas en los apartados anteriores para el aprendizaje de lenguas y el desarrollo de tales competencias. Siguiendo la idea de ATTWELL (2008), un PLE se conforma entorno a aquellas herramientas que nos permiten tres procesos cognitivos básicos: leer, reflexionar y compartir, y por tanto es necesario configurar nuestro PLE, teniendo en cuenta tres elementos: herramientas y estrategias de lectura, herramientas y estrategias de reflexión, y herramientas y estrategias de relación (ADELL Y CASTAÑEDA, 2010).

En primer lugar, es necesario replantearse las herramientas y estrategias para el acceso a la información. Las TIC han abierto múltiples opciones y canales de información, pero es necesario establecer las estrategias adecuadas para el filtrado, la categorización y el almacenamiento de la misma. Herramientas para el acceso a la información, como los lectores RSS de *blogs*, noticias, y repositorios serán imprescindibles en la configuración del PLE.

En segundo lugar, *wikis*, *blogs*, *microblogs*, o aplicaciones en la nube como las mencionadas anteriormente, nos ofrecen posibilidades para el aprendizaje de lenguas, en contextos reales y multilingües, y por tanto resulta clave identificar qué herramientas de éstas formarán parte de nuestro entorno personal de aprendizaje, para la reflexión, creación y edición colaborativa de la información.

Finalmente, también es necesario buscar, seleccionar, valorar y definir nuestra propia red de recursos, flujos de información y herramientas para la relación con otras personas. Internet ofrece un amplio abanico de posibilidades para conectar y comunicarse con personas con los mismos intereses profesionales a nivel internacional. Estos instrumentos, como las redes sociales, no sólo pueden formar parte de las estrategias del docente para la formación de sus estudiantes, sino que son en sí mismos una fuente de acceso a múltiple información y personas, que el tenerlas definidas de forma estratégica nos va a permitir aprender y desarrollarnos personal y profesionalmente.

3.4. Referencias bibliográficas

ADELL, J. (2007): *Wikis en educación,* en J. Cabero y J. Barroso (eds.), Editorial Octaedro Andalucía, Granada, pp. 323-333.

ADELL, J. y CASTAÑEDA, L. (2010): «Los Entornos Personales de Aprendizaje (PLEs): una nueva manera de entender el aprendizaje». En ROIG VILA, R. y FIORUCCI, M. (Eds.) *Claves para la investigación en innovación y calidad educativas,* Marfil, Alcoy.

ALEMANY, C. (2009): Redes Sociales: una nueva vía para el aprendizaje. *Cuadernos de Educación y Desarrollo,* 1.

ATTWELL, G. (2007): The Personal Learning Environments – the future of eLearning?, *eLearning Papers,* 2(1).

BARBERÁ, E., BAUTISTA, G., ESPASA, A. y GUASH, T. (2006): «Portfolio electrónico: desarrollo de competencias profesionales en la red», *RUSC Revista de Universidad y Sociedad del Conocimiento,* 3, p. 2.

BOYD, D. y ELLISON, N. (2007): «Social Network sites: Definition, History, and Scholarship», *Journal of Computer-Mediated Communication,* 13(1).

BRUNS, A. y HUMPHREYS, S. (2005): *Wikis in teaching and assessment. Proceedings of the internacional symposium on wikis.*

C4LPT. (2010): *Top Tools for Learning 2010,* Centre for Learning & Performance Technologies.

CABERO, J. y LLORENTE, M. C. (2008): *La alfabetización digital de los alumnos. Competencias digitales para el siglo XXI,* 42(2), pp. 7-28.

CARNEY, J. (2004): *Setting an agenda for electronic portfolio research: A framework for evaluating portfolio literature.* American Educational Research Association, San Diego.

CASTELLS, M. (1997): *La era de la información: Economía, sociedad y cultura.* Vol. 1: La sociedad en red, Alianza Editorial, Madrid.

CHAPELLE, C. (1998): «Multimedia CALL: Lessons to be learned from research on instructed SLA», *Language Learning & Technology,* 2(1), pp. 22-34.

COMSCORE (2011): *Europe Digital Year in Review 2010.* Cathy McCarthy, ComScore.

COSTA, F., y LARANJEIRO, M. A. (2008): *E-Portfolio in Education. Practices and reflections,* Portugal, Coimbra.

DEDE, C. (2005): «Planning for "neomillennial" learning styles: Implications for investments in technology and faculty», *Educating the Net Generation,* pp. 226-247.

DE DIOS, M. L. (2009): *El blog de aula, un recurso colaborativo en la enseñanza de idiomas: los marcadores sociales y la expresión escrita.* Novadors.

EBNER, M., LIENHARDT, C., ROHS, M. y MEYER, I. (2010): «Microblogs in Higher Education - A chance to facilitate informal and process-oriented learning?», *Computers & Education,* 55(1).

ESTEVE, F. (2009): «Bolonia y las TIC: de la docencia 1.0 al aprendizaje 2.0», *La Cuestión Universitaria,* 5.

FREIRE, J. (2007): «Los retos y oportunidades de la web 2.0 para las universidades». En JIMÉNEZ, R. y POLO, F., *La gran guía de los blogs*, El Cobre, Barcelona, pp. 82-90.

FUNDACIÓN TELEFÓNICA (2011): *La sociedad de la información en España 2010*, Ariel, Madrid.

GARCÍA DOVAL, F. (2005): *El papel de los portafolios electrónicos en la enseñanza-aprendizaje de las lenguas*, Glosas didácticas 14.

GARCÍA, I., LÓPEZ, P., JOHNSON, L., SMITH, R., LEVINE, A. y HAYWOOD, K. (2010): *Informe Horizon: Edición Iberoamericana 2010*.

HOLDER, C. R. (2006): «New media and new literacies: Perspectives on change», *EDUCAUSE Review*, 41(6).

JOHNSON, L., LEVINE, A., y SMITH, R. (2009): *The Horizon Report 2009*. Texas, Austin, The New Media Consortium.

KENNEDY, DALGARNO, BENNETT, GRAY, WAYCOTT, JUDD, *et al.* (2009): *Educating the net generation. A handbook of findings for practice and policy*, Australian Learning & Teaching Council, Australia.

LOT, C. (2005): *Introduction to the Wiki. Distance Learning Systems*, Center for Distance Education.

OBLINGER, D. G. y OBLINGER, J. L. (2005): *Educating the net generation*, Educause.

PEDRO, F. (2009): *New millennium learners in higher education: Evidence and policy implications*, OCDE, París.

PRENSKY (2001): «Digital natives, digital immigrants». *On the Horizon*, 9(5).

PUNIE, Y., ZINNBAUER, D. y CABRERA, M. (2006): «A Review of the Impact of ICT on Learning», JRC European Commision.

REDECKER, C., ALA-MUTKA, K., BACIGALUPO, M., FERRARI, A., y PUNIE, Y. (2009): *Learning 2.0: The impact of web 2.0 innovations on education and training in Europe*, JCR Scientific and Technical Report.

RIBES, X. (2007): «La web 2.0. El valor de los metadatos y de la inteligencia colectiva», TELOS, *Cuadernos de Comunicación e Innovación*, 73.

RUIZ, M. y LÓPEZ, O. (2004): «El portafolio europeo de lenguas y la sociedad de la digitalización: una metodología innovadora para la enseñanza-aprendizaje de lenguas y su adaptación al entorno digital», *Revista Latinoamericana de Tecnología Educativa*, 3(1).

SINGER, A. (2009): *49 Amazing Social Media*, Web 2.0 and Internet Stats.

SWEENY, S. (2010): «Writing for the Instant Messaging and Text Messaging Generation: Using New Literacies to Support Writing Instruction», *Journal of Adolescents & Adult Literacy*, 54(2).

TAPSCOTT (1999): *Growing up digital: The rise of the net generation*, McGraw-Hill, New York.

THE NEW MEDIA CONSORTIUM (2007): *El Informe Horizon 2007*, New Media Consortium y Educause Learning Initiative.

UCEDA, A. y BARRO, A. (2010): *Las TIC en el sistema universitario español. Universitic 2010*, Conferencia de Rectores de las Universidades Españolas (CRUE), Madrid.

UNESCO (2004): *Las tecnologías de la información y la comunicación en la formación docente,* División de Educación Superior, París.

WIELENGA, D. y MELISSE, R. (2000): «Proving Competence: Integrative Assessment and Web-based Portfolio System in a Dynamic Curriculum». En C. Crawford, D. Willis, R. Carlsen, I. Gibson, K. McFerrin, J. Price y R. Weber (Eds.): *Proceedings of Society for Information Technology and Teacher Education International Conference 2000.*

CAPÍTULO II
LUCES Y SOMBRAS
EN LA UNIVERSIDAD ACTUAL

1. LA ENSEÑANZA DE LAS LENGUAS EN AUSTRALIA*

1.1. LA LENGUA DE AUSTRALIA, LAS LENGUAS EN AUSTRALIA Y LAS LENGUAS AUSTRALIANAS

Observar el fenómeno de la enseñanza y el aprendizaje de lenguas en Australia resulta no solamente interesante, sino profundamente paradójico. En primer lugar, cabe comentar que si bien en el caso de Australia nos encontramos ante una sociedad de las que suelen calificarse oficialmente de multiculturales, sin embargo la educación formal de sus niños y jóvenes se lleva a cabo de forma casi exclusiva en lengua inglesa. La variedad del inglés de Australia es la única lengua nacional, y si bien hay ciudadanos que en el ámbito familiar o particular se expresan en otras, ya sean de origen autóctono, ya sean importadas, ningún estado o territorio australiano las admite como vehículo de comunicación oficial. No hay excepciones al hecho de que la lengua inglesa se emplee en todos los sistemas y niveles educativos posibles que se encuentran en los centros e instituciones escolares de sus estados y territorios. Existen algunos (y en general recientes) programas bilingües, pero a la fecha son aún básicamente testimoniales. La lengua inglesa es sin duda alguna la lengua de Australia por antonomasia.

En segundo lugar, en Australia, como en tantísimos otros lugares del mundo, hay, claro, más lenguas. Sin embargo las demás

---

* Elaborado por SANTIAGO GONZÁLEZ FERNÁNDEZ-CORUGEDO. Catedrático de Universidad y Consejero de Educación en Australia y Nueva Zelanda.

lenguas que se utilizan en Australia son un conjunto de elementos periféricos desde el punto de vista del entramado social identitario y cultural australiano, y que en su conjunto reciben la denominación de *Languages other than English* (LOTE-Lenguas distintas del inglés)[1], y que amalgaman tanto las lenguas extranjeras como las australianas. Por una parte, hay importantes minorías de población que hablan otras lenguas, lenguas que vamos a denominar extranjeras en su conjunto, si bien algunas de ellas tienen amplia raigambre histórica en el país, pues llevan usándose en lo que hoy es Australia (como entidad política) desde mediados del siglo xix, y muy significativamente desde mediados del siglo xx. Lenguas que como el italiano, el griego, el chino (en sus varias formas), el vietnamita, o el árabe (también en varias formas)[2] responden a diferentes etapas de la historia de la población australiana y de la inmigración a este país, y que en su conjunto pueden suponer hoy cerca del 8 por 100 de la población australiana. Todas suelen tener cierto grado de reconocimiento en las normativas propias de los estados y territorios, especialmente en las derivadas de las leyes de inmigración y ciudadanía. Pero ni global, ni individualmente tienen desde el punto de vista práctico más carácter que el de lenguas extranjeras, especialmente en el ámbito del aprendizaje de las mismas en los sistemas educativos. También dentro del mismo grupo de lenguas extranjeras están aquellas que se estudian y aprenden en Australia por diferentes razones, pero que carecen de grupos numerosos de hablantes asentados por la inmigración —aunque puedan tener algunos miles de hablantes—[3]: el indone-

---

[1] Para más abundamiento, se puede ver el documento oficial del Departamento Australiano de Educación y Formación Profesional (*Department of Education, Employment and Workplace Relations* - DEEWR) al respecto (KLEIN-HENZ *et al.*, 2007).

[2] La Agencia de Estadística de Australia (*Australian Bureau of Statistics*) cifra el total aproximado de australianos hablantes de otras lenguas diferentes al inglés en 1.750.000 personas (http://www.abs.gov.au/ - 2011/01/23).

[3] Serbio, francés, español, alemán, macedonio, croata, polaco, turco, hindi, maltés, holandés, filipino, coreano, indonesio, ruso, japonés, persa, húngaro, tamil, portugués, samoano, singalés y otras, ordenadas de mayor a menor número de hablantes según la Agencia de Estadística de Australia (*Australian Bureau of Statistics* -2011/02/23) sumarían aproximadamente un millón de hablantes. En su conjunto las minorías lingüísticas extranjeras vendrían a ser el 12 por 100 de la población de Australia.

sio, el japonés, el coreano, el español, el serbio, etc. Algunas de ellas (japonés, indonesio, coreano) se estudian fundamentalmente por motivos económicos y políticos [STURAK y NAUGHTEN (eds.) 2010]. Si bien las legislaciones tanto federal como de los estados y territorios son ciertamente abiertas, claramente democráticas, y en muchos aspectos muy progresistas (dentro de un típico respeto de corte anglosajón a las tradiciones), rara vez contemplan la posibilidad de que en Australia pueda haber ciudadanos que quieran hacer uso de uno de los derechos fundamentales de las personas en el ámbito de la libertad de expresión y de la educación (DE VARENNES, 2004), y por ello la educación en Australia es básicamente monolingüe, hasta el extremo de que durante las cinco últimas décadas no se contemplaba la posibilidad de estudiar una lengua extranjera en los sistemas educativos australianos, salvo como una opción (y excepcionalmente, allí donde se ofrecía, pues no era posible en todos los casos).

Llegamos en tercer lugar a las lenguas australianas. Las raras menciones a las lenguas auténticamente australianas[4] que se hacían hace tiempo en los marcos sociales, constitucionales, legales y administrativos de los estados y territorios de Australia se han hecho más comunes de forma progresiva, pero en su conjunto, las de alguna entidad son relativamente recientes, y se encaminan de forma predominante a la salvaguarda y protección de los derechos tradicionales de estos australianos. Los llamados aborígenes australianos son un grupo relativamente numeroso de ciudadanos de ascendencia no europea ni asiática, africana o americana, cuyas lenguas —que son y fueron muchas y frecuentemente sin relación filogenética conocida entre ellas— llevan existiendo con casi total seguridad desde la llegada de los seres humanos a este continente hace bastantes miles de años[5].

---

[4] El concepto de lenguas australianas que manejo aquí es el que implica que son lenguas australianas las que existían en Australia antes de la colonización europea iniciada intensivamente en el siglo XVIII, y de forma específica las que aún siguen siendo lenguas vivas.

[5] Como las controversias respecto de la datación de los primeros asentamientos humanos en Australia no se han resuelto aún, utilizaremos como referencia los de los yacimientos de Lake Mungo que se fechan en la amplísima horquilla de entre 68.000 y 40.000 años antes de nuestra era (BOWLER *et al.*, 1970 y CHAMBERLAIN *et al.*, 2003).

La población australiana de origen indígena normalmente considera que sus lenguas son el medio por el que se aglutina su identidad y cultura. El tardío esfuerzo que han realizado las administraciones australianas por apoyar, mantener y vigorizar a las lenguas australianas se evidencia en manifestaciones toponímicas (recuperando los topónimos originales, como el de Uluru - Ayers Rock), en distintos proyectos de creación de archivos sonoros y audiovisuales, en el estudio de las lenguas en algunas universidades y sobre todo en el creciente aprecio social del arte y los artistas aborígenes.

Australia es un país cuya población actual tiene un muy alto porcentaje de ciudadanos que proceden de la emigración, personas que llegaron de muchos lugares del mundo desde la finalización de la II Guerra Mundial, y significativamente en las últimas décadas del siglo XX. Estos australianos que hoy son hijos y nietos de quienes llegaron a ese país tanto hace décadas como más recientemente, mantienen en un muy alto porcentaje la lengua o lenguas de sus antepasados, hasta el punto de que hay minorías lingüísticas de este tipo que superan ampliamente al conjunto de quienes hablan lenguas aborígenes australianas. Asimismo, ya hace al menos un par de décadas que se viene observando el fenómeno de que los nietos de los inmigrantes han perdido la lengua de sus abuelos, en un proceso ciertamente similar al que ocurría en los Estados Unidos de América, donde la política de una rápida asimilación del inmigrante fue prioridad para las administraciones públicas.

La mayor parte de los 22.570.191 habitantes que tiene hoy Australia[6] desciende de inmigrantes de los siglos XVIII, XIX y XX, que provenían de Gran Bretaña e Irlanda. El último censo de la población, de 2006 (19.855.288 h), señalaba el hecho de que el 22,2 por 100 de la población había nacido en el extranjero y sus países de origen eran, principalmente, el Reino Unido, Nueva Zelanda, Italia, Vietnam y China[7]. Según el mismo censo de 2006,

---

[6] Oficina de Estadística de Australia (*Australian Bureau of Statistics*) a fecha de 2011/02/23 (http://www.abs.gov.au/).

[7] La mayoría más significativa (y relativamente reciente) de la población no hiberno-anglosajona es de origen chino y representa un 3,37 por 100.

casi el 80 por 100 de los australianos habla exclusivamente inglés[8]. El inglés es por tanto, y resumiendo, el idioma oficial *de facto* en Australia, pues su constitución (de 1900) no establece lengua oficial[9], ni tampoco hay legislación posterior a ese efecto. Es la lengua vehicular del Estado y de la educación. Buena prueba de ello es que ninguno de los portales de red de las 39 universidades australianas ofrece información en otra lengua que no sea el inglés[10], lo que llama la atención dado el alto grado de internacionalización de la educación terciaria australiana, y el esfuerzo que las agencias gubernamentales hacen para atraer alumnos extranjeros a Australia[11]. Tras el inglés, los idiomas más hablados en casa son el italiano (1,6 por 100), el griego (1,3 por 100), el árabe (1,2 por 100), el chino-mandarín (1,1 por 100), el vietnamita (1 por 100), otras lenguas (8,2 por 100)[12] y sin especificar (6,2 por 100).

Otro asunto íntimamente vinculado al panorama lingüístico y social anterior es el carácter ideológico del multiculturalismo que se ha recomendado introducir en los últimos años en el sistema educativo frente a las anteriores posturas sociales generalizadas y las políticas australianas concretas que durante la mayor parte del siglo XX favorecieron no solamente el uso exclusivo de la lengua inglesa en la enseñanza, sino que persiguieron además la radical imposición de un modelo cultural de ascendencia an-

---

[8] Agencia de Estadística de Australia, «Languages» en http://www.census-data.abs.gov.au/ABSNavigation/prenav/TopicList?newmethod=Place+of+Us ual+Residence&newtopic=Language&collection=Census&period=2006&area code=&geography=&method=&productlabel=&producttype=Census+Tables &topic=&navmapdisplayed=true&javascript=true&breadcrumb=POT&toph older=0&leftholder=0&currentaction=301&action=301&textversion=false (2011/02/23).

[9] Puede comprobarse en el texto que ofrece en Senado del parlamento australiano en: http://www.aph.gov.au/senate/general/constitution/index.htm (2011/02/01).

[10] Como puede comprobarse a través de *Universities Australia* (http://www.universitiesaustralia.edu.au/page/australia-s-universities/university-profiles/ - 2011/02/01).

[11] Así por ejemplo la red de *Study in Australia* (http://studyinaustralia.gov.au/Sia/Splash2.aspx - 2011/02/01) ofrece información en los siguientes idiomas (por ese orden): inglés, chino, japonés, indonesio, tailandés, español, coreano, árabe, cantonés, vietnamita, portugués y ruso.

[12] Dentro del concepto de otras lenguas están el cantonés, el alemán, el español, el filipino, el macedonio y otras.

glosajona, hasta el extremo de haberse desarrollado políticas sociales de integración forzosa (y forzada) con los australianos descendientes de la población originaria de este país. Aunque desde 2009 el gobierno australiano desarrolla una actitud pública de respeto a los usos, costumbres y culturas de los aborígenes australianos e isleños del estrecho de Torres (*Aboriginal Australians and Torres Strait Islanders*)[13], y ha incluido sistemáticamente desde ese año en el protocolo de todo acto público el que se agradezca a los custodios de la tierra su labor, aún no parece haberse extendido en la educación australiana la idea de que estos ciudadanos podrían tener acceso a un currículo, a programas o al menos a contenidos educativos generales en sus lenguas propias, o que exista la posibilidad de desarrollar programas que fomenten un bilingüismo en el que se acompañase al inglés vehicular con la lengua australiana correspondiente[14] en función de la cultura aborigen del grupo en cuestión. En todo caso, se trata de una aproximación teórica al desarrollo de las enseñanzas, puesto que los problemas prácticos principales que conllevarían esas acciones son la inexistencia de profesorado capaz de desarrollar el currículo en la lengua o en las lenguas australianas propias de cada región, así como la dispersión geográfica de los habitantes que hablan esa lengua o lenguas, y el elevadísimo número de lenguas australianas aún existentes que hace inviable poder atenderlas a todas[15].

---

[13] Esta es la denominación oficial de los ciudadanos australianos descendientes de la población anterior a la colonización británica, y que se promueve desde las instancias administrativas, legislativas y educativas desde 1983 [sentencia del tribunal supremo australiano: (1983) HCA 21; (1983) 158 CLR 1 de 1 julio 1983]. En la información que proporciona el Instituto australiano de estudios sobre los aborígenes y los isleños del estrecho de Torres (*Australian Institute of Aboriginal and Torres Strait Islander Studies* - http://www.aiatsis. gov.au/) se puede encontrar una breve historia de las políticas australianas sobre estos habitantes del país.

[14] El concepto de *lengua australiana* que voy a emplear se deriva (al menos parcialmente) del que se encuentra en el documento titulado *Draft Shape of the Australian Curriculum: Languages*, publicado por ACARA (*Australian Curriculum Assessment and Reporting Authority*) el 1 de febrero de 2011.

[15] En la base de datos de *The Ethnologue* (http://www.ethnologue.com/ show_family.asp?subid=27-16, y específicamente en http://www.ethnologue. com/show_country.asp?name=AU – 2011/02/23) se listan 264 lenguas en la familia de las australianas. Si bien unas cuantas se han extinguido, y si bien los expertos no se ponen completamente de acuerdo en el censo de las mismas cabe

En 2008, comenzó a extenderse un importante debate en torno a la educación, que se inició básicamente en 2007, cuando el partido laborista australiano (ALP – Australian Labor Party[16]) ganó las elecciones generales, y el nuevo primer ministro, Kevin Michael Rudd (2007-2010), encargó entonces la cartera de educación a Julia Gillard (primera ministra desde 2010). La posición del gobierno es en principio favorable a las lenguas. Julia Gillard, ministra de educación, decía en 2009:

> Learning a language should involve understanding how languages and cultures are a fundamental part of people's lives. Teaching languages from an intercultural perspective improves the engagement and learning outcomes of students of languages in Australian schools. (LIDDLECOAT y SCARINO, 2009: i)[17].

Desde el Ministerio, GILLARD, y luego dos de sus continuadores, Simon CREAN (2010) y Peter GARRETT (2010-), se comenzó a poner en práctica la política que se había definido en el documento *The Australian economy needs an education revolution. New Directions Paper on the critical link between long term prosperity, productivity*

---

suponer un cierto consenso respecto a que puede haber en torno a unas 200 vivas en la actualidad, aunque el número de hablantes de cada una se desconoce en muchos casos. A este respecto, ver por ejemplo lo que dice David Nash en sus notas sobre las lenguas australianas (http://www.anu.edu.au/linguistics/nash/aust/, 2010/12/12) y contrástese con estas otras fuentes: así en *Wikipedia* (http://en.wikipedia.org/wiki/List_of_Australian_Aboriginal_languages 2011/02/23) se listan 222 lenguas, mientras que en los mapas accesibles en el portal de red gubernamental sobre los documentos históricos australianos (http://www.foundingdocs.gov.au/pathways.asp, 2011/02/20) y de la cadena nacional de televisión (http://www.abc.net.au/indigenous/map/, 2011/02/20) que se derivan de los trabajos de David Horton para el *Australian Institute of Aboriginal and Torres Strait Islander Studies* (http://www.aiatsis.gov.au/asp/map. html) anota no menos de 390 lenguas. Finalmente, en el proyecto MultiTree (http://multitree.linguistlist.org/about, 2010/12/12) de The Linguist's List, encontramos 18 macrofamilias con no menos de 200 lenguas (http://multitree. linguistlist.org/codes/aust, 2010/12/12). Ver también: http://www.foundingdocs. gov.au/pathways.asp (2010/12/12).

[16] Más información en: http://www.alp.org.au/.

[17] «El aprendizaje de una lengua debe incorporar la comprensión de que las lenguas y las culturas son una parte fundamental de la vida de los ciudadanos. La enseñanza de las lenguas desde una perspectiva intercultural mejora el interés y los resultados del aprendizaje por parte de los alumnos de lenguas en las escuelas australianas.»

growth and human capital investment, elaborado por la comisión de educación del ALP[18]. Del documento del partido laborista, se pasó al plan gubernamental denominado *Building the Education Revolution Guidelines* (BER)[19]. En diciembre de 2010 se pusieron al día las líneas de actuación del BER[20] como resultado de las evaluaciones de los primeros resultados publicados en el informe de octubre de 2009[21].

En relación con las lenguas, hay una parte considerable de la población australiana que propone su eliminación de entre estas materias básicas, mientras que los especialistas educativos mayoritariamente sugieren su inclusión obligatoria en el currículo desde los primeros años de la enseñanza primaria. Estos últimos parece que han conseguido convencer a las administraciones para desarrollar el aprendizaje de lenguas gracias al BER y a otras acciones futuras. Sin embargo, conviene repasar los detalles de la situación de aprendizaje de lenguas en la década 2000-2010, haciendo especial referencia al sistema universitario, para ver cuáles son los cambios que parece que se irán introduciendo próximamente en la política educativa y en los diseños curriculares de las lenguas.

1.2. ASPECTOS Y ETAPAS DEL SISTEMA EDUCATIVO PRE-UNIVERSITARIO

La estructura y el currículo de lenguas de la educación reglada presentan diferencias según los estados y territorios australianos.

---

[18] Puede consultarse el informe *La economía australiana necesita una revolución educativa. Documento de nuevas direcciones acerca del vínculo crítico entre la prosperidad a largo plazo, el crecimiento de la productividad y la inversión en capital humano,* del ALP en (2011/01/30): http://www.aei.gov.au/AEI/CEP/Australia/EducationSystem/Overview/default.htm.

[19] *Construyendo la revolución educativa,* plan conocido por su acrónimo: BER, que puede consultarse (2011/01/29) en el portal de red del ministerio australiano de educación en: htt p://www.deewr.gov.au/schooling/buildingtheeducationrevolution/Pages/default.aspx.

[20] El documento BER puede encontrarse (2011/02/20) en: http://www.deewr.gov.au/Schooling/BuildingTheEducationRevolution/Pages/furtherinformation.aspx.

[21] Las últimas novedades (2011/02/01) del BER aparecen en: http://www.deewr.gov.au/Schooling/BuildingTheEducationRevolution/Pages/National_Coordinators_ImplementationReport.aspx.

El estudio de un idioma forma parte de las materias consideradas como básicas (*key learning areas*), en educación infantil, primaria y secundaria en los estados de Australia Meridional, Queensland, Victoria y en el Territorio de la Capital. Pero no todas las escuelas ofrecen a sus alumnos la posibilidad de estudiar idiomas, por lo que éstos deben acudir a las denominadas escuelas étnicas (*ethnic schools*)[22], denominadas normalmente escuelas de lenguas de comunidades (*community language schools*)[23], que son básicamente escuelas de idiomas organizadas por las diferentes comunidades lingüísticas inmigrantes en Australia y que reciben apoyo y subvenciones de las administraciones públicas australianas. Estas instituciones existen además en el resto de los estados: Australia Occidental, Nueva Gales del Sur y Tasmania y en el Territorio del Norte donde los idiomas no son obligatorios. Dichas escuelas funcionan fuera del horario escolar reglado, por las tardes o los sábados por la mañana, con profesorado *ad hoc*, en ciertos casos sin titulación adecuada, pero en muchos casos las autoridades educativas convalidan las enseñanzas de esos centros comunitarios por créditos del sistema escolar reglado. En algunos estados, hay además escuelas de idiomas estatales similares a las españolas que presentan una amplia oferta de idiomas, por ejemplo, la Escuela de Idiomas de Victoria (*Victorian School of Languages*, VSL)[24] que ofrece 45 lenguas, incluyendo además cursos a distancia.

Las enseñanzas impartidas tanto por las *ethnic schools* como por las *community language schools* y las escuelas de idiomas estatales, al suplir la ausencia de oferta de idiomas en muchas escuelas del sistema educativo normal, se integran dentro del sistema de enseñanza reglada y las calificaciones otorgadas por estos centros forman parte del expediente de los alumnos, teniendo,

---

[22] Como muestra, puede consultarse la información que ofrece la asociación de escuelas étnicas del Territorio de la Capital Australiana (*ACT Ethnic Schools Association* - ACTESA: http://www.actesa.org.au/about.php) en su portal de red (2011/01/30).

[23] Consúltese la documentación que ofrece la federación de escuelas étnicas (*Australian Federation of Ethnic Schools Associations*) en su portal de red (2011/02/20): http://www.communitylanguagesaustralia.org.au/.

[24] Para más información, ver su portal de red en (2011/01/23): http://www.vsl.vic.edu.au/.

incluso, validez para la calificación final de la materia de idioma en los exámenes para la obtención del certificado de educación secundaria. La oferta de lenguas en el sistema de enseñanza reglada no universitaria se resume a continuación:

— *Educación Infantil*: La educación infantil no es obligatoria y salvo en las escasas escuelas tuteladas o asesoradas por agencias y administraciones extranjeras, o asociaciones nacionales de un país concreto, es muy raro encontrar oferta de lenguas extranjeras en esta etapa educativa.

— *Educación Primaria*: La educación primaria es obligatoria y tiene una duración de seis o siete cursos, dependiendo de los estados y territorios. El currículo se centra en el estudio de las denominadas áreas básicas que son: inglés, matemáticas, ciencias sociales, ciencias de la salud, ciencia y tecnología, educación física e idiomas. Los idiomas se pueden estudiar en función de la oferta básica de cada estado o territorio (suelen ser parte del currículo obligatorio), y en aquellos estados en los que forma parte obligatoria del currículo se dedican no más de 60 minutos semanales al aprendizaje de la lengua estudiada.

— *Educación Secundaria y Bachillerato*: La educación secundaria es obligatoria hasta los 15 ó 16 años, dependiendo de los estados. Esta etapa obligatoria se extiende desde el año 7.º (u 8.º) al año 10.º (o 11.º). Al finalizar el año 10.º, los estudiantes de Nueva Gales del Sur, Queensland y el Territorio de la Capital Australiana reciben un certificado. La enseñanza postobligatoria dura dos cursos, hasta los 17 ó 18 años. Finalizada esta etapa, los alumnos de todos los estados y territorios reciben el título de educación secundaria (*Senior Secondary Certificate of Education* o denominación similar, que equivale al título de bachiller español). En la actualidad resulta obligatorio estudiar una lengua extrajera en algún momento de la etapa secundaria en los siguientes estados y territorios: Australia Meridional, Territorio de la Capital Australiana, Victoria y Queensland (aunque en este estado solamente desde 2010), pero no es obligatorio hacerlo en Australia Occidental, Nueva Gales del Sur, Tasmania y el Territorio del Norte. En los estados y territorios donde se estableció la obligatoriedad de estudiar una lengua no todas las escuelas cuentan con esa oferta, en muchos casos por mera falta de profesorado. Las lenguas extranjeras pueden estudiarse secuencialmente curso tras curso, pero no es relativamente infrecuente que muchos alumnos cambien de lengua a lo largo de esta etapa, por lo que no se garantiza en general un nivel mínimo de conocimientos en el curso final de secundaria.

— *Formación Profesional*. La formación profesional (*Technical and Further Education* - TAFE)[25] está organizada por medio de un plan nacional, y se orienta básicamente hacia la empleabilidad en las empresas y con programas que conectan las escuelas con instituciones postsecundarias, las universidades y el mundo del trabajo. Los centros que proporcionan formación profesional tienen que estar registrados como organizaciones de formación profesional (*Registered Training Organisations*). Las lenguas extranjeras se ofrecen dentro de las opciones del currículo de cada especialización.

1.3. LAS LENGUAS EN LA EDUCACIÓN UNIVERSITARIA
       EN AUSTRALIA: CARACTERÍSTICAS GENERALES

La educación superior está integrada en un sistema a escala nacional y es impartida por universidades y otros centros de educación superior, que son completamente autómonos. Para simplificar, ya que existen gran variedad de titulaciones, éstas se pueden clasificar en:

— Graduado (*Bachelor' Degree*) que puede obtenerse, tras tres o cuatro años de estudios (en el segundo caso, *Honours Bachelor's Degree*).
— Máster o maestría (*Master's Degree*). Varía según las universidades, pero, por lo general, suele ser un programa de dos años que puede cursarse tras haber obtenido el grado.
— Doctorado. Existen tres tipos de doctorado, todos equivalentes a tres años de estudio y/o investigación, seguidos del

---

[25] Más información en http://tafe-australia.org/ (2011/01/07).

examen de una tesis de investigación, que se pueden cursar una vez obtenido el Máster o el *Honours Bachelor's Degree*.

Para acceder a los estudios de grado, los alumnos son seleccionados y admitidos por la universidad en la que quieren realizar estudios según diferentes procedimientos. Pero para el caso del aprendizaje de lenguas en la universidad, podemos resumir las características generales de los alumnos que acceden a estudios superiores universitarios de este modo:

1. Los alumnos que han seguido sistemáticamente y de forma secuenciada cursos de la misma lengua en educación secundaria, llegan a la universidad con un nivel más que aceptable de la misma (entre un B1 y un B2, y en algunos casos de programas de excelencia, cercano al C1).
2. Solamente en torno a un 14 por 100 de todos los alumnos de grado duodécimo en Australia ha seguido estudios de alguna lengua extranjera.
3. El número de alumnos que no ha realizado estudios de ninguna lengua extranjera en las etapas previas a la universitaria constituye cerca del 30 por 100 del total de los que acceden al primer curso de los grados.
4. La mayoría de los alumnos australianos que accede a estudios universitarios y que ha seguido previamente enseñanzas de una lengua extranjera no tiene un mínimo de conocimientos de esa lengua que les permita entablar un proceso comunicativo. Generalizando, podríamos hablar de un nivel A1, en el mejor de los casos, para varias de las lenguas que se ofrecen en secundaria.

En consecuencia, salvo aquellos alumnos que vocacionalmente, profesionalmente o por sus antecedentes familiares hayan aprendido una lengua extranjera y quieran seguir estudios especializados conducentes a un grado universitario directamente relacionado con ella, en aproximadamente ocho de cada diez casos los alumnos de primer curso de cualquier grado que podamos contemplar son monolingües en inglés. Por ese motivo tan simple, la enseñanza de las lenguas en el nivel universitario se contempla casi exclusivamente desde el punto de vista de constituir una materia instrumental, y como tal se plantean alumnos, profesores y autoridades académicas sus procesos de aprendizaje. El nivel de inicio es en la mayor parte de las lenguas el de principiante absoluto o el de falso principiante, y solamente algunas instituciones con programas de mayor exigencia en la selección de alumnos plantean que sus cursos de lenguas arranquen a partir de un nivel de tipo A2. Lo que no deja de contrastar con el hecho de que a los alumnos extranjeros se les requiera en casi todas las universidades un nivel de inglés entre un C1 y un C2 para ser admitidos en los estudios de grado.

Así, la enseñanza de las lenguas extranjeras suele conformarse como una materia que tiene una relación de dependencia respecto de otras especialidades que ofrecen las universidades como parte de su currículo y no es nada habitual encontrar universidades que ofrezcan estudios especializados o titulaciones en lenguas extranjeras. De las 39 universidades australianas no llegan a la docena las que tienen una oferta de auténticas titulaciones en la que es posible especializarse en una (o varias) lenguas extranjeras. Sin embargo prácticamente todas ofrecen cursos de aprendizaje de inglés para aquellos alumnos que tienen que acreditar su conocimiento, y gracias a esa industria cultural y a sus innovaciones se producen sinergias eficaces en las otras lenguas que se enseñan en la universidad (LEVY *et al.*, 2009). Por otra parte, las universidades agrupan frecuentemente las lenguas según criterios administrativos más que científicos o académicos, siendo los geográficos ciertamente populares (por continentes o zonas, así las «lenguas europeas» o las «lenguas asiáticas», lenguas aborígenes, etc.).

En la etapa educativa universitaria se observa en los últimos años, desde 2004, un «repentino» interés, que suele ser transitorio, por el aprendizaje de lenguas por parte de los alumnos. Es frecuente que muchos de ellos se matriculen en su primer curso académico (el primer y segundo semestre) de una lengua extranjera (curiosamente entre ellas resulta que el español es de las más populares desde hace unos años). Esto provoca la aparición de grupos masificados en las lenguas de mayor matriculación. Pero como esos mismos alumnos suelen abandonar la materia en el segundo año, habitualmente tras terminar su tercer semestre a lo sumo, ocurre que la tasa de retención en lenguas es muy baja. Hay alumnos que en efecto siguen aprendiéndolas a lo largo de todos sus estudios, pero son una minoría y suelen estar claramente orientados a algún tipo de especialización en economía, lenguas, ciencias políticas y relaciones internacionales, comercio, y titulaciones similares. Son muy raros los alumnos de derecho, ingenierías, o medicina, lo que resulta paradójico porque muchos egresados de las universidades australianas se plantean carreras profesionales muy internacionalizadas en las que poder hablar varias lenguas constituye un valor seguro para la empleabilidad de alto nivel.

Para concluir con este apartado, cabe recordar que para establecer equivalencias entre las diferentes titulaciones de la educación post-obligatoria se creó en 1995 el Marco de Referencia de Titulaciones Australianas (*Australian Qualifications Framework*, AQF), para crear un registro de instituciones educativas reconocidas y autorizadas para emitir titulaciones. El AQF es un sistema nacional unificado de titulaciones que coordina los sectores educativos escolar, profesional y superior[26], y que con la *Australian Universities Quality Agency* (AUQA)[27] —con competencias similares a las de la ANECA española— forma el binomio que regula la acreditación de las titulaciones australianas.

1.4. ORGANIZACIÓN DOCENTE, PROFESORADO Y MÉTODOS DE ENSEÑANZA

En la educación terciaria, los cursos se organizan por semestres académicos, y varían en cuanto al número de créditos (*credit points*). Las descripciones de los cursos suelan indicar cuatro horas semanales de contacto entre profesores y alumnos y al menos otras tres horas de trabajo adicional del alumno, de modo que la carga se establece en un promedio de 7 u 8 horas semanales. Existen en las instituciones universitarias más concienciadas de la necesidad de potenciar el conocimiento de las lenguas programas específicos para mejorar y compartir recursos. En el

---

[26] Más información en http://www.aqf.edu.au/ (2011/01/07).
[27] Más información en http://www.auqa.edu.au/ (2011/01/08).

caso de Melbourne[28] y de Brisbane[29], varias universidades públicas y privadas se han consorciado para crear Centros o Escuelas de lenguas extranjeras en las que se da servicio a los alumnos de todas las instituciones que participan, lo que constituye una interesante experiencia que permite optimizar recursos humanos y materiales y ofrecer a los universitarios una mayor oferta de idiomas.

Parece existir la arraigada creencia en buena parte de la sociedad australiana de que aprender otras lenguas distintas al inglés es una pérdida de tiempo y que además retrasa el aprendizaje formal del inglés. Las campañas de información que demuestran que precisamente el aprendizaje de varias lenguas hace que los alumnos progresen más rápidamente en todas ellas parecen haber tenido escaso eco en Australia. Sí que existe en Australia un sector social minoritario claramente preocupado por el desconocimiento general de lenguas por parte de su población. Y se han hecho muchos estudios e informes, congresos, debates, etc. al respecto durante lo que va de siglo. La Academia Australiana de Humanidades fue muy clara en su diagnóstico[30]: «Australia tiene un notable déficit de conocimiento de lenguas extranjeras»:

> The present state of language education and proficiency in Australia is seriously inadequate for our current and emerging needs, and far behind comparable levels in our peers and competitors. The size of this gap and the work and time required to close it has led some to describe the situation as a crisis[31].

---

[28] La *School of Languages and Linguistics* de la Universidad de Melbourne (*recursos* http://www.languages.unimelb.edu.au/) tiene acuerdos con las universidades de La Trobe, Monash, Victoria y *Royal Melbourne Institute of Technology* para compartir algunos recursos.

[29] La *School of Languages & Comparative & Cultures Studies* (http://www.slccs.uq.edu.au/) de la Universidad de Queensland que gestiona clases, profesores y alumnos de un consorcio con las universidades de Bond, Griffith y *Queensland University of Technology.*

[30] *Beginners' LOTE (Languages Other than English) in Australian Universities: an Audit Survey and Analysis* (http://www.humanitiecomunicads.org.au/Publications/Overview.htm - 2011/01/07).

[31] Comunicado anejo de la cumbre nacional sobre lenguas de la Academia Australiana de Humanidades, de 7 de junio de 2007. «El estado presente de la educación y competencia en lenguas en Australia resultan muy inadecuados para nuestras necesidades actuales y emergentes, y quedan bien por detrás de

Por ello se hace aconsejable que en el desarrollo del futuro currículo de lenguas se lleve a cabo un proceso de concienciación y de formación del profesorado de lenguas que pase por la acreditación documental de cierto dominio (comunicativo) de la lengua o lenguas que se pretende enseñar. El problema básico no obstante es que en Australia hay pocos profesores de lenguas extranjeras cualificados para atender la posible demanda, menos aún que tengan esas competencias comunicativas básicas en ellas, y finalmente no se trata de un colectivo profesional que se pueda formar adecuadamente en poco tiempo. Si a estos factores añadimos que los profesionales que sí tienen competencia en lenguas extranjeras en Australia suelen tener empleos notablemente mejor remunerados que los del ámbito de la enseñanza, no resultará fácil incentivar a los jóvenes australianos para que en número suficiente piensen en un futuro profesional como profesores de lenguas, salvo, quizás, en el ámbito universitario.

En el nivel universitario los profesores especializados en lenguas extranjeras son en cambio, en su gran mayoría, profesionales competentes, de reconocido prestigio nacional, e incluso internacional en ciertas especialidades. Hay, no obstante, y comparativamente a lo que ocurre con otras áreas, un escaso número de profesores permanentes con un doctorado en aquellas lenguas cuya tradición histórica en Australia es menos antigua que la del francés, alemán o japonés. Por ese motivo es frecuente que se recurra a puestos precarios, a tiempo parcial, o insuficientemente atractivos[32] para que los jóvenes profesores e investigadores se planteen un futuro profesional universitario sin tener que pasar por la realización de un doctorado, pues los titulados que en Australia tienen buen conocimiento de algún idioma suelen encontrar trabajos notablemente mejor remunerados que los de profesor universitario. En el caso de lenguas como el chino, el japonés, el francés, el alemán, el italiano e incluso el español hay además un cierto apoyo (transitorio a veces, pero razonablemente cuantificado) por

---

los niveles comparables de nuestros iguales y competidores. El tamaño de estas lagunas y el esfuerzo y tiempo que se requieren para acabar con ellas ha hecho que algunos autores describan la situación como de crisis.»

[32] Puestos que genéricamente se conocen como «*casual positions*» y que tienen un índice de retención muy bajo.

parte de los gobiernos de los países implicados que evita que las universidades se interesen en captar recursos humanos, si bien suponen una inversión cuya rentabilidad está claramente demostrada. Hay también un colectivo numeroso de profesores especialistas en estudios de culturas e historia de los diferentes países y regiones vinculados a las lenguas extranjeras, que, en cambio, no conocen (o no conocen suficientemente) las lenguas cuyas culturas estudian. Lo que no quiere decir necesariamente que no sean capaces de tener una percepción suficiente de los fenómenos que investigan.

Finalmente, y por lo que atañe a los métodos de enseñanza, la recomendación que ha ido ganando terreno en este siglo XXI es la del aprendizaje integrado de contenidos y lengua extranjera (AICLE), versión española del inglés CLIL (*Content and Language Integrated Learning*)[33]. En el enfoque AICLE los alumnos adquirirán y desarrollarán competencias comunicativas en otras lenguas empleando éstas como medio de instrucción de materias de contenido y no limitándose solamente a una asignatura de lengua extranjera o segunda/tercera lengua. Todas estas acciones redundarán positivamente en el aprendizaje de lenguas en la etapa universitaria, pues es de esperar que a partir del momento en que todos los alumnos lleguen a la universidad con conocimientos evaluables y acreditados de una lengua extranjera, las universidades podrán ajustar su oferta, y sobre todo atender a la creciente demanda de enseñanza de calidad por parte de sus alumnos.

1.5. Comentarios finales

Australia es sin duda un país cuya diversidad cultural y lingüística es importante, y que claramente hace esfuerzos por mantenerla y apoyarla. Pero lo hace de manera distinta a la que conocemos en los casos de Estados Unidos o Gran Bretaña y otros países de habla predominantemente inglesa. También tiene un

---

[33] Un breve e intenso resumen lo proporciona la Comisión Europea en su sección de información sobre Multilingüismo-enseñanza de lenguas en Eurydice (2006: eacea.ec.europa.eu/eurydice/ressources/eurydice/pdf/0.../071ES.pdf - 2010/11/17).

modelo multicultural notablemente diferente del canadiense. La participación de sus ciudadanos en la vida pública pasa indefectiblemente por la lengua inglesa, a la que los expertos educativos australianos consideran la herramienta comunicativa básica para desarrollar la construcción nacional a la par que gracias a la prevalencia de esta lengua en esta fase histórica les sirve para avanzar en un proceso de internacionalización económico y social.

Sin embargo, en el debate del nuevo currículo educativo, que ha iniciado sus primeras etapas de planificación por medio de la *Australian Curriculum, Assessment and Reporting Authority* (ACARA), se da una importancia a las lenguas, tanto australianas como extranjeras, que claramente supera a la que se les había otorgado en etapas históricas anteriores. Por un lado y a pesar de cierta (aparente) confusión estructural, pues amalgama todas las lenguas, sean aborígenes australianas, sean extranjeras en sentido estricto, dentro de un mismo concepto funcional, distingue entre las lenguas que son culturalmente importantes para los australianos (las aborígenes) y las que les son económica y socialmente importantes (las extranjeras) para sus relaciones con el resto del mundo.

Australia debate hoy algo en lo que se juega un aspecto importante de sus futuro: su nuevo currículo nacional es ciertamente un proyecto a largo plazo, pues sus resultados no podremos apreciarlos en su justa dimensión hasta que los primeros alumnos que comiencen sus estudios orientados por el currículo nacional que se apruebe a lo largo de 2011 y 2012, no terminen sus estudios secundarios. Esto es, hasta el 2024 en el caso de los pioneros, y quizás haya que esperar hasta el 2030 para poder hacer una evaluación contrastiva de los resultados que refleje una imagen más cabal de qué se ha conseguido. Es lo que tienen muchas de las reformas educativas de calado: que las hacemos para la siguiente generación, pues solamente de ese modo cabe evitar la improvisación y el apresuramiento de lo inmediato.

Desde esa perspectiva, la incorporación y el aprendizaje de lenguas en la educación superior en Australia presenta una serie de retos de enorme importancia tanto en lo que se refiere a la estructura y desarrollo curriculares como a la formación de profesorado, niveles de competencia lingüística a alcanzar y extensión a toda la población de la idea seminal de que no ser monolingüe nos libera de esa tiranía ideológica que representa el constructo mental de origen bíblico de que la «confusión de lenguas» es un castigo divino y no, en realidad, una de las señas de identidad más notables de las sociedades humanas. Una riqueza que los jóvenes australianos han de aumentar y de la que habrán de responsabilizarse en el futuro.

1.6. REFERENCIAS BIBLIOGRÁFICAS

AMERICAN COUNCIL ON THE TEACHING OF FOREIGN LANGUAGES (ACTFL) 2009/11/02: *National Standards for Foreign Language Education* (http://www.discoverlanguages.org/i4a/pages/index.cfm?pageid=3392).

AUSTRALASIAN COMMITTEE OF CHIEF EXECUTIVE OFFICERS OF CURRICULUM, ASSESSMENT AND CERTIFICATION AUTHORITIES (ACACA) 2011/02/20: *Documents* (http://acaca.bos.nsw.edu.au/).

AUSTRALIAN ACADEMY OF THE HUMANITIES (2007): *Beginners' LOTE (Languages Other than English) in Australian Universities: an Audit Survey and Analysis*, AAH, Canberra.

AUSTRALIAN BUREAU OF STATISTICS (2006): *Census Data* (http://www.abs.gov.au - 2011/02/23).

AUSTRALIAN CURRICULUM ASSESSMENT AND REPORTING AUTHORIT (2011): *Draft Shape of the Australian Curriculum: Languages*, ACARA Copyright Administration, Sydney.

BOWLER J. M., JONES, R., ALLEN, H. y THORNE, A. G. (1970): *Pleistocene human remains from Australia: a living site and human cremation from Lake Mungo*, Western New South Wales, *World Archaeology*, 2.1: pp. 39-60.

CHAMBERLAIN, C., CHAMBERLAIN, A. T., RILEY, M. S., STRINGER, C. y COLLINS, M. J. (2003): «The thermal history of human fossils and the likelihood of successful DNA amplification», *Journal of Human Evolution*, 45.3, pp. 203-217.

CLYNE, MICHAEL (1991a): «Monolingualism, multilingualism and the Australian nation». En C. A. Price (ed.): *Australian National Identity*, The Academy of the Social Sciences in Australia, Canberra, pp. 83-98.

— (1991b): *Community Languages. The Australian Experience*, Cambridge University Press, Cambridge.

— (2006): «Australia's community languages», *International Journal of the Sociology of Language*, 180, pp. 7-21.

COLLABORATIVE CURRICULUM AND ASSESSMENT FRAMEWORK FOR LANGUAGES (CCAFL).

COUNCIL OF EUROPE (2001): *Common European Framework of Reference for Languages: Learning, Teaching, Assessment* (CEFR). (http://www.coe.int/T/DG4/Linguistic/CADRE_EN.asp - 2011/01/31).

CRABBE, D. (2007): *Learning opportunities: adding learning value to task*, Oxford University Press, Oxford.

De Varennes, Fernand (2004): «The right to education and minority language». EUMAP: *EU Monitoring and Advocacy Program Online Journal* (www2. ohchr.org/english/bodies/hrcouncil/.../Fernand_de_Varennes.doc – 2011/02/25).

Department of Education, Employment and Workplace Relations (2009): *National Asian Languages and Studies in Schools Program.* (http:// www.deewr.gov.au/schooling/nalssp - 2010/03/01).

Department of the Environment, Water, Heritage and The Arts, Australian Government (2010): *Indigenous Languages: A national approach, the importance of Australia's Indigenous languages* (http://www.arts.gov.au/ indigenous/languages_policy - 2011/01/29).

Department of the Prime Minister and Cabinet, Office for the Arts (2009): *Indigenous languages: A national approach. The importance of Australia's Indigenous languages* (http://www.arts.gov.au/indigenous/languages_policy - 2009/11/02).

Kleinhenz, Elizabeth, Jenny Wilkinson, Margaret Gearon, Suzanne Fernandez y Lawrence Ingvarson (2007): *The Review of Teacher Education for Languages Teachers. Final Report, August 2007*, Australian Government Department of Education, Employment and Workplace Relations, Canberra (http://www.dest.gov.au/sectors/school_education/ publications_resources/documents/Review_of_Teacher_Education_for_ Languages_Teachers_rtf - 2011/01/09).

Kohler, Michelle y Phillip, Mahnken (2010): *The current state of Indonesian language education in Australian schools*, Education Services Australia, for the Australian Government Department of Education, Employment and Workplace Relations under the School Languages Program, Carlton South (http://www.apo.org.au/research/current-state-chinese-indonesian-japanese-and-korean-language-education-australian-schools - 2011/01/25).

Kretser, Anne de y Robyn Spence-Brown (2010): *The current state of Japanese language education in Australian schools*, Education Services Australia, for the Australian Government Department of Education, Employment and Workplace Relations under the School Languages Program, Carlton South (http://www.apo.org.au/research/current-state-chinese-indonesian-japanese-and-korean-language-education-australian-schools - 2011/01/25).

Lane, Bernard (2011): «Plan unable to save study of Indonesian», *The Australian* (http://www.theaustralian.com.au/higher-education/plan-unable-to-save-study-of-indonesian/story-e6frgcjx-1226006527311 - 2011/02/16).

Levy, Mike, Martina Möllering y Kerry Dunne (2009): «An analysis of technology use in first-year language teaching at three Australian universities», *Prospect: an Australian journal of TESOL* 24.3, pp. 5-14. (http://www.ameprc. mq.edu.au/docs/prospect_journal/volume_24_no_3/Levy_et_al.pdf - 2011/01/31).

Liddicoat, Anthony J. y Angela Scarino (2009): *Teaching and learning languages: a guide*, Department of Education, Employment and Workplace Relations, Canberra.

LIDDICOAT, ANTHONY J., ANGELA SCARINO, TIMOTHY JOWAN CURNOW, MICHE-
LLE KOHLER, ANDREW SCRIMGEOUR y ANNE-MARIE MORGAN (2007): *An
Investigation of the State and Nature of Languages in Australian Schools*,
Department of Education, Employment and Workplace Relations, Can-
berra.
LO BIANCO, JOSEPH (1987): *National policy on languages*, Australian Government
Publishing Services, Canberra.
— (2009): *Second Languages and Australian Schooling*, Australian Council for
Educational Research, Melbourne.
MINISTERIAL COUNCIL OF EDUCATION, EMPLOYMENT, TRAINING AND YOUTH
AFFAIRS (2005): *National Statement for Languages Education in Australian
Schools: National plan for languages education in Australian schools 2005-
2008*, MCEETYA, Carlton.
NICHOLLS, C. (1999): «Killing us softly: the closure of bilingual education pro-
grams», *Arena Magazine*, 40, pp. 12-13.
OCDE (2011): *Panorama de la educación 2010: Indicadores de la OCDE*, San-
tillana, Madrid.
OECD (2010): *Education Statistics 2010* (http://www.oecd-ilibrary.org/educa-
tion/data/oecd-education-statistics_edu-data-en - 2011/02/04).
ORTON, JANE (2008): *The current state of Chinese language education in Australian schools*, Education Services Australia, for the Australian Government
Department of Education, Employment and Workplace Relations under
the School Languages Program, Carlton South (http://www.apo.org.au/
research/current-state-chinese-indonesian-japanese-and-korean-language-
education-australian-schools - 2011/01/25).
PASCOE, BRUCE y AIATSIS (2008): *The Little Red Yellow Black Book: An introduction to Indigenous Australia*, Acton, Aboriginal Studies Press, Canberra.
QUALIFICATIONS AND CURRICULUM DEVELOPMENT AGENCY UNITED KINGDOM
(2009): Modern Foreign Languages Key Stages 3 and 4. (http://curriculum.
qcda.gov.uk/ - 2011/02/11).
SCARINO, A. y LIDDICOAT, A. J. (2009): *Teaching and Learning Languages: A
guide*, Curriculum Corporation, Melbourne. (http://www.tllg.unisa.edu.au
- 2011/01/29).
SHIN, SEONG-CHUL (2010): *The current state of Korean language education in
Australian schools*, Education Services Australia, for the Australian Government Department of Education, Employment and Workplace Relations
under the School Languages Program, Carlton South (http://www.apo.org.
au/research/current-state-chinese-indonesian-japanese-and-korean-langua-
ge-education-australian-schools - 2011/01/25).
STURAK, KATHARINE y ZOE NAUGHTEN (eds.) (2010): *The Current State of
Chinese, Indonesian, Japanese and Korean Language Education in Australian
Schools*, Education Services Australia, for the Australian Government Department of Education, Employment and Workplace Relations under the
School Languages Program, Carlton South.

2. ENTRE LA NECESIDAD Y LA VIRTUD: LA ENSEÑANZA DE LAS LENGUAS DEL MUNDO EN LOS EE.UU. DE AMÉRICA*

2.1. E PLURIBUS UNUM: MULTILINGÜISMO Y MONOLINGÜISMO EN EE.UU.

En el primero de *Los Cuentos de Canterbury* de Geoffrey Chaucer, «El Cuento del Caballero» (ca. 1386), Teseo, una vez destruido por Saturno (a través de la trágica muerte de Arcite) aquel triángulo de amor imposible, decide persuadir a Palamon y Emily para que se casen y sean felices. Uno de sus argumentos principales es que hacer de la necesidad virtud es de sabios, máxima que ha quedado incorporada en el acerbo de la cultura popular de Occidente[34]. Así pues, en el pensamiento occidental, al menos desde la Láquesis del libro X de *La República* de Platón, la virtud (como la capacidad de invención) han sido a menudo consideradas hijas de la necesidad. Así, ha llegado a postularse, con cierta frecuencia, que la ausencia de necesidad —el «exceso» de felicidad o psicopatología de la autoestima— tienden a generar escasas dosis de virtud y laboriosidad, tanto en los individuos como en los pueblos; todo lo cual ha favorecido, en el caso que nos ocupa, que quienes han percibido, a lo largo del último siglo, la progresiva metamorfosis de su lengua materna en *lingua franca*, hayan mostrado una comprensible tendencia al monolingüismo.

El período formativo de Estados Unidos, fue nítidamente multilingüe: además de las lenguas indígenas, coexistieron durante los últimos cuatro siglos el español, inglés, francés, alemán, italiano, chino..., e incluso el neerlandés, en cuya lengua (junto al inglés) seguían coescribiéndose registros demográficos del Estado de Nueva York hasta 1920. La historia de la enseñanza de lenguas en Estados Unidos ha estado marcada por una serie de tensiones y paradojas, hasta cierto punto derivadas de esta per-

---

* Elaborado por MIGUEL MARTÍNEZ LÓPEZ. Catedrático de la Universitat de València y exconsejero de Educación de Estados Unidos y Canadá.

[34] «Thanne is it wysdom, as it thynketh me, / To maken vertu of necessitee, [...]» Larry D. Benson (Gen. ed.), *The Riverside Chaucer*, 3rd ed., Oxford, O.U.P., 2008, l. 3041-3042. Cfr. Harvard Interlinear Edition: http://www.courses.fas.harvard.edu/~chaucer/teachslf/kt-par4.htm [acceso: 12/10/2010].

cepción de innecesariedad de la adquisición de otras lenguas, tanto por una parte sustantiva de la ciudadanía, como por las élites políticas y generadoras de opinión. Sin embargo, la actual situación, aun dentro de un contexto plagado de tensiones (movimientos *English Only* vs. *English + One*) evoluciona hacia una esencial convergencia con los enfoques que sugieren el interés universal del bilingüismo y el poliglotismo. En consecuencia, observamos como tienden a universalizarse, también en Norteamérica, tanto políticas lingüísticas que procuran apoyar el objetivo de la competitividad económica, como pujantes industrias de la lengua, que rodean los procesos de enseñanza-aprendizaje de lenguas extranjeras y que son generadoras de importantes retornos económicos directos.

Al estudio de esta evolución reciente en Estados Unidos, con especial referencia al papel de la educación superior en dicho cambio, así como de los retos que está planteando la crisis en este sector clave de la educación, se dedican las páginas que siguen. Así pues, en este capítulo se pasa revista a la situación actual de la enseñanza de las lenguas extranjeras en las universidades de Estados Unidos; se analiza también diacrónicamente la evolución de la demanda de las distintas lenguas, con especial referencia al español; y, finalmente, se estudian las consecuencias de la globalización y la crisis económica en la enseñanza superior, así como las reacciones que, en materia de política lingüística, se están produciendo en apoyo del cumplimiento de los objetivos formativos en materia de lenguas extranjeras. A pesar de algunas inevitables generalizaciones, del análisis de la evolución de las políticas lingüísticas en Estados Unidos, de sus instrumentos académicos e institucionales, así como de la encrucijada actual —marcada por la crisis económica, la globalización y el multilateralismo— pueden derivarse algunas conclusiones de interés para nuestro itinerario de reformas presentes y futuras. Parece, sin duda, pertinente, este estudio comparado España-Estados Unidos, por lo que se refiere a la situación de la enseñanza de lenguas extranjeras, o lenguas del mundo, como sería más razonable denominarlas: en China hay más angloparlantes que en el Reino Unido y en Estados Unidos. Nadie en su sano juicio sostiene ya que el español es allí, especialmente en Estados como California, Tejas o Florida, una «lengua extranjera».

Estados Unidos y España —en el contexto OCDE— por razones, al menos en parte, distintas, comparten un mismo retraso comparativo en cuanto a las destrezas de sus ciudadanos en el ámbito del conocimiento de lenguas extranjeras. Sin embargo, un factor diferencial relevante es que el relativo retraso en Estados Unidos parece obedecer, en buena parte, a causas históricas de tipo político e ideológico, gestadas durante el siglo XX, y al citado carácter de la lengua inglesa como *lingua franca de facto* en la ciencia, las comunicaciones y los negocios; sin embargo, en España, nadie se plantea la posibilidad de pérdida de la identidad nacional por culpa del aprendizaje del inglés; al contrario, la situación actual se percibe intensamente, al menos desde hace medio siglo, y no sin razón, como un grave y secular déficit de nuestros sistemas académico y productivo, que amenaza la competitividad de nuestro mercado laboral, el equilibrio de nuestra balanza comercial y la renovación de nuestro modelo de desarrollo en la sociedad del conocimiento.

2.2. LA ENSEÑANZA DE LENGUAS EXTRANJERAS
      EN LA EDUCACIÓN SUPERIOR ESTADOUNIDENSE

En términos generales se puede afirmar que, en comparación con otros países desarrollados, Estados Unidos presenta una política de enseñanza de lenguas extranjeras poco desarrollada[35]. Sin embargo, sus análisis de política lingüística, su investigación básica y aplicada en adquisición de lenguas, así como las medidas que está adoptando en los últimos tiempos, sugieren que se está llegando a un punto de inflexión y se están introduciendo medidas correctoras de calado. De prosperar éstas, seguramente mejore sustantivamente el panorama de las lenguas extranjeras en Estados Unidos en las próximas décadas.

Estados Unidos ofrece una casuística muy diversa en lo que respecta a la obligatoriedad del estudio de lenguas extranjeras. No hay un mandato federal que obligue a los alumnos a estudiar

---

[35] MINISTERIO DE EDUCACIÓN (2009): *El Mundo Estudia Español*, Madrid, pp. 164-166, http://www.educacion.es/redele/elmundo/2009/EstadosUnidos.pdf [acceso: 20/12/2009].

una lengua extranjera, por lo que, como ha confirmado en un reciente discurso la actual Ministra de Educación federal Arne Duncan, es teóricamente posible terminar los estudios de enseñanza secundaria e incluso los universitarios sin haber cursado nunca una lengua extranjera[36]. Sin embargo, en estos últimos años se han empezado a producir cambios importantes, que pueden favorecer la universalización de estándares de enseñanza de lenguas extranjeras a nivel federal, lo que implicará que el estudio de las mismas termine siendo obligatorio en cada uno de los Estados de la Unión.

Aunque se reconoció a las lenguas extranjeras como asignatura central del curriculum de primaria y secundaria, en un documento de estrategia convertido en Ley en 1994 —H.R. 1804. *Goals 2000: Educate America Act*— y desde 1996 están publicados los estándares federales para el aprendizaje de lenguas extranjeras[37],

---

[36] DUNCAN, ARNE (2010): *Education and the Language Gap: Secretary Arne Duncan's Remarks at the Foreign Language Summit*, Universidad de Maryland, 08/12/2010: «As Mr. Panetta has been pointing out for years, the United States may be the only nation in the world where it is possible to complete high school and college without any foreign language study - let alone with the mastery of another language. Just 18 percent of Americans report speaking a language other than English. That's far short of Europe, where 53 percent of citizens speak more than one language. And some researchers predict that China will soon have the world's largest English-speaking population. Our education system is one of the reasons Americans aren't learning other languages. Foreign language instruction in the United States is spotty - and unfortunately on the decline. In 2008, one-quarter of elementary schools offered some form of language instruction - down from one-third 11 years earlier. Just 10 states require foreign language study for high school graduation-and low-income and minority students in particular lag behind their peers in other countries in their knowledge of languages, as well as geography and other cultures. [...]»

[37] Sobre la inclusion de las lenguas extranjeras como materia troncal del currículo preuniversitario, véase la Ley H.R. 1804. *Goals 2000: Educate America Act*, 1994, section 102, National Education Goals: «All students will leave grades 4, 8, and 12 having demonstrated competency over challenging subject matter including English, mathematics, science, foreign languages, civics an government, economics, the arts, history, and geography [...]» Vid.: http://www2.ed.gov/legislation/GOALS2000/TheAct/index.html [acceso: 12/12/2010].

Sobre estándares de lenguas extranjeras, vid.: BRANAMAN, Lucinda E. & RHODES, Nancy C. (1998): *A National Survey of Foreign Language Instruction in Elementary and Secondary Schools. Final Report*. Washington D.C.: Center for Applied Linguistics (CAL), http://www.eric.ed.gov/PDFS/ED434514.pdf.

la realidad ha venido siendo muy distinta. El hecho de que los exámenes *SAT* (*Scholastic Aptitude Test*), equivalentes lejanos de nuestras pruebas de acceso a la universidad, no incluyan, en su modalidad «obligatoria» (*SAT I*), una prueba de idioma, siendo muchas las universidades norteamericanas que no exigen para la admisión un requisito mínimo de créditos en lenguas extranjeras, ha convertido en *res de solo titulo* aquella teórica inclusión de los idiomas extranjeros como disciplinas centrales del currículo. Los estudiantes pueden optar por examinarse también del llamado *SAT II* (en el que se incluyen materias específicas, entre ellas las lenguas extranjeras), opción que las mejores universidades suelen tener en cuenta dentro de sus baremos de admisión. Sin embargo, los créditos de idiomas suelen funcionar, en la mayor parte de los casos, menos como un requisito de acceso, que como una ventaja competitiva y, a la vez, como una estrategia para solicitar, con posterioridad al ingreso, una dispensa del requisito de créditos de lenguas que tenga establecido la universidad de que se trate.[38] Para el acceso al curso académico 2010/2011, la mayor parte de las universidades norteamericanas exigían (o, al menos recomenda-ban) un mínimo de 2-3 años de estudio de una lengua extranjera, aunque siguen existiendo algunas Universidades y sobre todo *Community Colleges* que carecen de dicho requisito o recomen-dación; *sensu contrario*, las universidades más prestigiosas reco-miendan cuatro años y algunas exigen un mínimo de dos o tres cursos académicos de estudio de una misma lengua extranjera[39]. También va siendo cada vez más frecuente que las universidades, con independencia del requisito lingüístico de acceso, exijan un número de créditos de estudio de una lengua extranjera para gra-

[38] El SAT consta de tres exámenes de 3 horas cada uno: comprensión lec-tora crítica, escritura y matemáticas. Potestativamente, los estudiantes pueden examinarse de otras materias como literatura inglesa, historia, geografía, física, química, biología y lenguas extranjeras, algunas de ellas con o sin componente de comprensión auditiva: chino, alemán, francés, japonés, koreano y español con ejercicio de comprensión auditiva, o alemán, francés, hebreo moderno, italiano, latín o español sin evaluación de dicha destreza.

[39] Pueden consultarse los requisitos o recomendaciones sobre conocimien-to de lenguas extranjeras para el acceso a las universidades norteamericanas en el *ranking* US News, *Best Colleges 2011,* http://colleges.usnews.rankingsandre-views.com/best-colleges [acceso: 18/01/11].

duarse, como mínimo nueve créditos o dos semestres; no obstante, no es menos cierto que estos créditos pueden terminar siendo casi los mismos que los obtenidos en los niveles preuniversitarios, ya que a menudo pueden convalidarse por un buen resultado en el SAT II de lengua extranjera o por la superación, con al menos 3 puntos de 5, del examen nacional AP que gestiona el *College Board*.

La situación actual de las lenguas extranjeras en la educación superior viene marcada por un generalizado sentimiento de crisis, consecuencia de la interacción de un conjunto de factores, internos y externos a las lenguas extranjeras y al mundo universitario. Pero también es cierto que el panorama ha cambiado sustantivamente en los últimos diez años[40]. Entre estos factores cabe destacar los siguientes: la crisis económica global; la lucha antiterrorista y sus necesidades en el ámbito de la inteligencia militar y de los servicios secretos; la percepción de una cierta incapacidad de los Estados Unidos para hacerse comprender por otros países y áreas geoestratégicas del mundo; el temor a una futura pérdida de su actual rol como primera economía mundial (situación extensible a la UE respecto de los actuales países emergentes); el insuficiente número de profesores cualificados para la enseñanza de lenguas extranjeras; la ideologización del debate sobre el bilingüismo, y, por extensión, del papel de las lenguas extranjeras en una sociedad moderna y multilingüe, etc. Del Censo de 2010 se irán sacando a la luz informes específicos, a lo largo de la próxima primavera, que, como anuncian los resultados preliminares y las estimaciones de 2009, dibujarán una sociedad norteamericana diferente a la que surgió del anterior censo (año 2000), en la que la minoría hispana y la lengua española tendrán, en los próximos años, un papel fundamental, de influencia todavía mayor que la de la actual primera minoría de Estados Unidos[41].

---

[40] A este respecto, resulta interesante comparar los datos de hace una década con los actuales. Vid. datos de 2002 en OTERO, Jaime (2004): «La lengua española en la universidad estadounidense: las cifras», Real Instituto Elcano, Madrid, ARI, 57, p. 8, http://bit.ly/h46MTc [acceso: 12/10/2010].

[41] El censo de 2010 es una foto fija de la demografía de Estados Unidos de fecha 01/04/2010. Vid.: http://2010.census.gov/2010census/data/ [acceso: 12/01/2011]. El anterior análisis del padrón, de fecha 01/07/2009, arroja los siguientes resultados respecto a la población hispana: 48,4 millones de hispanos,

En el epicentro del problema, o en sus proximidades, está la percepción de este déficit lingüístico y cultural, quizá por primera vez, como uno de los problemas principales a los que ha de responder la institución universitaria en los próximos años. Así pues, «la necesidad de entender otras lenguas y otras culturas», de mirar el mundo también a través de los ojos de otros pueblos, para diseñar políticas multilaterales viables, como sostiene Daniel Yankelovich[42], es uno de los cinco grandes retos a los que debe responder la institución universitaria en los próximos años. Si bien nadie en su sano juicio discrepa de la necesidad de potenciar el aprendizaje de lenguas extranjeras, los objetivos y procedimientos para conseguir fines generales de amplio consenso, siguen siendo objeto de acalorada discusión[43].

Desde el punto de vista cuantitativo, la foto fija de la enseñanza de lenguas extranjeras en el nivel universitario estadounidense puede parecer especialmente brillante, aunque, como veremos más adelante, cohabitan luces y sombras en un panorama que requiere un análisis de cierta profundidad y respecto del que se promete difícil articular nuevos consensos. Las matrículas de lenguas extranjeras han crecido globalmente un 6,6 por 100 en los últimos tres años, tomando como referencia las matrículas del semestre de otoño de 2006 y de 2009, según un estudio publi-

---

de una población de aproximadamente 308 millones; 35 millones de hispanoparlantes mayores de 5 años; uno de cada dos nacimientos que se producen en Estados Unidos es de un niño hispano, lo que elevará la población de esta etnia a cerca de 133 millones en 2050 (cuando el censo de 1990 le asignaba sólo 22,4 millones); ya es el segundo país hispano, tras Méjico y, en algunos Estados como California, Tejas o Nuevo Méjico, precisamente aquellos que recibirán —por esta misma razón— un aumento de escaños en el Congreso, la población hispana se sitúa en torno al 50 por 100 de la población total. Resulta evidente, pues, que la lengua española ya no puede considerarse, bajo determinados parámetros, una lengua extranjera en Estados Unidos. Vid. US Census Bureau Newsroom. Facts for Features: Hispanic Heritage Month 2010: Sept. 15 - Oct. 15. http://www.census.gov/newsroom/releases/archives/ facts_for_features_special_editions/cb10-ff17.html.

[42] YANKELOVICH, Daniel (2005): «Ferment and change: Higher Education in 2015», *Chronicle of Higher Education*, 25, november 2005, p. 14.

[43] Vid. MODERN LANGUAGE ASSOCIATION OF AMERICA (2007): *Foreign Languages and Higher Education: New Structures for a Changed World*, MLA, Nueva York, pp. 1-9. http://www.mla.org/pdf/forlang_news_pdf.pdf [acceso: 12/01/2011].

cado por la MLA en diciembre de 2010[44]. Un primer análisis de estos datos apunta a la consolidación de una década de crecimiento de los estudios de lenguas y literaturas extranjeras en Estados Unidos.

Sin embargo, del escrutinio detallado de estos resultados, salta a la vista que los incrementos de las llamadas lenguas extranjeras tradicionales, como el español, francés y alemán, fueron más bien discretos, especialmente los de las dos últimas, mientras que el árabe, el coreano, el chino y el portugués crecieron a unas tasas mucho mayores; esta tendencia, se complementa con otra que apunta a la diversificación, seguramente resultado de las políticas de impulso de lenguas que presentan necesidades críticas para la defensa nacional; en 2009 se podía estudiar en instituciones de enseñanza superior estadounidenses 35 lenguas más que en 2006. Un ejemplo paradigmático de esta tendencia son las matrículas de árabe, que se han triplicado a partir del «11 de septiembre» y, en menor medida, de coreano y chino, tanto mandarín como cantonés.

El curso 2009/2010, cerca de 865.000 estudiantes de enseñanza postsecundaria estudiaron español en Estados Unidos, cuatro veces más que francés y nueve veces más que alemán, por lo que la primacía del español, por razones demográficas, económicas y culturales, se mantiene, por ahora, estable en la universidad norteamericana. La matrícula global en cursos de lenguas extranjeras fue de 1.682.527 estudiantes, un record histórico absoluto. No obstante, estas cifras han de matizarse mediante la comparación con el número de cursos de lenguas extranjeras ofrecidos por estas mismas universidades, que ha permanecido estancado, durante el período de referencia: un 8,6 por 100 del total de cursos (asignaturas) de lenguas extranjeras ofrecidos por las universidades, cifra que desciende desde un máximo histórico del 16,5 por 100, alcanzado en 1965. Estas cifras revelan, por una parte, el relativo estancamiento de la oferta en el contexto de otras materias y titulaciones, y, por otro, un aumento progresivo (con las excepciones habituales de las universidades del *top 100* supracitado) del tamaño de los grupos; tanta debe haber sido la presión de la crisis

---

[44] Furman, N. *et al.* (2010): *Enrollments in Languages Other Than English in United States Institutions of Higher Education, Fall 2009*, MLA, Nueva York, p. 3, http://www.mla.org/pdf/2009_enrollment_survey.pdf [acceso: 12/12/2011].

económica a este respecto, que el pasado diciembre de 2010, el Consejo Americano para la Enseñanza de Lenguas Extranjeras (*American Council on the Teaching of Foreign Languages,* ACTFL) ha reiterado oficialmente, mediante una declaración pública formal, su apoyo a las asociaciones profesionales que establecen un máximo de 15 alumnos por grupo[45]. Esta declaración supone un firme apoyo institucional del más alto nivel a las posiciones mantenidas por diversas instituciones de menor influencia fuera del mundo académico, como la Asociación Nacional para la Educación —*National Education Association* (NEA)— la Asociación de Departamentos de Lenguas Extranjeras —*Association of Departments of Foreign Languages* (ADFL)—, o asociaciones profesionales tan influyentes como NABE (*National Association of Bilingual Education*) o AATSP (*American Association of Teachers of Spanish and Portuguese*).

Otras señales de alarma que ayudan a dibujar un claroscuro en el panorama de la enseñanza de lenguas extranjeras en Estados Unidos son:

1. La disminución (–6,7 por 100), por primera vez en la última década, de las matrículas para estudios de posgrado (Máster y Doctorado) en lenguas extranjeras. Esta caída, cuyas dimensiones probablemente aumentarán en los próximos años, debido a los recortes presupuestarios de las universidades —especialmente de las públicas y semipúblicas—, puede suponer una agudización de la actual insuficiencia de profesorado cualificado de lenguas extranjeras en un futuro a medio plazo. Como efecto colateral beneficioso, seguramente también suavice, en alguna me-

---

[45] ACTFL, Mayo, 2010: *Position Statement on Maximum Class Size (May 2010)*. «Since the goal of a standards-based language program is to develop student's» ability to communicate, there must be opportunities for frequent and meaningful student-to-teacher and student-to-student interaction, monitored practice, and individual feedback during instructional time. Therefore, while ACTFL recognizes the fiscal realities faced by schools and institutions of higher education, ACTFL supports the recommended class size of no more than 15 students, made by both the National Education Association (NEA) and the Association of Departments of Foreign Languages (ADFL) [...]» Vid. http://www.actfl.org/i4a/pages/index.cfm? pageid=5150.

dida, las tensiones que está produciendo la menor oferta de plazas de profesorado permanente (*tenured*) en la mayoría de las instituciones de enseñanza superior, que intentan sortear la crisis con profesorado eventual, junior o precario, con el que puede llegar a ahorrar hasta un 40 por 100 en costes de personal.

2. La creciente eliminación de Grados de lenguas y literaturas modernas, especialmente literaturas europeas, empieza a producir alarma entre las asociaciones profesionales y dentro de la propia comunidad educativa, a todos los niveles; muchas instituciones públicas y privadas ya hace tiempo que han de buscar profesionales en el exterior (sirvan como ejemplo los más de mil profesores españoles del programa de profesores visitantes del Ministerio de Educación, que prestan sus servicios en una veintena de Estados norteamericanos).

Un ejemplo reciente, de gran repercusión mediática[46], ha sido la decisión de SUNY (*State University of New York*) de cerrar sus programas de Grado (*Majors*) en francés, italiano, ruso, latín, griego y teatro —y, seguramente, de modo indirecto, también hebreo—. Es éste solamente un ejemplo de una tendencia en auge a cerrar programas económicamente costosos y con bajos o discretos niveles de demanda, tendencia especialmente marcada en universidades públicas cuyos costes son inasumibles a medio y largo plazo. En fechas recientes, la prensa educativa ha abierto un debate sobre este tema, citando, además de los casos de SUNY, otros en la Universidad de Maine, en la de Nevada en Reno, en Winona State, en Tennessee-Martin, y así hasta cerca de 54 títulos (*Majors* en lenguas extranjeras) que están en peligro inminente de desaparecer como consecuencia de las políticas fiscales que intentan contener el ingente déficit de las administraciones públicas.

---

[46] FODERARO, Lisa W. (2010): «Budget-Cutting Colleges Bid Some Languages Adieu», *New York Times* [acceso: 03/12/2010], http://www.nytimes.com/2010/12/05/education/05languages.html?_r=1&pagewanted=all [Acceso: 03/12/2010]. COURTINE, Jean-Jacques *et al.* «Campus américains : le français en déclin». *Le Monde*, 02/11/2010 [acceso: 02/11/2010].

3. Por último, el cambio de paradigma que se está produciendo en el terreno socioeconómico y político, con una alteración acelerada de los tradicionales ejes Norte-Sur, Este-Oeste, está teniendo un reflejo en la oferta de lenguas y literaturas extranjeras. Esta reducción va más allá de políticas coyunturales de contención del gasto público y ha de enmarcarse en el contexto de una crisis general de las humanidades, es decir, de «las artes liberales» (*liberal arts*) como se denominan éstas comúnmente en Estados Unidos. La motivación de esta «desactivación» selectiva de programas de lenguas, principalmente europeas —como se denomina eufemísticamente a este fenómeno— no afecta, por ahora, al español, debido principalmente a la pujanza demográfica de la población hispana, la consistente demanda y los evidentes intereses comerciales en el área de Hispanoamérica y Caribe. Allende tales consideraciones, este cambio de paradigma, que no parece proclive a seguir considerando los miles de años de historia de las enseñanzas humanísticas como un aval suficiente cuando las cuentas no cuadran, empieza a ser justificado conceptualmente en los foros académicos donde menos cabría esperarlo: un ejemplo reciente es la conferencia de apertura pronunciada por Richard N. Haas —Presidente del Consejo de Relaciones Exteriores de Estados Unidos— en la última reunión anual de la ACTFL-2010 («Language as a gateway to global communities»). Esta conferencia ha terminado generando una intensa polémica, al cuestionar durante la misma la necesidad de mantener la actual omnipresencia de las lenguas europeas en la oferta de lenguas extranjeras en el sistema educativo norteamericano; la razón principal esgrimida por el influyente diplomático R. N. Haas era el evidente cambio de los centros de poder político de Europa a Asia y la necesidad de prepararse para negociar con los poderes emergentes de países como China, India y Brasil. En una entrevista posterior, una vez desatada la tormenta,[47] Haas

---

[47] La intervención de Haas en ACTFL despertó un interesante debate sobre los objetivos de la enseñanza de lenguas extranjeras en Estados Unidos y sobre la selección de lenguas financiables en función de su contribución a la seguridad

sostuvo que su argumento no iba en contra de ninguna lengua en concreto (aunque se refirió a Europa como «una zona del mundo más aburrida»). También añadió que, para seguir siendo económicamente competitivos, capaces de proveer al Gobierno de la mano de obra cualificada que éste necesitaba, era necesario que más americanos aprendieran chino o hindi, farsi, portugués, coreano o árabe. En un mundo ideal, añadió, tal planteamiento no tendría que suponer que menos individuos aprendieran español, francés, alemán o italiano, pero, en el mundo real, quizá ese sea un peaje necesario.

Llegados a este punto, los planteamientos de la MLA sobre lenguas extranjeras y educación superior, en su más reciente documento de estrategia, se revelan sumamente oportunos. Sus interesantes reflexiones irrumpen en estos debates ofreciendo perspectivas de gran utilidad, no sólo para sus destinatarios naturales (las universidades norteamericanas), sino también para nuestro propósito de reforma de los antiguos planes de estudio filológicos, que ha comenzado este curso académico su andadura práctica, con la puesta en marcha de los nuevos Grados en Estudios Ingleses y en las restantes lenguas extranjeras en las distintas universidades españolas. Los planteamientos y las tensiones propias de períodos de crisis, de cambio, son sorprendentemente similares a ambos lados del Atlántico. En primer lugar, la MLA constata la tensión entre dos visiones de la enseñanza de lenguas nítidamente diferentes.

Primero tenemos la posición de quienes, como Haas, conciben las lenguas extranjeras desde una perspectiva instrumental, estrecha (y casi indisolublemente) vinculada a objetivos al servicio de la seguridad nacional y la economía, que enfatiza la necesidad de priorizar la enseñanza de lenguas de interés estratégico. Hasta la fecha, Estados Unidos ha declarado que tiene una necesidad crítica de aumentar el número de especialistas en lenguas como el

nacional, a la diplomacia y a la economía. Su discurso ha recibido numerosos comentarios muy críticos, entre ellos el de Russell A. Berman, Vicepresidente de la *Modern Language Association of America* (MLA) y Catedrático de Literatura Comparada de la Universidad de Stanford. Vid. BERMAN, R. A. (2010): «Foreign language for foreign policy?», *Inside Higher Education*, 23/11/2010. http://www.insidehighered.com/views/2010/11/23/berman [acceso: 12/01/2011].

árabe, swahili, chino, cantonés y mandarín estándar, ruso, japonés, idiomas índicos como urdu, hindi, nepalí, bengalí y punjabi, idiomas iraníes como el persa (farsi), dari, tajiki y pashto, el coreano y lenguas turcas como el azerbaijan, kazakh, kyrgyz, turco, uzbeko, etc. En el caso de España, nadie duda que la que ha de ser abordada en primer lugar es la lengua inglesa.

Segundo tenemos la visión de aquellos que creen en la necesidad de mantener, al menos en parte, el currículo clásico de las filologías extranjeras; podríamos decir que este currículo procura reforzar el conocimiento avanzado de las lenguas de mayor demanda social (español, francés, alemán e italiano) en un contexto curricular en el que predominan los cursos avanzados de lengua y lingüística y los de literatura canónica de las lenguas meta, como afirmación de la tradición y la cultura —una tradición y cultura occidental transmisora de valores democráticos de libertad, equidad y oportunidad para todos— como elementos indispensables de la educación superior.

Una derivada adicional, de presencia menos relevante en España, es la división práctica del currículo en una sección de lengua, mayoritariamente a cargo de profesorado no permanente y con escasas posibilidades de promoción y otra de literatura y cultura, a cargo de profesores permanentes (*tenured* o *tenure-track professors*); estos últimos suelen ostentar los cargos directivos en los órganos de gobierno de los departamentos y, por tanto, toman las decisiones oportunas en los ámbitos del diseño curricular y la gobernanza, sin que existan aún mecanismos eficaces de coordinación entre ambos grupos de profesores y ambas enseñanzas. Este modelo, que estuvo presente en los inicios y en los primeros años de los estudios ingleses en España, y del que aún quedan rasgos vestigiales en algunos departamentos, parece abocado, en Estados Unidos y en España, a una metamorfosis que está llamada a integrar y «transversalizar» los componentes lingüístico, literario y cultural en el currículo de lenguas extranjeras.

Así las cosas, la MLA, en el citado informe de estrategia de 2007, hace un llamamiento a los departamentos universitarios de lenguas y literaturas modernas para que actualicen sus currículos de forma que puedan integrarse las necesidades formativas del mercado y los valores clásicos del humanismo, sin los que la institución universitaria se convierte en una escuela técnica o profesional, traicionando su misión de generación y transmisión del saber, al tiempo que generadora de cultura. No se trata de barrer la literatura o la cultura del currículo, sino de acordar una definición integradora del «producto» que persigue un *Major* de lenguas y literaturas extranjeras y proceder coherentemente en consecuencia. *Educated speakers who have deep translingual and transcultural competence* es la definición de «producto» que propone la MLA[48]: para conseguir tal perfil, parece necesario un replanteamiento del currículo y de las metodologías de impartición del mismo que, a un tiempo, actualicen y preserven los fundamentos filológicos de la disciplina, y completen la formación del estudiante con un componente sustantivo de materias, cuya presencia es hoy, con bastante frecuencia, marginal: adquisición de lenguas segundas y lenguas extranjeras; lingüística cognitiva; lingüística de contrastes; bilingüismo y estrategias de enseñanza-aprendizaje en programas bilingües y trilingües (especialmente importante en comunidades con dos lenguas co-oficiales en las que la «lengua extranjera» es tercera lengua); lenguaje e inteligencia artificial; nuevas tecnologías aplicadas a la enseñanza-aprendizaje de lenguas; traducción general, literaria y de lenguajes profesionales; escritura creativa; culturas y literaturas de las lenguas del mundo; cultura audiovisual, literatura comparada, etc. Desarrollar estos principios, que podrían ser mayoritariamente compartidos entre los docentes de nuestros dos países, en un proyecto coherente, no es tarea fácil, ni aquí ni allá. Y, ciertamente, no facilita esta ingente tarea de coordinada renovación la situación de la reforma de planes de estudio en el actual contexto socioeconómico, ni la reducción del número de créditos en los nuevos Grados y su (des)integración de la actual oferta de Postgrados y de la formación inicial y continua del profesorado de lenguas extranjeras; ni el nivel de competencia lectora y cultural de las promociones que van accediendo a los estudios superiores; ni las incertidumbres que aún penden sobre la financiación de los mis-

---

[48] «One possible model defines transcultural understanding as the ability to comprehend and analyze the cultural narratives that appear in every kind of expressive form —from essays, fiction, poetry, drama, journalism, humor, advertising, political rhetoric, and legal documents to performance, visual forms, and music.» Vid. MLA, 2007, pp. 4-5.

mos, lo que incide en los tamaños de los grupos, que en algunos lugares siguen dando cabida a 80-100 estudiantes; ni el más o menos general hartazgo de una parte de la profesión, agotada por inacabables reformas que rara vez se coordinan con la hacienda pública y que, en su frenético sucederse, prematuramente parecen activar el gen de su propio fracaso.

2.3. LAS LENGUAS EXTRANJERAS EN LA EDUCACIÓN SUPERIOR DE ESPAÑA Y EE.UU.: ALGUNAS CONCLUSIONES

Como hemos visto más arriba, son numerosas las similitudes entre la situación de la enseñanza de lenguas extranjeras en Estados Unidos y España; pero también hay diferencias importantes, algunas de las cuales pueden mostrarnos posibles caminos para abordar planes de mejora de nuestros resultados. Para concluir, apuntaremos algunas conclusiones fundamentales, con sus respectivas recomendaciones:

No debería comenzarse una reflexión sobre estas cuestiones, ni mucho menos adoptarse las decisiones de política lingüística que correspondan, a la manera de tantas novelas, *in media res*, sino que hay que abordar la urgente elaboración de una estrategia global que contemple actuaciones dentro y fuera de las instituciones de enseñanza, y, sobre todo, desde el comienzo del sistema educativo hasta la educación de adultos, con especial atención al nivel universitario. Esta especial referencia a los estudios superiores no requiere especial justificación, ya que es la Universidad la que se ocupa de la formación de formadores, inicial y continua, para todos los niveles y tipos de enseñanza. La necesidad de actuar a varios niveles simultáneamente se justifica también, sin dificultad, por el hecho evidente de que España no se puede permitir el lujo de esperar a próximas generaciones para empezar a resolver este problema, pues sus efectos, por positivos que fueran, no afectarían a nuestra competitividad hasta dentro de dos décadas.

Ha de repararse en que, para la obtención de unos resultados académicos entre similarmente mediocres y algo mejores respecto a los de nuestro país, el sistema educativo norteamericano sólo emplea, y no en todos los casos, unos 4 años (con una carga lectiva similar a la española), esto es, un tercio o menos del tiempo que emplea el sistema educativo español para la formación en una lengua extranjera. También llevan décadas las universidades norteamericanas de referencia exigiendo a todos sus estudiantes, con independencia de la titulación, un número de créditos de una lengua extranjera, estrategia comparable con la que está en fase de implantación en España, en aplicación, entre otras, de la *Declaración de Nancy* (Consejo de Europa, *Declaración de Nancy: Universidades multilingües para una Europa multilingüe*, 2006).

A la luz de lo anterior, procede revisar a fondo cuáles son los errores de concepto, organización, método, etc., que llevan a que, tras doce o más años de estudio de una lengua extranjera, no se pueda aspirar, en términos generales, a nada mejor que a un nivel de competencia A2/B1 a la hora de iniciar los estudios universitarios y, simultáneamente, parezca difícil que todos los egresados universitarios tengan al menos un nivel B2, reto, no precisamente menor, al que ahora nos enfrentamos. Cometer los mismos errores que han llevado a la situación actual no es asumible. De ahí que parezca necesario, y urgente, en ambos países, un replanteamiento global de la articulación y secuenciación de los contenidos y niveles, las metodologías, la formación del profesorado, la financiación del sistema y la evaluación, así como los decisivos factores contextuales del aprendizaje. No cabe, pues, sino acometer decididamente una reforma del aprendizaje de lenguas extranjeras orientada a un aumento de la competencia comunicativa, reforma que permita una mejora verificable de los resultados. Ésta deberá, además, optimizar los diferentes, dispersos y con alguna frecuencia escasamente eficientes, recursos económicos que a tales fines destinan las Administraciones Públicas, las empresas y los particulares, a juzgar por las bajas ratios coste-beneficio de muchos programas y actividades. Estas actuaciones habrán de ser, en parte, distintas en las comunidades castellano-parlantes y en las que tienen dos lenguas co-oficiales, situación casi inexistente en Estados Unidos, pero que tiene un difuso correlato en los inmigrantes, por ejemplo hispanos, que estudian inglés en programas internacionales, que incorporan, a menudo, una tercera lengua —para ellos, la segunda lengua «extranjera»— al tiempo que procuran mantener un constructivo bilingüismo español-inglés. No es menos evidente que se deberían establecer controles externos al sistema, de naturaleza selectiva, al final de cada ciclo, que impidan la promoción si no se ha adquirido el nivel establecido para cada fase del proceso de aprendizaje, como ocurre con otras disciplinas centrales del currículo.

En este contexto, la correcta atención a la formación del profesorado, tanto inicial como continua, es una pieza clave del éxito de cualquier plan que se diseñe. De ahí que cualquier reforma deba pasar por una revisión crítica del modo en que se están implantando los planes de estudio responsables de la formación inicial del profesorado en todos los niveles del sistema educativo. *El Marco Común Europeo de Referencia para las Lenguas (Aprendizaje, Enseñanza y Evaluación)*, establece que el nivel que deben alcanzar los egresados de Grados en lenguas extranjeras es el equivalente al C2, el más alto de cuantos están contemplados en el mismo. Para que sea una realidad, es menester acometer reformas urgentes que garanticen la adecuada progresión de los estudiantes; para alcanzar tales objetivos, también es menester garantizar su formación metodológica específica en la enseñanza-aprendizaje de la lengua extranjera de su especialidad. Del mismo modo, resulta urgente incrementar y, en la medida de lo posible, universalizar, la movilidad internacional de los estudiantes (al menos seis meses durante sus estudios de Grado) contribuyendo así a la mejora de los resultados especialmente en las destrezas orales y culturales, verdadero talón de Aquiles de nuestro modelo de enseñanza de lenguas extranjeras. Diversos estudios realizados en la última década ponen de manifiesto que un curso académico en el extranjero eleva la media en la calificación de lengua extranjera en las PAU del 5 al 9, y que incluso una estancia más corta puede equivaler al progreso en el conocimiento instrumental de la lengua que se observa en España tras 3-4 años de estudio.

Una ventaja estratégica de Estados Unidos es su capacidad de reflexión crítica y la sofisticación de los instrumentos institucionales para su ejecución: como hemos tenido ocasión de ver a lo largo de estas páginas, muchas son las instituciones (asociaciones profesionales, *think-tanks*, revistas, etc.) que se ocupan de monitorizar permanentemente el sistema, realizar investigación teórica y aplicada en este campo y formular recomendaciones de política lingüística al legislador y al ejecutivo sobre necesidades y modelos de buenas prácticas. MLA, ACTFL, AATSP, CAL, NEA, ADFL, NABE, AATSP, CHE, etc., son sólo algunas de las instituciones que cumplen, entre otras, esta función estratégica. Sería, por tanto, conveniente que, siguiendo su ejemplo —y adaptándolo lógicamente a las dimensiones y demografía de nuestro país— se establezca un «Observatorio de las lenguas del mundo», que cumpla esta misión respecto a la enseñanza de las lenguas extranjeras; idealmente, esta institución debería contar con una delegación en cada Comunidad Autónoma (como ocurre con las instituciones americanas arriba referenciadas, que tienen una sucursal en cada uno de los Estados, agrupándose a menudo por zonas geográficas). Este observatorio debería tener, al menos, las siguientes funciones: *a*) la constante monitorización y evaluación de los sistemas, currículos, programas y metodologías en la enseñanza-aprendizaje de lenguas extranjeras y la identificación y diseminación de modelos de buenas prácticas, dentro y fuera de España; este objetivo debe incluir la urgente elaboración de un plan estratégico para el aprendizaje de lenguas en nuestro país, que habría de consensuarse con las CCAA y con el Consejo de Coordinación Universitaria, que tienen transferidas las competencias de gestión del sistema; *b*) la generación de documentos de posición y propuestas de política lingüística en esta materia, con estrategias efectivas de comunicación social que sensibilicen y obtengan el apoyo necesario para su correcto desarrollo y priorización, en momentos de especial dificultad para la inversión pública y privada; *c*) el análisis de la eficacia y la eficiencia de los distintos sistemas de financiación, políticas de gasto, programas, etc., y la formulación de recomendaciones para optimizar y coordinar las inversiones; *d*) el diseño de programas de desarrollo de la cooperación internacional en esta materia que puedan proponerse a los respectivos Departamentos ministeriales y demás agentes con competencias en esta materia; *e*) el apoyo y la colaboración en la difusión de los resultados de la investigación básica y aplicada en esta área de conocimiento, y *f*) la creación de un banco de materiales en línea como apoyo a la enseñanza de lenguas extranjeras en todos los niveles del currículo.

Un ejemplo reciente del ejercicio de una de estas misiones es el impulso que ACTFL está dando a la proposición de Ley H.R. 6036 para la mejora de la enseñanza de las lenguas extranjeras, recibida en el Congreso de los Estados Unidos el pasado 30/07/2010. La movilización de esta institución, que agrupa a cercca de 10.600

profesores de lenguas extranjeras, ha llevado a que cada miembro disponga de un formulario, un eficaz protocolo de actuación y un sistema de transmisión de datos para procurar conseguir el voto del mayor número de congresistas posible a favor de esta iniciativa. Entre otros objetivos, esta Ley persigue, la autorización por parte del Congreso de cuatrocientos millones de dólares adicionales para este año 2011, con objeto de encomendar un papel de liderazgo al Departamento Federal de Educación en la coordinación de un gran Plan Nacional de apoyo a la enseñanza de lenguas extranjeras en Estados Unidos; también prevé apoyar a los Estados para que articulen mejor y expandan el acceso a las lenguas extranjeras de la población escolar a su cargo; y, finalmente, destinará la mitad del presupuesto global (200 millones de dólares) a la financiación de proyectos de colaboración con universidades, agencias estatales de educación y empresas, con el objetivo de aumentar, de un modo significativo, la presencia de las lenguas extranjeras en la totalidad del sistema educativo y en la propia sociedad. Finalmente, se debería garantizar la recopilación, análisis y diseminación de los datos obtenidos en todo el país, lo que incluiría la creación de un centro nacional de información sobre lenguas extranjeras (*National Clearinghouse for Foreign Languages*).

Estos objetivos nobles y medios constituirían sin duda un modelo de buenas prácticas, que hunde sus raíces en la formulación más prístina de la responsabilidad cívica y la democracia representativa, en esta ocasión puestas al servicio del aprendizaje de lenguas y de la educación internacional. Y vale la pena intentarlo; porque los estudiantes españoles también merecen que se haga un esfuerzo por equiparlos para el futuro —tan ilusionante como incierto— con este vehículo indispensable para comprender el mundo y gozar de libertad para trabajar en él y construir un futuro mejor. No será sencillo, ni será barato, pero más caro sería ignorar este vector esencial de la educación de nuestro siglo que son las lenguas, literaturas y culturas de un mundo sobre el que no basta con saber que existe, sino que hay que intentar entenderlo en su compleja y, a menudo, paradójica consubstancial complejidad. La ventaja cualitativa radica en que, mediante el aprendizaje de lenguas, no sólo se hace de la necesidad virtud, sino que, hablándole al mundo en su propia lengua, resulta más fácil comprender y ser comprendido; como dijo una vez Nelson Mandela: «si le hablas a una persona en una lengua que entiende, llegas a su inteligencia, pero si le hablas en su propia lengua, llegas a su corazón».

3. POLÍTICAS MULTILINGÜES Y SUS RESULTADOS EN EL ÁMBITO UNIVERSITARIO EUROPEO*

3.1. INTRODUCCIÓN

Hasta las dos últimas décadas del siglo XX gran parte de las universidades europeas eran, desde un punto de vista lingüístico, el reflejo del país en el que estaban establecidas, de manera que la lengua o lenguas oficiales del país eran las que se utilizaban entre todos los miembros de la comunidad universitaria: profesorado, alumnado y personal de administración y servicios. La globalización y el hecho determinante de que la internacionalización haya pasado a ocupar un lugar preeminente en la agenda universitaria han impulsado la transición de un sistema universitario eminentemente monolingüe (naturalmente con excepciones) a uno multilingüe[49].

Las universidades se han visto obligadas a abandonar el sistema monolingüe debido a que los estudiantes necesitan más de una lengua para poder tener mayores visos de éxito en un mercado laboral con un perfil cada vez más internacional, para poder investigar en las mejores condiciones, para poder hacer frente con éxito a comunidades cada vez más multilingües y multiculturales, y para poder acceder a los destinos más apetecibles para los estudiantes extranjeros en un mundo académico cada vez más orientado al mercado internacional.

---

* Elaborado por DAVID LASAGABASTER. Profesor titular de la Universidad del País Vasco/Euskal Herriko Unibertsitatea y exvicerrector de Relaciones Internacionales. La elaboración de este apartado se enmarca dentro del proyecto de investigación FFI2008-00585/FILO subvencionado por el Ministerio de Ciencia e Innovación y el proyecto IT311-10 subvencionado por el Departamento de Educación, Universidades e Investigación del Gobierno Vasco.

[49] El término *multilingüismo* puede interpretarse en un sentido estricto o laxo. Cuando se hace de un modo más laxo, tal y como se suele hacer desde las instituciones europeas, se refiere al conocimiento y uso de más de una lengua. La versión más estricta haría referencia al conocimiento y uso de más de dos lenguas, dejando el término *bilingüismo* para la utilización de dos lenguas. En este capítulo, sin que sirva de precedente y por mor de mantener el uso más habitual por parte de las instituciones europeas, utilizaré la versión laxa.

En la *Declaración de Nancy* (CONSEJO EUROPEO DE LA LENGUAS, 2006), cuyo epígrafe era *Universidades multilingües para una Europa multilingüe abierta al mundo*, se propuso el objetivo de generalizar el aprendizaje de idiomas en los estudios universitarios por medio del fomento de redes. Para ello se debía ampliar la oferta de cursos de idiomas dirigidos a todos los estudiantes universitarios independientemente de su disciplina, así como establecer una formación permanente en materia de lenguas extranjeras. Para lograr este objetivo se precisaba por tanto la inclusión de la enseñanza de idiomas en todos los planes de estudios, algo a lo que el denominado proceso de Bolonia debía contribuir decididamente.

Sin embargo, se observaron diferencias reseñables entre las universidades europeas debido a las coyunturas particulares, los requisitos lingüísticos concomitantes y las peculiaridades sociolingüísticas, por lo que no se consideró viable ni oportuna la elaboración de un único modelo de política lingüística universitaria. De hecho, la reducción de los estudios en número de años trajo consigo en muchos casos la supresión de los cursos de idiomas y, cuando éstos se mantuvieron, en muchas instituciones universitarias se limitaban casi exclusivamente a la lengua inglesa. Pero en este capítulo no nos vamos a detener en los tradicionales cursos de lenguas extranjeras, ya que estos han estado habitualmente presentes (en mayor o menor medida) en las instituciones europeas de educación superior, sino en la utilización de la lengua extranjera como medio de instrucción, una práctica mucho más reciente en la gran mayoría de las universidades europeas.

3.2. LA LENGUA EXTRANJERA COMO MEDIO DE INSTRUCCIÓN: LOS PROGRAMAS AICLE

Los programas AICLE (Aprendizaje Integrado de Contenidos y Lengua Extranjera), que como su nombre indica fomentan la integración de lengua extranjera y contenidos, han proliferado a gran velocidad en todos los niveles educativos y son cada vez más habituales en el ámbito universitario europeo. El enfoque AICLE parte de la premisa de que los estudiantes desarrollarán su competencia comunicativa de un modo más efectivo si utilizan la lengua como medio de instrucción, que si continúan recibiendo instrucción lingüística explícita a través de la enseñanza tradicional como mera asignatura de lengua (DALTON-PUFFER y NIKULA, 2006). AICLE, también conocido como CLIL (*Content and Language Integrated Learning*) en su acrónimo en inglés, conlleva una serie de hipotéticos beneficios (MALJERS, MARSH y WOLFF, 2007) como la promoción de la diversidad lingüística (fomenta el multilingüismo), el impulso del aprendizaje lingüístico en general (redunda en una mayor competencia en todas las lenguas presentes en el currículo) y la internacionalización (mayor participación en programas de movilidad). El desarrollo de los programas AICLE en las universidades se ha venido caracterizando como un enfoque de arriba a abajo (*top-down approach*) que ha resultado de los esfuerzos por impulsar la internacionalización y el multilingüismo por parte de las instituciones europeas y las autoridades universitarias.

Dentro del enfoque AICLE uno de los principales factores que ha contribuido a la supremacía del inglés como lengua extranjera de instrucción en los países no anglófonos radica en la creciente movilidad del alumnado universitario y en el intento de atraer estudiantes internacionales, ya que su papel como principal *lingua franca* queda hoy día fuera de toda duda. Así, el número de cursos que se imparten en inglés ha sufrido un espectacular aumento durante los últimos años, de manera que entre los años 2002 y 2007 se ha producido un incremento del 340 por 100 en este tipo de programas, pasando de 700 a 2.400 programas impartidos completamente en inglés en este período.

No obstante, se constatan importantes diferencias entre los diferentes Estados europeos, tal y como se puede apreciar en el estudio realizado por WÄCHTER y MAIWORM (2008) cuyos resultados se incluyen en la tabla 1. En los años 2001 y 2007 la *Academic Cooperation Association* realizó sendos estudios sobre la enseñanza en inglés en aquellos países en los que el inglés no es una lengua doméstica. En este capítulo haremos referencia al más reciente, en el que se invitó a participar a 2.218 instituciones de educación superior de 27 países europeos, de las que 851 respondieron al cuestionario enviado. El 47 por 100 de las mismas impartía programas en inglés, para un total de 2.400 programas, lo que da una media aproximada de tres programas por institución. Los autores estiman que esta cifra representa el 7 por 100 de todos los programas ofertados tanto en la lengua propia como en inglés.

Tabla n.º 1

Número de universidades con programas en inglés por país
(Wächter y Maiworm, 2008)

País	Número de instituciones de educación superior	Número de programas en inglés
Alemania	291	415
Austria	82	23
Bélgica	83	43
Bulgaria	40	36
Chipre	14	10
Dinamarca	106	96
Eslovaquia	22	24
Eslovenia	10	0
España	84	18
Estonia	23	13
Finlandia	53	235
Francia	417	79
Grecia	291	415
Holanda	62	774
Hungría	52	49
Islandia	9	1
Italia	142	35
Letonia	26	12
Lituania	43	31
Noruega	47	53
Polonia	222	90
Portugal	96	9
Rumanía	53	25
República Checa	51	41
Suecia	39	123
Suiza	31	52
Turquía	79	94

Aunque no todas las instituciones europeas invitadas a participar en el estudio respondieron al cuestionario remitido, los resultados recogidos sí que indican con claridad algunas tendencias. Así, si se atiende únicamente al número total de programas impartidos en inglés, las tres primeras posiciones estarían ocupadas por Holanda (774), Alemania (415) y Finlandia (235). Sin embargo, si se presta atención a la media de programas en inglés impartidos por institución, la foto resultante varía sensiblemente, ya que, mientras Alemania desaparece de los tres primeros puestos, el primer lugar lo ocuparía Holanda con una diferencia muy holgada (12,4), el segundo Finlandia (4,4) y el tercero Suecia (3,1). Por tanto, son países del norte de Europa con poca población los que imparten un mayor número de programas en inglés. España, por su parte, aparece con tan sólo 18 programas que se imparten en su totalidad en inglés (no se incluyen cursos o módulos individuales) entre las 84 instituciones que respondieron al cuestionario, lo que representa una media de tan sólo 0,2. Parece claro por tanto que todavía nos encontramos muy alejados de aquellos países en los que la presencia de lenguas extranjeras como medio de instrucción está más extendida. El objetivo de la Comisión Europea es que la utilización del enfoque AICLE sea cada vez más habitual en las instituciones europeas de educación terciaria, pero es indudable que su presencia viene determinada por razones históricas, sociales y culturales, tal y como se refleja en la tabla 1. Cabe destacar que el 79 por 100 de la oferta en inglés se engloba en másteres y tan sólo el 16 por 100 en el grado, y que la gran mayoría de estos programas se pusieron en marcha a partir de la adopción de la Declaración de Bolonia (19 de junio de 1999).

Tal y como apunta COSTA (2009), las diferencias se pueden apreciar no sólo entre Estados, sino también dentro de los propios Estados. Así, en Italia las universidades del norte del país ofrecen la mayoría de los programas que se ofertan en inglés, mientras que las del sur apenas cuentan con este tipo de oferta académica. Asimismo, algunas universidades Italianas ofertan cursos no sólo en inglés, sino también en francés y alemán, como es el caso de las regiones fronterizas de Trentino Alto Adigio y el Valle de Aosta. Las diferencias también se aprecian en relación con las diferentes disciplinas, de manera que los cursos impartidos en lenguas extranjeras son habituales en las facultades de económicas e ingenierías, mientras que están mucho menos presentes en psicología, medicina, ciencias del medio ambiente o arte y diseño.

En cualquier caso, es evidente que el inglés es la principal lengua de transmisión del conocimiento en la actualidad. GRADDOL (2006) da cuenta del efecto que su introducción en un creciente número de programas en universidades europeas y asiáticas está ejerciendo sobre el descenso de matriculaciones de alumnado internacional de los países donde el inglés es la lengua nacional: Australia, Canadá, Estados Unidos, Gran Bretaña y Nueva Zelanda. Estos países reciben al 46 por 100 de los estudiantes internacionales del planeta y sólo Estados Unidos y Gran Bretaña acaparan un tercio del total. Sin embargo, las estimaciones indican que esta proporción irá remitiendo en los próximos 15 años (este descenso es ya reseñable, por ejemplo, entre el alumnado de origen chino que anualmente arriba a las costas británicas), debido principalmente a tres razones: a) la apuesta por la mejora de la calidad de la enseñanza universitaria en algunos países clave; b) la mayor captación de estudiantes por parte de estos países entre sus países vecinos (China ya ha comenzado a recibir un número creciente de estudiantes de Japón y Corea del Sur, al tiempo que se afana en abrir mercado en India y Tailandia); c) el uso del inglés como medio de instrucción en universidades europeas y asiáticas.

El ejemplo finlandés sirve como botón de muestra de la preponderancia del inglés en los programas AICLE. La puesta en práctica de la metodología AICLE es relativamente reciente en este país, ya que hasta 1991 sólo se podía impartir clases en las dos lenguas oficiales del país, finlandés y sueco. Sin embargo, y a pesar de que en pocos años se despertó un gran interés por incluir cursos AICLE en todos los niveles educativos, alrededor del 90 por 100 de estos programas utilizaban el inglés como lengua de instrucción. Las razones que condujeron a la hegemonía del inglés fueron dos: a) el valor simbólico del inglés como lengua global y b) la incapacidad por parte tanto del profesorado como del alumnado para hacer frente a las exigencias que conlleva el enfoque AICLE en otras lenguas extranjeras cuyo conocimiento es más limitado. Así, incluso en un país como Finlandia con un alto índice de hablantes multilingües, la realidad se impuso y en la gran mayoría de los casos se desechó el uso de otras lenguas distintas del inglés.

3.3. ALGUNOS CONTEXTOS EUROPEOS CONCRETOS

Antes de comenzar a analizar las políticas multilingües puestas en marcha en diferentes contextos universitarios europeos, parece conveniente hacer referencia al conocimiento de lenguas extranjeras en los distintos Estados que analizaremos en mayor detalle en esta sección. Si se analiza el conocimiento de lenguas extranjeras en Holanda, Suecia y España, las diferencias que surgen entre estos tres países son fácilmente apreciables, tal y como se constata en los datos aportados por el Eurobarómetro Especial sobre los europeos y sus lenguas (COMISIÓN EUROPEA, 2006):

TABLA N.º 2
Conocimiento de lenguas extranjeras
según los resultados recogidos ante la pregunta:
«Excluyendo tu lengua materna,
¿cuántas lenguas hablas lo suficientemente bien
como para mantener una conversación?»

Estado miembro	Al menos una lengua	Al menos dos lenguas	Al menos tres lenguas	Ninguna
Holanda	91 %	75 %	34 %	9 %
Suecia	90 %	48 %	17 %	10 %
España	44 %	17 %	6 %	56 %

Mientras 9 de cada 10 ciudadanos holandeses y suecos son capaces de desenvolverse en una lengua extranjera, en el caso de los españoles esta cifra desciende hasta únicamente 4 de cada 10. Singularmente llamativo es el muy bajo porcentaje de holandeses (9 por 100) y suecos (10 por 100) que no pueden mantener una conversación en una lengua extranjera, mientras que en el caso de los españoles más de la mitad (56 por 100) se engloban en esta categoría. Estos datos tienen su reflejo también en el ámbito universitario y en las distintas políticas lingüísticas diseñadas en cada uno de estos contextos, que pasamos a analizar individualmente.

3.3.1. *Holanda*

Las universidades holandesas se marcaron el objetivo prioritario de impulsar la internacionalización, con lo que la impartición de programas en inglés pasó a convertirse en el eje de su política universitaria. El ministerio de Educación holandés dispuso que todas las instituciones de educación superior que impartieran programas en inglés debían asumir un código de conducta, que entre otras cosas incluía que en las entrevistas de los profesores candidatos se debía tener en cuenta su competencia lingüística en inglés y que se debían impartir cursos de lengua inglesa y de comunicación intercultural (ya que las clases estarían conformadas por grupos de alumnos multiculturales).

En este contexto la universidad de Maastricht se convirtió en una de las primeras universidades europeas en impartir programas en inglés en 1987, por lo que en las próximas líneas trataremos de sintetizar los aspectos más reseñables de una institución que cuenta con más de veinte años de experiencia (la gran mayoría de universidades europeas comenzaron a establecer programas en inglés a partir del año 2000). Desde un comienzo los obstáculos surgieron inopinadamente y abarcaron cuestiones muy diversas, pero especialmente reseñables son aquellas relacionadas con el nivel de competencia lingüística tanto del alumnado como del profesorado, es decir, con la evaluación del inglés de los actores (WILKINSON, ZEGERS y VAN LEEUWEN, 2006).

La capacitación lingüística del alumnado resulta clave, puesto que si los programas en inglés permiten el acceso a quienes no poseen la competencia necesaria, sus probabilidades de éxito quedan sin duda muy reducidas. Pero este efecto pernicioso no se limita al individuo, sino que puede afectar al desarrollo del curso y, en consecuencia, a todo el grupo. Así, por ejemplo, los diferentes niveles de competencia de los estudiantes indujeron a los propios estudiantes a solicitar una prueba de entrada para tratar de acotar los problemas derivados de la diversidad y disparidad de niveles en clase, ya que consideraban que la motivación y la autoevaluación de su competencia lingüística no eran suficientemente fiables. Sin embargo, su petición tuvo que ser desestimada porque la ley holandesa impide que se establezca cualquier otro criterio de ingreso adicional a aquellos estudiantes que posean el título de educación secundaria que les garantiza el acceso a la universidad. A la imposibilidad legal, se suman además los gastos que generaría el establecimiento de una prueba de evaluación (que terminaría redundando en un incremento del precio de la matrícula). En la actualidad el profesorado es responsable de sopesar la competencia de su alumnado y debe centrar su atención no sólo en el contenido, sino también en la lengua, en concreto en los usos gramaticales, la expresión y el estilo de los estudiantes. Aunque no se les exige que ejerzan de profesores de lengua y que enseñen estos aspectos lingüísticos explícitamente, se parte de la premisa de que la mejora del inglés de los alumnos será parte tácita del propio proceso de enseñanza.

También existe preocupación por la capacitación lingüística del profesorado. Las asociaciones de estudiantes se vienen quejando recurrentemente sobre el inglés de sus profesores, hasta el punto que han solicitado el establecimiento de un procedimiento de evaluación obligatorio y unos criterios más exigentes al contratar al profesorado que participa en estos programas. Esta situación coadyuvó al establecimiento de un programa de formación del profesorado que contó entre 2005 y 2007 con el apoyo del Fondo Social Europeo. El director del centro de lenguas de la Universidad de Maastricht, Charles van Leeuwen, apunta que en demasiadas ocasiones los estudiantes adolecen de una visión realista de la situación y proponen soluciones simplistas, tales como costosos (y en mucha ocasiones inviables) programas de formación o incluso prohibir a algunos profesores su participación en estos programas.

En la Universidad Tecnológica de Delft también han observado que sus estudiantes a menudo consideran que el inglés de sus profesores no es adecuado. En muchos casos los estudiantes esperan encontrar un modelo que no tenga acento extranjero, de modo y manera que el profesorado con acento no-nativo se asocia automáticamente con una menor competencia académica, menor efectividad e incluso menor credibilidad que sus colegas hablantes nativos de inglés. Esto es lo que se ha denominado la «falacia del hablante nativo», pero que todavía permanece muy arraigada entre algunos estudiantes. Sin embargo, cuando se pide a los estudiantes que evalúen la docencia, los que obtienen mejores puntuaciones son aquellos que tienen un título de la especialidad frente a quienes hablan con mayor fluidez pero poseen menores cualificaciones; es decir, los juicios de los estudiantes no son siempre lo consistentes que debieran. De este modo los alumnos en ocasiones asocian conocimiento en la materia con alta competencia en inglés, lo cual obviamente no es siempre el caso. En la actualidad las universidades holandesas parecen haber superado estos prejuicios lingüísticos y existe la impresión generalizada de que el hablante nativo estándar no es necesario ni realista (el problema comenzaría con la propia definición de quién representa a ese hablante nativo ideal).

Otra cuestión que ha despertado interés tiene que ver con el papel que las dificultades lingüísticas han jugado en el abandono de estudiantes de los programas impartidos en inglés. Hasta el momento no se ha realizado ninguna evaluación entre este grupo de estudiantes, por lo que no existen datos sobre esta cuestión. En cualquier caso, parece indudable que las limitaciones lingüísticas han influido decididamente en estos abandonos. Pero existe muy poca información incluso entre quienes superan los diferentes cursos con éxito, ya que en general los criterios establecidos para los trabajos tanto orales como escritos suelen ser bastante imprecisos.

El deseo de poner en marcha evaluaciones de la competencia lingüística choca frontalmente con la situación económica actual, en la que los presupuestos de todas las universidades se van a ver cercenados. Una evaluación sistemática, seria y en profundidad de la enseñanza en inglés requiere un presupuesto muy elevado, algo que no era realista incluso en coyunturas económicas más propicias. Y siempre queda la duda de si éste no es un problema cuya solución debe afrontar el sistema educativo pre-universitario y que, por ende, ya debería estar solucionado cuando el alumnado ingresa en la universidad.

Las diferencias que se producen entre distintas disciplinas han despertado también el interés de la comunidad universitaria. Así, mientras en económicas y administración de empresas el efecto del aprendizaje por medio del inglés en la lengua materna (holandés en este caso) no ha despertado debate, no ha sido así en el caso de medicina. Puesto que los médicos tendrán que desempeñar su función en las localidades donde sean contratados, precisarán de una buena competencia en holandés y es por ello que los estudiantes de medicina son evaluados en sus habilidades comunicativas en holandés. De hecho, un médico no podrá obtener la titulación hasta que demuestre que posee las habilidades comunicativas en holandés necesarias para el desempeño de su labor profesional. De ahí que muchos consideren que la evaluación de la competencia en lengua inglesa debe ir de la mano de la de la lengua materna.

En conclusión, incluso en un país como Holanda con un número elevado de hablantes multilingües, cuya alta capacitación en inglés es admirada por muchos ciudadanos europeos y donde existen instituciones con una amplia experiencia en la enseñanza de programas en inglés como la Universidad de Maastricht, se genera controversia en torno a estos programas debido a la disparidad de opiniones sobre su implementación, evaluación y resultados. En el otro plato de la balanza, la puesta en marcha de estos programas en inglés tiene mucho que ver con que en la actualidad el 25 por 100 de los estudiantes propios de la Universidad de Maastricht (excluyendo los participantes en programas de movilidad) sean internacionales.

3.3.2. *Suecia*

En Suecia la impartición de programas en inglés comenzó a producirse en los primeros años de la década de 1990, por tanto, su implantación es ligeramente más tardía que en el caso de Holanda. Aún así, la impartición de cursos en inglés está generalizada en las universidades suecas. En este país existe un enorme potencial para el desarrollo del inglés, ya que se trata de una lengua que cuenta con un muy alto estatus y son muchos los suecos que la hablan con un altísimo grado de competencia comunicativa. A diferencia del contexto español, factores como la cercanía tipológica, la presencia continua en los medios de comunicación (especialmente en cine y televisión), o el tratarse de un país con escasa población (no llega a los 10 millones), con una lengua que no se habla en otros países, y con una amplia tradición de aprendizaje de lenguas, han desembocado en altos niveles de conocimiento del inglés.

La presencia del inglés en la vida diaria es tan conspicua que la situación ha llegado a ser tildada de alarmante, hasta el punto de que algunas voces se han apresurado a denunciar que el inglés se está convirtiendo en una amenaza para la lengua propia, el sueco. El estatus del inglés es tan elevado que poco a poco está alcanzando espacios sociales que hace unos años hubiesen sido impensables, como, por ejemplo, que el desarrollo de las reuniones en grandes empresas suecas tenga lugar en inglés. Y esta situación también ha llegado naturalmente a la universidad.

En la actualidad, muchos de los cursos se imparten en sueco pero con libros de texto en inglés. Sin embargo, la sola presencia de un estudiante de intercambio en la clase de grado puede condicionar que dicha clase se imparta en inglés, de manera que una asignatura se puede impartir en un cuatrimestre en inglés y en el siguiente en sueco dependiendo de la presencia o ausencia de estudiantes internacionales de programas de intercambio. Ante la expectativa de que el proceso de Bolonia acarree un aumento de la movilidad de estudiantes, el sentimiento generalizado es que la presencia del inglés en las aulas aumentará, hasta el punto de que algunas autoridades universitarias asumen que todos sus programas se impartirán en inglés en 15 años (AIREY, 2009).

Como ocurriera en el caso holandés, una de las principales preocupaciones existentes radica en la falta de datos sobre las consecuencias que conlleva el uso generalizado del inglés en algunas disciplinas, por lo que se solicitan estudios que analicen sus efectos en el proceso de enseñanza-aprendizaje. Aunque existen estudios sobre esta cuestión en los niveles pre-universitarios, hasta el año 2002 no se podía encontrar ninguno en el ámbito universitario e incluso hoy día los estudios disponibles son escasos. La impresión general era sin embargo que la total ausencia del sueco en los programas en inglés podría tener efectos perniciosos en el desarrollo del lenguaje científico en sueco en las diferentes disciplinas. Por ello, algunas universidades como la Universidad de Uppsala, han reducido la presencia de cursos en inglés en un 30 por 100 en los dos últimos años de la carrera, al tiempo que incorporan al menos un curso de sueco avanzado. El objetivo de las universidades suecas (y de todas las nórdicas por extensión) es lograr un uso paralelo de las dos lenguas en lugar de una enseñanza monolingüe.

Conviene destacar que las evaluaciones a que regularmente se someten los programas impartidos en inglés en las universidades suecas por parte del profesorado y los coordinadores son abrumadoramente positivas. Aunque la mayoría de los estudiantes consultados hacen referencia a la necesidad de afrontar obstáculos lingüísticos durante los estudios, más del 90 por 100 consideran que se trata de problemas llevaderos y que, en ningún caso, se convierten en un obstáculo insalvable o que pudiera amenazar la implementación exitosa del programa en inglés. Es significativo que en un estudio realizado en 2003 entre 52 universidades nórdicas, de las que 12 eran suecas, cuando se les preguntó a las autoridades universitarias por las principales razones para la puesta en marcha de programas en inglés sólo un 5 por 100 de las respuestas apuntaba a la mejora de la competencia en inglés, ya que se asume que las habilidades lingüísticas ya vienen muy desarrolladas de la educación pre-universitaria.

En el caso del personal docente los pocos estudios disponibles indican que el profesorado de empresariales, ingeniería, derecho y medicina no cuenta habitualmente con la competencia metalingüística necesaria para hacer frente a las cuestiones lingüísticas que puedan surgir en sus cursos, mientras que los lingüistas y profesores de lengua normalmente carecen del conocimiento relevante de dichos cursos, por lo que se está intentando fomentar la colaboración entre profesores de lengua y profesores de otras disciplinas en un intento de limar dificultades. No obstante, no nos consta que haya estudios que hayan analizado esta colaboración.

3.3.3. *España*

Por cuestiones de espacio, en este apartado tan sólo se realizarán unas breves reflexiones. Son muchas las razones que se pueden esgrimir para explicar el atraso español en lo que respecta al conocimiento de lenguas extranjeras: ser hablantes de unas de las principales lenguas internacionales, el mayor número de habitantes con respecto a los estados europeos que ocupan las primeras posiciones en las clasificaciones de conocimiento de lenguas extranjeras —que son países pequeños y por tanto con pocos hablantes—, la actitud carpetovetónica mantenida durante siglos, o el incomprensible mantenimiento de la práctica del doblaje tanto en la televisión como en el cine, por citar unas pocas. No obstante, lo que parece indudable es que esta situación debe sufrir un cambio radical y a nadie escapa que el principal papel impulsor del cambio recae en el sistema educativo. Durante los últimos años se han planteado diferentes iniciativas con el objetivo de fomentar el conocimiento de lenguas extranjeras y su uso como lengua vehicular en educación primaria y secundaria (véase LASAGABASTER y RUIZ DE ZAROBE, 2010), pero aún nos encontramos en los estadios iniciales. En el ámbito universitario, España es uno de los países europeos donde el número de programas impartidos en inglés es más bajo, ya que, como se puede apreciar en la tabla 1 (p. 114), tan sólo supera en número a Chipre, Eslovenia, Estonia, Islandia, Letonia y Portugal, todos ellos países considerablemente menos poblados y, por ende, con un menor número de instituciones de educación superior. La introducción de cursos o programas en inglés es muy reciente en casi todas las universidades españolas y, en la mayoría de los casos en los que ya se ha implantado, no lleva más de 4-5 años en funcionamiento. Sin embargo, el estado español tiene una variedad lingüística que lo hace francamente atractivo para todos aquellos interesados en el fomento del multilingüismo.

Es importante recordar que, según el último censo disponible de la población española, más del 40 por 100 de la misma reside en comunidades bilingües. Esto quiere decir que una gran parte de los universitarios españoles completan sus estudios en comunidades oficialmente bilingües, cuyas universidades imparten docencia en las dos lenguas co-oficiales e inglés. Estos casos representarían el multilingüismo en sentido estricto que mencionábamos con anterioridad, de manera que las universidades balear, catalanas, gallegas, valencianas o vascas donde se han incluido cursos en inglés se englobarían en esta categoría. A diferencia de la Universidad de Friburgo en Suiza (francés, alemán e inglés), la Universidad de Bolzano en Italia (italiano, alemán e inglés), la Universidad de Luxemburgo (alemán, francés e inglés), la Universidad de Frankfurt an der Oder (alemán, polaco e inglés) o la Universidad de Helsinki (finés, sueco e inglés), no estaríamos hablando de tres lenguas oficiales en la Unión Europea, pero sí de multilingüismo universitario en dos lenguas internacionales y la lengua local. Éste es un contexto educativo que se antoja de sumo interés y que requiere estudios e investigaciones que analicen la influencia de este multi-lingüismo en el desarrollo de la actividad universitaria. En estos momentos no contamos con este tipo de investigación, pero no cabe duda que ésta es no sólo necesaria sino imprescindible.

3.4. CONSIDERACIONES FINALES

El aprendizaje de lenguas ocupa un papel preponderante en la agenda de las instituciones universitarias europeas. Al menos sobre el papel, ya que, como se ha argumentado en este capítulo, la realidad refleja realidades muy distintas en el contexto europeo. Además, el multilingüismo ha pasado a englobarse dentro de las prácticas universitarias que se han visto afectadas por la competencia que se ha generado entre las instituciones europeas a la hora de intentar captar el mayor número de estudiantes internacionales posible (especialmente en el posgrado) con el objetivo de mejorar los indicadores de internacionalización y aumentar la visibilidad de las universidades. Este proceder ha traído consigo que la cooperación de antaño se haya visto remplazada en ocasiones por una fuerte competencia.

Las realidades son muy diferentes dependiendo del contexto. En países como Holanda y Suecia las autoridades educativas han hecho grandes esfuerzos (acompañados de cuantiosas inversiones) para lograr extender el conocimiento de lenguas extranjeras entre sus estudiantes. Hasta muy recientemente, éste no ha sido el caso en España, donde la valoración del conocimiento de lenguas extranjeras es algo muy actual. Los diferentes programas e iniciativas en marcha tendrán efecto en una o dos generaciones, pero lo que parece claro es que no se puede esperar resultados reseñables a corto plazo. En cualquier caso confiaremos en el inventario paremiológico y nos contentaremos con el «más vale tarde que nunca», pero parece claro que se necesitará tiempo para poder obtener resultados alentadores. Los dos países europeos citados al comienzo de este párrafo llevan décadas impulsando decididamente el multilingüismo desde los primeros años de la educación obligatoria y esto redunda en una comunidad universitaria versada en diferentes lenguas.

El interfaz entre el contenido y la lengua extranjera es sin duda alguna la cuestión pedagógica más relevante de los programas AICLE en el ámbito universitario. La gran mayoría de los estudios realizados se han centrado en los efectos del enfoque AICLE en el desarrollo lingüístico, mientras que su impacto en la adquisición de contenidos y el uso que se hace de la lengua extranjera en el aula no han recibido tanta atención. Sin duda alguna, se trata de dos cuestiones que requieren ser investigadas de manera que los efectos del multilingüismo impulsado en el ámbito universitario europeo sean evaluados en toda su extensión. Es imprescindible que no sólo los investigadores con una formación lingüística se ocupen de investigar los resultados obtenidos a través de este tipo de instrucción, sino que también los profesores e investigadores de las distintas disciplinas y especialidades se impliquen y colaboren en los estudios. Hasta el momento la implicación de los primeros ha sido considerable, pero sus intereses son básicamente lingüísticos, por lo que la participación de los segundos se antoja ineluctable y cardinal.

Los pocos resultados disponibles parecen indicar que los estudiantes que cursan programas en inglés obtienen mejores resultados académicos que quienes los completan en su lengua materna. Sin embargo, es importante recordar que estos resultados pecan de cierto sesgo, ya que estos programas cuentan habitualmente con el alumnado más capacitado (no sólo lingüísticamente), por lo que este éxito no se puede achacar únicamente al programa en sí, sino que viene determinado por la selección previa del alumnado. En cualquier caso, sería interesante contar con estudios sobre los resultados académicos (los contenidos) en los que se controlara que no existen diferencias previas entre quienes estudian en inglés y quienes lo hacen en su lengua materna. En la actualidad, no contamos con datos suficientes para llegar a conclusiones definitivas, por lo que éste es un campo de investigación que sin duda demanda estudios que aporten información a este respecto.

La formación del profesorado es otra de las cuestiones que aflora en relación con la extensión de prácticas multilingües. La necesidad de mostrar la capacidad suficiente para impartir docencia en lenguas extranjeras es un nuevo reto para el profesorado universitario y esto es especialmente así en inglés, la lengua hegemónica. Puesto que se estima que el 80 por 100 del profesorado que imparte clases en inglés no es un hablante nativo, son muchos los autores (véase SEIDLHOFER, 2004) que defienden que el inglés como lengua franca no puede en ningún caso recurrir al concepto de hablante nativo, porque se trata del uso de esta lengua como medio de comunicación entre hablantes de diferentes lenguas y, por tanto, ninguna comunidad de hablantes se puede erigir en el modelo a seguir. Ésta es una corriente de pensamiento en plena expansión que, como no podía ser de otra manera, cuenta con detractores (pero asimismo con numerosos defensores).

A pesar de que la puesta en marcha de programas en lenguas extranjeras no ha estado exenta de debate y controversia en muchos contextos, tras más de dos décadas de continuo crecimiento todos los datos disponibles parecen indicar que se encuentra en fase de consolidación. Y esto es así a pesar de que en la actualidad nos encontramos en un período en que las universidades se han visto forzadas a limitar el alcance de muchas de sus iniciativas debido a la crisis económica en la que nos vemos inmersos y que naturalmente ha afectado a los presupuestos universitarios. Esta coyuntura impide hacer frente a uno de los máximos retos que implica la puesta en marcha de programas AICLE: la formación de profesorado competente en lenguas extranjeras que pueda impartir los distintos contenidos curriculares. La puesta en marcha de los programas AICLE no es ni sencilla ni barata, pero sin duda merece todos los esfuerzos que deban realizarse para su satisfactoria implementación y para fomentar realmente el multilingüismo entre los estudiantes europeos. La enseñanza de la lengua extranjera únicamente como asignatura no ha producido los efectos deseados (a pesar de los muchos años dedicados a su aprendizaje), por lo que AICLE se antoja la alternativa más factible y con mayores visos de éxito.

Finalmente, se ha de reseñar que hay un serio riesgo de que el manido término *multilingüismo* se vea reducido a la presencia del inglés y la lengua o lenguas locales. Puesto que Europa es multilingüe y desea mantenerse como tal, las autoridades universitarias deben realizar esfuerzos para que el *tsunami inglés* no termine por arrastrar y borrar la presencia de otras lenguas extranjeras. Y esto es así incluso en países como Holanda, Finlandia y Suecia, donde el inglés campa a sus anchas. A pesar de que a menudo se utiliza el término *multilingüismo*, la realidad muestra que en la gran mayoría de universidades europeas la presencia de lenguas extranjeras se ha venido reduciendo hasta limitarse a la hegemonía indudable que ejerce en la actualidad la lengua del bardo de Stratford. Aunque el denominado proceso de Bolonia no exige la presencia del inglés como medio de instrucción, los datos confirman que las universidades europeas utilizan esta lengua como factor de atracción, ya que posibilita que un gran número de estudiantes internacionales puedan cursar estudios superiores independientemente de la lengua local. AICLE en la universidad europea puede transmitir la idea de que el inglés es suficiente y, naturalmente, es labor de toda la comunidad universitaria desarmar esta creencia. Algunas universidades han propuesto como solución que sus egresados tengan que demostrar conocimiento de al menos dos lenguas extranjeras, haciendo caso de la propuesta de la Comisión Europea de que los ciudadanos europeos sean hablantes de su lengua materna y dos lenguas extranjeras (conocida por la fórmula «L1 + 2 LEs»), propuesta que podría ayudar a impulsar el multilingüismo en la esfera universitaria.

Y es aquí donde entra en juego la distinción que habitualmente se realiza desde las instituciones europeas entre multilingüismo y plurilingüismo. El plurilingüismo viene definido en el Marco Común Europeo de Referencia de las Lenguas como la diversificación que el individuo hace de sus distintas lenguas, de manera que puede alternar entre las mismas para lograr sus objetivos comunicativos. Se trata por tanto de la esfera individual. Por su parte, el multilingüismo atañe a la esfera institucional o social, de manera que se refiere a la coexistencia de más de una lengua en la sociedad. Así mientras la universidad puede definirse como multilingüe, sus miembros deberán ser plurilingües, pero en algunas universidades como las españolas, a pesar de algunas interesantes iniciativas puestas en marcha, aún queda camino por recorrer para alcanzar este objetivo.

3.5. REFERENCIAS BIBLIOGRÁFICAS

AIREY, J. (2009): «Estimating undergraduate bilingual scientific literacy in Sweden», *International CLIL Research Journal*, 1, pp. 25-35.

COMISIÓN EUROPEA (2006): *Los europeos y sus lenguas. Eurobarómetro Especial,* 243, Comisión Europea, Bruselas.

COSTA, F. (2009): «ICLHE/CLIL at the tertiary level of education. State of the art», *Studies about Languages,* 15, pp. 85-88.

DALTON-PUFFER, C. y NIKULA, T. (2006): «Pragmatics of Content-based instruction: Teacher and student directives in Finnish and Austrian classrooms», *Applied Linguistics,* 27, pp. 241-267.

GRADDOL, D. (2006): *English Next,* British Council, Londres.

LASAGABASTER, D. y RUIZ DE ZAROBE, Y. (eds.) (2010): *CLIL in Spain: Implementation, Results and Teacher Training,* Cambridge Scholars Publishing, Newcastle (UK).

MALJERS, A., MARSH, D. y WOLFF, D. (eds.) (2007): *Windows on CLIL. Content and Language Integrated Learning in the European Spotlight,* European Centre for Modern Languages, Graz (Austria).

SEIDLHOFER, B. (2006): «Research perspectives on teaching English as a lingua franca», *Annual Review of Applied Linguistics,* 24, pp. 209-239.

WÄCHTER, B. y MAIWORM, F. (2008): *English-Taught Programmes in European Higher Education. The Picture in 2007,* Lemmens, Bonn.

WILKINSON, R. (ed.) (2004): *Integrating Content and Language: Meeting the Challenge of a Multilingual Higher Education,* Universitaire pers Maastricht, Maastricht.

WILKINSON, R., VAN LEEUWEN C. y ZEGERS V. (eds.) (2006): *Bridging the Assessment Gap in English-Medium Higher Education,* AKS-Verlag, Bochum.

WILKINSON, R. y ZEGERS, V. (eds.) (2008): *Realizing Content and Language Integration in Higher Education,* Universitaire pers Maastricht, Maastricht.

CAPÍTULO III
HACIA UN HORIZONTE MULTILINGÜE

1. UNA PERSPECTIVA MULTILINGÜE EN LA ENSEÑANZA DE LENGUAS*

1.1. Introducción

Al estar relacionada con factores cognitivos, afectivos, sociales y contextuales, la enseñanza de lenguas puede abordarse desde diferentes perspectivas. En este capítulo nos centramos en una perspectiva multilingüe en el contexto de la educación universita-, ria. En la primera sección del artículo abordamos la definición y el alcance de los términos «multilingüismo» y «educación multilingüe». A continuación pasamos a centrarnos en el multilingüismo en la universidad y ofrecemos ejemplos que demuestran su existencia desde un punto de vista histórico. En la tercera sección de este capítulo nos referimos al multilingüismo en la universidad hoy en día. En esta situación destacamos la utilización del inglés como *lingua franca* en el mundo académico y científico tanto en Europa como en otras partes del mundo. La última sección de este capítulo presenta una adaptación del modelo «Continua of Multilingual Education» (CENOZ, 2009) a la educación superior.

* Elaborado por JASONE CENOZ. Catedrática de la Universidad del País Vasco-Euskal Herriko Unibertsitatea, exvicerrectora de relaciones internacionales y coordinadora del Máster Europeo en Multilingüismo y Educación. DURK GÖRTER, Ikerbasque/Universidad del País Vasco-Euskal Herriko Unibertsitatea y coordinador del grupo *Donostia Research in Multilingual Education.*

La elaboración de este apartado se enmarca en los Proyectos de Investigación del Ministerio de Ciencia e Innovación EDU2009-11601 y del Gobierno Vasco al grupo de investigación *Donostia Research on Education and Multilingualism* (DREAM).

Este modelo permite identificar y comparar distintos tipos de educación multilingüe a nivel universitario.

El capítulo se centra en la situación del multilingüismo en universidades europeas cercanas a nuestro contexto educativo que participan en el Espacio Europeo de Educación Superior y explica cómo se pueden realizar comparaciones entre el grado de multilingüismo en distintas universidades utilizando el modelo «Continua de Multilingüismo en la Universidad». Sin embargo, es necesario tener en cuenta que el multilingüismo existe en otras partes del mundo en las que también puede ser aplicado este modelo.

1.2. EL MULTILINGÜISMO Y LA EDUCACIÓN MULTILINGÜE

El multilingüismo es un fenómeno complejo que tiene distintas dimensiones. El término «multilingüismo» implica la referencia a dos o más lenguas. Aunque en algunos casos se considera que este término debería estar restringido a tres o más lenguas es muy común que incluya también al bilingüismo. De hecho hoy en día el término «multilingüismo» está reemplazando en muchos casos al término «bilingüismo» que tenía mayor vigencia anteriormente. En el estudio del multilingüismo podemos realizar una distinción básica entre la dimensión individual y social. El multilingüismo individual se refiere a las competencias de un individuo para comunicar en dos o más lenguas. El multilingüismo social se refiere a la utilización de dos o más lenguas en una sociedad. El Consejo de Europa, en el Marco Común Europeo de Referencia para las Lenguas utiliza el término «plurilingüismo» para referirse al multilingüismo a nivel individual que además destaca la importancia de la relación entre las lenguas:

> [...] el enfoque plurilingüe enfatiza el hecho de que conforme se expande la experiencia lingüística de un individuo en los entornos culturales de una lengua [...], el individuo no guarda estas lenguas y culturas en compartimentos mentales estrictamente separados, sino que desarrolla una competencia comunicativa a la que contribuyen todos los conocimientos y experiencias lingüísticas y en la que las lenguas se relacionan entre sí e interactúan (MINISTERIO DE EDUCACIÓN, CULTURA Y DEPORTE, 2002: p. 4).

A pesar de esta distinción conceptual entre los términos «plu-rilingüismo» y «multilingüismo» el propio Marco Común Europeo de Referencia para las Lenguas se refiere a competencias en cada lengua por separado no a las competencias que el hablante multilingüe ha desarrollado teniendo en cuenta el conjunto de su repertorio lingüístico. En este capítulo utilizaremos el término «multilingüismo» siguiendo el uso de este término por la Unión Europea para referirnos tanto al multilingüismo individual como social (http://ec.europa.eu/education/languages/index_es.htm).

El multilingüismo individual está relacionado con el social. Es más probable que existan más individuos multilingües en contextos sociales en los que se utilicen dos o tres lenguas y en los que las lenguas sean utilizadas a nivel institucional. Por ejemplo, en el caso de la universidad es más probable que el alumnado y el profesorado sea más multilingüe en la Universidad de Luxemburgo, ubicada en un contexto en el que se utilizan francés, alemán y luxemburgués, que en la Universidad de Exeter (Reino Unido), ubicada en un contexto en el que se utiliza casi exclusivamente el inglés. A pesar de que normalmente existe esta relación entre el multilingüismo individual y social la diversidad lingüística de una sociedad no está necesariamente reflejada en instituciones como la universidad. Este es el caso de uno de los países con mayor diversidad lingüística del mundo, la India. Los datos del censo del 2001 indican que la India tiene 29 lenguas con más de un millón de hablantes, 60 con más de 100.000 hablantes y 122 con más de 10.000 (GOVERNMENT OF INDIA, CENSUS, 2001). A pesar de esta diversidad lingüística, la educación superior en este país se realiza utilizando el inglés como lengua de instrucción de manera preferente.

La educación multilingüe se refiere a la utilización de dos o más lenguas siempre que se tenga como objetivo el desarrollo de competencia comunicativa en estas lenguas. Esta definición implica que no es suficiente que el alumnado presente una gran diversidad lingüística para hablar de educación multilingüe. Solamente si los objetivos del centro o la institución educativa incluyen el multilingüismo se puede hablar de educación multilingüe. De la misma forma que el multilingüismo incluye al bilingüismo, la educación multilingüe incluye a la educación bilingüe. Como el multilingüismo tiene una importante presencia en nuestra sociedad debido a razones históricas, sociales, políticas y económicas, la educación multilingüe es también cada vez más importante en los últimos años. Una de las razones que explican este avance es la expansión del inglés como lengua de comunicación internacional como veremos más adelante.

En el contexto europeo la enseñanza de las lenguas europeas con un mayor número de hablantes (inglés, francés, alemán, y en algunos casos español e italiano) cuenta con una larga tradición que ha sido reforzada por la Unión Europea con la política de fomentar la enseñanza de al menos dos lenguas extranjeras desde edades tempranas como se refleja en el documento «Una estrategia marco para el multilingüismo» (COMISIÓN DE LAS COMUNIDADES EUROPEAS, 2005: pp. 3-4):

> El objetivo de la Comisión a largo plazo es potenciar el multilingüismo individual hasta que cada ciudadano tenga un conocimiento práctico de al menos dos idiomas además de su lengua materna.

Además, algunas lenguas regionales minoritarias han alcanzado un mayor estatus en los últimos años y se incluyen en el currículo escolar bien como asignaturas o como lenguas vehiculares. La Comisión Europea fomenta la enseñanza y uso de distintas lenguas en todos los niveles educativos e incluso antes de la edad escolar como se muestra en la Campaña Piccolingo (http://piccolingo.europa.eu/en).

En el contexto del Estado Español la educación multilingüe que incluye lenguas minoritarias como asignaturas y como lenguas vehiculares ha tenido un gran desarrollo en las últimas décadas en comunidades con dos lenguas oficiales. Además la creciente utilización del inglés como lengua vehicular y de enfoques metodológicos que integran el contenido y la lengua (CLIL) ha dado lugar a programas bilingües y multilingües en educación primaria y secundaria en todas las comunidades. La enseñanza de segundas y terceras lenguas se introduce desde educación infantil o en los primeros años de educación primaria en la mayoría de los casos.

En lo que se refiere a las acciones específicas sobre las lenguas minoritatias y en relación a la enseñanza universitaria, la *Carta Europea de las Lenguas Regionales y Minoritarias* considera la siguiente medida [CONSEJO DE EUROPA, 1992, artículo 8.1.*e*)].

1 . En materia de enseñanza. las Partes se comprometen, en lo que concierne al territorio sobre el cual esas lenguas son practicadas, según la situación de cada una de esas lenguas y sin perjuicio de la enseñanza de la(s) lengua(s) oficial(es) del Estado:

— a prever una enseñanza universitaria y otras formas de enseñanza superior en las lenguas regionales o minoritarias;

o

— a prever el estudio de esas lenguas, como disciplinas de la enseñanza universitaria y superior;

o

— si, en razón del papel del Estado en relación con los establecimientos de enseñanza superior, los dos primeros apartados no pudieran aplicarse, a estimular y/o a autorizar el establecimiento de una enseñanza universitaria o de otras formas de enseñanza superior en las lenguas regionales o minoritarias, o de medios que permitan estudiar esas lenguas en la universidad o en otros establecimientos de enseñanza superior.

España firmó este tratado en el 1992 y lo ratificó en el 2001. La utilización de lenguas como el catalán, el euskera o el gallego como lenguas vehiculares en la universidad también ha tenido un importante desarrollo. La función del inglés en la universidad es diferente al tratarse de una lingua franca de comunicación internacional pero también está incrementandose su utilización como lengua vehicular.

1.3. EL MULTILINGÜISMO EN LA UNIVERSIDAD, LA CIENCIA Y LA CULTURA: PERSPECTIVA HISTÓRICA

El multilingüismo no es un fenómeno nuevo en la universidad ni en la ciencia y la cultura. En esta sección vamos a ver algunos ejemplos de multilingüismo en el contexto de la universidad con el fin de ilustrar la utilización de distintas lenguas en la educación superior.

En la Edad Media, el latín como lengua de la cultura estaba en contacto con otras lenguas y los traductores y escritores eran multilingües. Un ejemplo de este multilingüismo lo podemos encontrar en las *Glosas emilianenses* de finales del siglo X o principios del XI que son anotaciones realizadas en romance y en euskera en un texto escrito en latín. Las glosas escritas en dos lenguas eran traducciones y aclaraciones que indican que el autor o los autores conocían al menos las tres lenguas.

En Europa el latín, como lengua de la ciencia y la cultura y además lengua de la religión, ha estado en contacto con otras lenguas durante muchos siglos. El multilingüismo estaba presente en la Escuela de Traductores de Toledo, que fue fundamental para el desarrollo de la ciencia y de la enseñanza universitaria no solamente en la Península Ibérica sino también en universidades como Bolonia o París. La Escuela de Traductores de Toledo estaba formada por intelectuales que en el siglo XII y XIII tradujeron al latín textos griegos filosóficos y científicos (GONZÁLEZ, 2007). El carácter multilingüe y multicultural de esta Escuela queda demostrado por la procedencia de sus componentes que incluía, entre otros, intelectuales ingleses, alemanes, franceses e italianos. Además, tal y como señala GÓNZALEZ (2007), en la ciudad de Toledo se hablaba en esta época romance, árabe y hebreo. Lo que resulta particularmente interesante es el proceso «multilingüe» por el que se traducían los textos. Los textos, que en muchos casos eran de origen griego, estaban escritos en árabe y traductores mozárabes o judíos los traducían al romance o latín vulgar. En una segunda traducción se pasaban de latín vulgar o romance a latín eclesiástico. Durante el reinado de Alfonso X se producen más traducciones a lenguas romances.

Ya en el Renacimiento, con el desarrollo del humanismo, el interés por las lenguas y la cultura clásicas fue muy importante. La figura más destacada fue el gran humanista Erasmo de Rotérdam (1466-1536) que era multilingüe. Además de hablar holandés como primera lengua, escribía y hablaba latín con gran destreza. Además, realizó traducciones al griego y su contacto con otros humanistas europeos y sus viajes y estancias en otros países hacen pensar que además de utilizar el latín podría conocer otras lenguas. Teniendo en cuenta los países en los que vivió y trabajó es posible que tuviera cierto nivel de competencia en francés, inglés, italiano y alemán.

En 1517 el Collegium Trilingue fue fundado por el humanista Jérôme de Busleyden, amigo de Erasmo de Rotérdam que también apoyó la fundación de este centro. El Collegium Trilingue, ubicado en Lovaina tenía entre sus objetivos fomentar la enseñanza del latín, el griego y el hebreo. El estudio de estas tres lenguas también motivó la fundación del Colegio Trilingüe de la Universidad de Alcalá y de la Universidad de Salamanca en el siglo XVI (CARABIAS TORRES, 1983; ALVAR EZQUERRA, 1999). Entre las publicaciones multilingües destaca la *Biblia Políglota Complutense* (1514-1517) en latín, griego, hebreo y arameo financiada por el Cardenal Cisneros.

Las lenguas clásicas han sobrevivido en la terminología de algunas ciencias como la medicina y la biología y también en numerosas locuciones. En el contexto universitario es frecuente utilizar el latin en lemas «*Alma Mater Studiorum*» (Universidad de Bolonia) o «*Quod natura non dat, Salmantica non praestat*» (Universidad de Salamanca). Además también se utilizan otras expresiones como por ejemplo «*quod erat demonstrandum (QED)*», «*lectori salutem (LS)*» o «*anno domini (AD)*» con mayor o menor frecuencia en distintos países europeos.

1.4. EL MULTILINGÜISMO EN LA UNIVERSIDAD EN EL CONTEXTO DEL ESPACIO EUROPEO DE EDUCACIÓN SUPERIOR

La utilización del inglés en la universidad refleja la utilización de esta lengua como lengua de comunicación internacional incluyendo la ciencia y la tecnología (ver capítulo de Eva Alcón en este volumen). En la Unión Europea, el Espacio Europeo de Educación Superior desarrollado a partir de la Declaración de Bolonia (1999) implica una mayor movilidad y ha supuesto un mayor desarrollo del multilingüismo a nivel universitario, en especial en lo que se refiere a la utilización del inglés como lengua vehicular (FORTANET-GÓMEZ & RÄISÄNEN, 2008). A diferencia de los ejemplos de multilingüismo en otras épocas que hemos mencionado en la sección anterior, el «multilingüismo con inglés» tiene un mayor alcance tanto a nivel geográfico como en lo que respecta a todos los estratos sociales.

Con el fin de observar la gran diversidad existente en relación a las lenguas utilizadas en la universidad, en esta sección vamos a presentar brevemente algunas características de cuatro universidades multilingües en Europa: *la Universidad de Ámsterdam-Universiteit van Amsterdam, la Universidad de Luxemburgo-Uni-*

versité du Luxembourg, la Universidad Libre de Bozen/Bolzano y la Universidad del País Vasco-Euskal Herriko Unibertsitatea.

a) *La Universidad de Ámsterdam-Universiteit van Amsterdam*

Esta universidad fue fundada en 1632 y cuenta con más de 30.000 estudiantes. La universidad ofrece aproximadamente 60 titulaciones de grado y más de un centenar de másteres. Las lenguas de instrucción son el holandés y el inglés, excepto en algunos estudios especializados. La presencia del inglés no es muy destacable en los grados aunque existen algunos grados que se imparten en inglés. La presencia del inglés a nivel de máster es más notable. Más de la mitad de los másteres tiene el inglés como lengua de instrucción pero en el caso de Ciencias Experimentales y Tecnología el inglés es la lengua de instrucción en todos los másteres pero existen másteres en inglés en todas las áreas. La utilización del inglés atrae a un gran número de estudiantes extranjeros de todo el mundo. De hecho, el inglés se señala de manera preferente entre las razones que pueden justificar elegir esta Universidad:

> *«The UvA has one of the largest numbers of international Master's study programmes of any university in Europe, with over 100 taught in English and several of the courses offered being unique to the UvA»* (*Why UvA?* http://www.english.uva.nl/).
> *«A large offering of English-taught programmes makes the UvA more accessible to international students than most other European universities»* (Why UvA? http://www.english.uva.nl/).

b) *La Universidad de Luxemburgo-Université du Luxembourg*

Esta universidad fue fundada en el 2003. Luxemburgo ya contaba anteriormente con instituciones de educación superior pero la mayoría de los estudiantes se desplazaban a Francia, Bélgica o Alemania para completar sus estudios universitarios. Es una universidad de tamaño muy reducido que cuenta con aproximadamente 5.000 estudiantes. La universidad se considera multilingüe en francés, alemán e inglés. Es interesante observar que aunque, a diferencia del inglés, el luxemburgués es una lengua oficial en Luxemburgo esta lengua no es una de las lenguas oficiales de la universidad. La Universidad de Luxemburgo tiene una normativa muy interesante respecto a la utilización de las lenguas (http://wwwen.uni.lu/university):

— Todos los cursos de grado deben ser bilingües y por lo menos un 25 por 100 de su contenido debe impartirse en una de las lenguas con la excepción de algunos cursos que su contenido exige su impartición en una lengua.
— A nivel de máster, además del 25 por 100 en una segunda lengua, debe existir un 20 por 100 de cursos en inglés.
— Cada una de las tres lenguas debe estar presente al menos en el 20 por 100 de los cursos.
— El alumnado debe conocer las lenguas de los cursos y tanto la mayoría del profesorado como el personal de apoyo debe ser competente al menos en dos de las tres lenguas.

El carácter multilingüe de la universidad de Luxemburgo queda reflejado en el programa de másteres para el curso 2010-2011 que cuenta con 23 programas distribuidos en tres áreas:

— Área de Ciencias, Tecnología y Comunicación. Se imparten siete másteres: cuatro en inglés, dos en inglés y francés y uno en francés y alemán.
— Área de Derecho y Economía. Se imparte cuatro másteres: dos en inglés y dos en inglés y francés.
— Área de Humanidades y Ciencias de la Educación. Se imparten 12 másteres: uno en francés, dos en inglés y francés, cuatro en francés y alemán, cuatro en inglés, francés y alemán y uno en alemán, francés y luxemburgues.

La Universidad de Luxemburgo ofrece diplomas bilingües que son considerados como una excelente oportunidad en un país con una extensión reducida y con un contacto muy intenso con Bélgica, Alemania y Francia y que cuenta con instituciones europeas.

c)   La Universidad Libre de Bozen/Bolzano

Está universidad sitúada en el norte de Italia también es jóven ya que fue fundada en 1997. Esta situada en un área trilingüe en la que se utiliza italiano, alemán y en menor medida ladino. El alemán es una lengua minoritaria en este contexto y la lengua ladina es una lengua retorromance que cuenta con un número muy reducido de hablantes que viven en zonas rurales. La universidad de Bolzano cuenta con un número reducido de estudiantes, sobrepasando ligeramente los 3.000. Se define como universidad multilingüe y los documentos oficiales se escriben en alemán e italiano. El primer artículo de los estatutos de la universidad indica su carácter multilingüe al referirse a la denominación de la universidad no solamente en alemán e italiano sino también en ladino e inglés (http://www.unibz.it):

> *Die Freie Universität Bozen, italienisch «Libera Università di Bolzano», ladinisch.*
> *«Università Liedia de Bulsan», englisch «Free University of Bozen - Bolzano», in der Folge «Universität» genannt, hat den Hauptsitz in Bozen und die Nebensitze in Brixen und Bruneck.*
>
> *La Libera Università di Bolzano, in tedesco «Freie Universität Bozen», in ladino «Università Liedia de Bulsan», in inglese «Free University of Bozen - Bolzano», di seguito denominata «Università», ha sede principale a Bolzano e sedi distaccate a Bressanone e a Brunico* (Estatutos de la Universidad de Bolzano, Artículo 1.1.)

El carácter multilingüe de la universidad de Bolzano queda reflejado en el programa de másteres del curso 2010-2011 que cuenta con cinco programas de máster distribuidos en tres áreas:

— Área de Ciencias, Tecnología. Se ofrece un máster en inglés con cursos optativos en italiano y alemán y un máster en informática en inglés.
— Área de Economía. Se ofrece un máster con dos especialidades que se imparten en alemán, italiano e inglés.
— Área de Educación. Se ofrece un máster en alemán, italiano e inglés.

Se puede observar que el inglés está presente en la oferta de máster si bien en la mayoría de los casos las otras dos lenguas de la universidad también son utilizadas. A diferencia de la Universidad de Luxemburgo en general no se utiliza más de una lengua en cada una de las asignaturas. Al igual que la Universidad de Luxemburgo, la Universidad de Bolzano considera su carácter multilingüe como un valor añadido y que incluye como lema: «trilingüe e internacional».

d) *Universidad del País Vasco-Euskal Herriko Unibertsitatea*

La Universidad del País Vasco-Euskal Herriko Unibertsitatea (UPV-EHU) es una universidad fundada en 1980 a partir de la Universidad de Bilbao. Cuenta con campus en las tres provincias de la Comunidad Autónoma del País Vasco y tiene una matrícula cercana a los 50.000 estudiantes. Según los Estatutos, la UPV-EHU es una universidad bilingüe con dos lenguas oficiales, el euskera y el castellano. La mayor parte de los créditos obligatorios de los grados se ofrecen en euskera y en castellano pero el euskera tiene una presencia menor en unas áreas que en otras. El castellano tiene una mayor presencia que el euskera en los estudios de posgrado. El Plan de Plurilingüismo de la UPV-EHU, promueve fue aprobado en el año 2005 recomendando la utilización de lenguas extranjeras y en particular el inglés como lenguas vehiculares. Hoy en día se ofrecen más de cien cursos de grado en inglés pero éste es un número muy reducido teniendo en cuenta el número total de cursos que se imparten en todas las titulaciones de grado.

La UPV-EHU ofrece 72 programas de másteres oficiales para el curso 2010-2011 que están distribuidos en las siguientes áreas:

— Área de Ciencias y Tecnología. Se ofrecen 48 másteres, de los que dos tienen el título en inglés y uno en euskera. También se imparten algunas asignaturas en estas lenguas en algunos másteres con título en castellano.
— Área de Ciencias Sociales y Humanidades. Se ofrecen 44 de los que cuatro tienen el título en inglés y tres en euskera aunque también se imparten algunos cursos en estas lenguas en programas con el título en castellano.

Estos cuatro ejemplos de universidades multilingües en el Espacio Europeo de Educación Superior indican que existen importantes diferencias en el multilingüismo de estas universidades. En primer lugar se puede observar que existen diferentes ritmos en la utilización del inglés siendo la Universidad de Ámsterdam la que imparte más cursos en inglés. Además, observamos que la UPV-EHU es la única de las cuatro universidades en las que tiene una presencia importante una lengua minoritaria, el euskera, aunque su utilización esté muy limitada en los másteres. Otras lenguas minoritarias como el luxemburgués o el ladino apenas están representadas en la Universidad de Luxemburgo o la Universidad de Bolzano. El alemán, que es lengua minoritaria en Italia, sí tiene una presencia importante en la Universidad de Bolzano. También existen diferencias en la planificación lingüística de los programas de las distintas universidades. Así, la integración de dos o más lenguas dentro de una misma asignatura es mayor en el caso de Luxemburgo que en el caso de las otras universidades.

1.5. «CONTINUA» DE EDUCACIÓN MULTILINGÜE EN LA UNIVERSIDAD

Además de los factores a los que nos hemos referido en la sección anterior, el multilingüismo en la universidad puede presentar una gran diversidad en relación a la distancia lingüística entre las lenguas utilizadas. Las lenguas pueden tener un mayor o menor grado de relación por su origen y presentar similitudes o diferencias a nivel tipológico. En general resulta más fácil aprender y utilizar lenguas que están más próximas entre sí. Por ejemplo, a un hablante de holandés le puede resultar más fácil adquirir competencia comunicativa en alemán que a un hablante de italiano o de español. En el contexto universitario español puede resultar relativamente más sencillo desarrollar competencias comunicativas a nivel de comprensión oral en catalán o gallego que en euskera.

El contacto entre las lenguas también es un factor importante incluso en los casos en los que la distancia genealógica es mayor. Así, por ejemplo el contacto entre el inglés, el latín y las lenguas romances en diferentes momentos de la historia ha dado lugar a un gran número de términos del inglés. De hecho, aproximadamente 60 por 100 del vocabulario de la lengua inglesa no es de origen germánico sino latino. Como muchos de estos términos entraron a la lengua inglesa durante el proceso de traducción de textos escritos siguen siendo utilizados con más frecuencia en textos escritos que en el lenguaje oral de la vida cotidiana. Así, los textos técnicos y científicos en inglés resultan a menudo más fáciles de entender para hablantes de lenguas romances que están familiarizados con el contenido que otros textos escritos en lenguaje cotidiano.

Otro factor fundamental que influye en el multilingüismo en la universidad es el contexto sociolingüístico. La universidad es parte de la sociedad en la que está ubicada y suelen existir importantes diferencias en lo que se refiere a las lenguas utilizadas y a su estatus. Algunas universidades están ubicadas en áreas que son bilingües o multilingües por razones históricas o geográficas. Por ejemplo Basilea y su universidad se encuentran en la zona de habla germánica de Suiza pero a muy poca distancia de Francia. En otros casos el multilingüismo del contexto sociolingüístico está relacionado con la propia diversidad de la sociedad. Hoy en día muchas grandes ciudades europeas cuentan con habitantes que hablan diferentes lenguas. BROEDER y MIJARES (2004: 284) observaron que existían 56 lenguas diferentes del español entre el alumnado de Madrid aunque muchos inmigrantes provienen de países latinomericanos en los que se habla español. En el proyecto de «Ciudades Multilingües» (EXTRA y YAGMUR 2008: 318) los datos referentes al número de lenguas de Madrid indican que es similar al de Bruselas, pero otras ciudades como Hamburgo o La Haya tienen un número de lenguas bastante superior, 90 y 88 respectivamente.

No todas las lenguas utilizadas en una sociedad tienen el mismo estatus ni la misma utilización a nivel institucional. La mayoría de las lenguas, sobre todo en el caso de las lenguas de inmigrantes, no son utilizadas en el sistema educativo ni en la universidad con la excepción de algunos cursos en estudios lingüísticos especializados. La utilización de las distintas lenguas en el sistema educativo, en los medios de comunicación y a nivel institucional, así como la distribución de hablantes de las distintas lenguas, indica el grado de multilingüismo social a un nivel macro.

Dentro de la sociedad pero en estrecha relación con el individuo existe otro nivel en el contexto sociolingüístico, que a diferencia del anterior podemos denominar «micro», el de las redes sociales. Las redes sociales definidas por HAMERS y BLANC (2000: p. 111) como «la suma de todas las relaciones interpersonales que un individuo establece con otros a lo largo del tiempo» incluyen a la familia, amigos y compañeros con los que una persona tiene contacto habitual. El grado de multilingüismo en las redes sociales puede ser diferente al grado de multilingüismo de la sociedad en general. Por ejemplo, los estudiantes que participan en el Programa Erasmus a menudo tienen más relación entre ellos y utilizan más lenguas que los estudiantes en su propia universidad. Evidentemente en muchos casos existe una relación entre los dos niveles «macro» y «micro» del contexto sociolingüístico. Las personas multilingües utilizan más lenguas en sus redes sociales en contextos en los que existe un mayor número de multilingües o en contextos en los que se utilizan dos o más lenguas a nivel institucional, en educación o en los medios de comunicación.

La diversidad del multilingüismo también se debe al propio contexto educativo de universidad. En primer lugar pueden existir diferencias en el grado de multilingüismo del personal docente e investigador y del alumnado. Además pueden existir diferencias en la Planificación Lingüística de la Universidad que se reflejan en distintas regulaciones. Otro indicador del grado de multilingüismo es la utilización de lenguas en los eventos organizados por la universidad (congresos, jornadas, seminarios), en actos académicos (defensas de tesis, inauguraciones, etc.) y en la producción científica. Por último, el propio contexto de la universidad que incluye elementos como la comunicación con el personal de apoyo, la edición de páginas web o el paisaje lingüístico, pueden ser más o menos multilingües.

Los elementos mencionados hasta ahora pueden integrarse en el modelo «Continua de Multilingüismo en la Universidad» (Figura 1).

Este modelo está basado en «Continua of Multilingual Education», un modelo propuesto por CENOZ (2009) para identificar y comparar distintos tipos de educación multilingüe a nivel escolar. Se trata de una alternativa a las tipologías de educación bilingüe y multilingüe (por ejemplo, BAKER 2006; e YTSMA, 2001). Al

FIGURA N.º 1
«Continua de Multilinguismo en la Universidad»

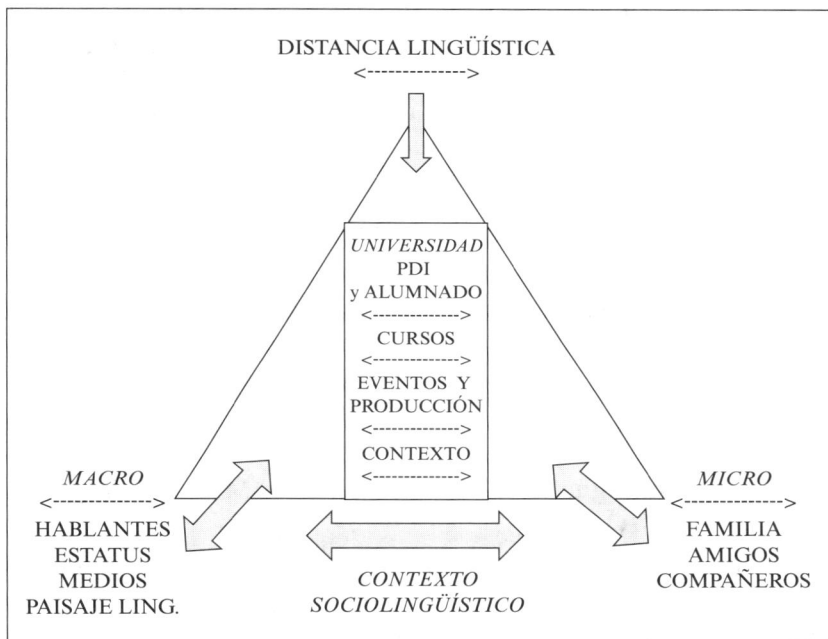

DISTANCIA LINGÜÍSTICA
<------------->

UNIVERSIDAD
PDI
y ALUMNADO
<------------->
CURSOS
<------------->
EVENTOS Y
PRODUCCIÓN
<------------->
CONTEXTO
<------------->

MACRO
<------------->
HABLANTES
ESTATUS
MEDIOS
PAISAJE LING.

*CONTEXTO
SOCIOLINGÜÍSTICO*

MICRO
<------------->
FAMILIA
AMIGOS
COMPAÑEROS

basarse en una serie de continua en vez de categorías cerradas, como en el caso del modelo de «Continua of Biliteracy» de Hornberger, este modelo ofrece la posibilidad de integrar un mayor número de situaciones de educación multilingüe.

El primer «continuum» representa la distancia lingüística puesto que la distancia entre las lenguas utilizadas en dos o más universidades puede situarse en puntos situados entre los extremos de «más distante» y «menos distante». La distancia lingüística puede tener una influencia en los factores específicos de la universidad. Puede resultar más complejo desarrollar una programación multilingüe o contar con profesorado y alumnado multilingüe cuando las lenguas son muy diferentes entre sí que cuando son próximas. Por ejemplo, la UPV-EHU organiza distintos grupos para impartir la misma asignatura en las dos lenguas oficiales mientras que esto no es necesario en universidades gallegas o catalanas. Si comparamos la relación entre el luxemburgués y el alemán en Luxemburgo con la relación entre el alemán y el italiano en Bolzano situaríamos la primera comparación (punto negro) hacía el extremo «menos distancia» que la comparación entre alemán e italiano (punto blanco). Dependiendo del número de comparaciones realizadas simultáneamente podríamos utilizar distintas posiciones en el continuo.

Menos distancia ←———●———○———→ Más distancia

En lo que se refiere al resto de los «continua» del contexto sociolingüístico (macro y micro) y los situados dentro del triángulo, que se refieren al contexto educativo, los extremos serán «menos multilingüe» y «más multilingüe»:

Menos multilingüe ←—————————→ Más multilingüe

De este modo podríamos situar dos o más universidades en cada uno de los «continua» para ver su posición relativa al grado de multilingüismo en el contexto sociolingüístico. Además, debemos considerar que existen relaciones entre los dos niveles del contexto sociolingüístico, el macro y el micro y entre el contexto sociolingüístico y los factores específicos de la universidad. Así, las universidades que están ubicadas en áreas donde la utilización del inglés está muy extendida como Ámsterdam o en áreas donde los programas educativos de Educación Primaria y Secundaria son multilingües están en contextos sociolingüísticos más multilingües. Además de este nivel macro, existirán, a nivel micro, más posibilidades de que exista un mayor grado de multilingüismo en las redes sociales. Esta situación del contexto sociolingüístico favorece el desarrollo de programas multilingües en la universidad pero estos programas están a su vez fomentando el multilingüismo de la sociedad.

El modelo «Continua de Multilingüismo en la Universidad» es un instrumento que nos puede servir para comparar las cuatro universidades multilingües a las que nos hemos referido en la sección anterior entre sí o con otras universidades que tengan un mayor o menor grado de multilingüismo. Los «continua» que acompañan a cada uno de los elementos considerados nos pueden servir para marcar la posición de las universidades comparadas respecto a estos indicadores. Por ejemplo, el PDI y el alumnado de una universidad pueden ser más o menos multilingües que el de otra teniendo en cuenta el número de lenguas habladas y el número relativo de hablantes multilingües en la universidad. En el caso de las universidades multilingües mencionadas sería necesario comparar datos estadísticos para conocer con certeza cuál de las cuatro universidades es más multilingüe y es muy probable que presenten distintos grados de multilingüismo en las distintas dimensiones analizadas. Es muy probable que el porcentaje del PDI y del alumnado que puede comunicarse en tres lenguas sea superior en las Universidades de Luxemburgo y Bolzano que en las otras dos universidades. Sin embargo, también es probable que el porcentaje del PDI y del alumnado que puede comunicarse en dos lenguas sea más alto en la Universidad de Ámsterdam que en otras universidades.

El modelo «Continua de Multilingüismo en la Universidad» nos permite realizar comparaciones del grado de multilingüismo relativo en relación a dimensiones lingüísticas, sociolingüísticas y específicas de la universidad. La utilización de «continua» da un carácter dinámico al modelo que permite acomodarse a posibles cambios.

1.6. CONCLUSIÓN

Hoy en día existe una expansión del multilingüismo en la universidad que está necesariamente relacionada con la utilización del inglés como lengua de instrucción. Además, el inglés es también una de las lenguas de la universidad en contextos bilingües o multilingües como hemos visto en los ejemplos de la Universidad del País Vasco, la Universidad de Luxemburgo o la Universidad de Bolzano. Estos ejemplos demuestran que no hay modelos únicos de multilingüismo en contextos universitarios porque también existen importantes diferencias en la demografía de las distintas lenguas en la sociedad y en su estatus. En el contexto del Espacio Europeo de Educación Superior, la utilización del inglés favorece la movilidad y ofrece la posibilidad de atraer estudiantes de otros países europeos y de otras partes del mundo. Además, la utilización del inglés favorece el acceso a publicaciones y congresos científicos. Sin embargo otras lenguas, algunas minoritarias y otras nacionales, también son utilizadas en los distintos contextos. El modelo «Continua of Multilingual Education» ofrece la posibilidad de realizar comparaciones relativas entre las distintas universidades multilingües respecto a la distancia lingüística entre las lenguas, su utilización en el contexto sociolingüístico y su conocimiento y utilización dentro de la universidad.

Es difícil pronosticar el futuro del multilingüismo en la universidad en una sociedad en la que el inglés forma parte cada vez más habitual del repertorio lingüístico individual y es hoy en día la lengua internacional y la lengua de la ciencia con la mayor expansión conocida. Es muy probable que la lengua o lenguas del entorno sigan siendo las más importantes a nivel de grado pero no parece imposible que se siga el modelo holandés con el inglés como principal lengua de instrucción en el posgrado.

1.7. REFERENCIAS BIBLIOGRÁFICAS

ALVAR EZQUERRA, A. (1999): «El Colegio Trilingüe de la Universidad de Alcalá de Henares», en Alvarez Morán, M. C. e Iglesias Montiel, R. M. (eds.): *Contemporaneidad de los clásicos en el umbral del tercer milenio: actas del congreso internacional de los clásicos. La tradición grecolatina ante el siglo XXI* (La Habana, 1 a 5 de diciembre de 1998), pp. 515-523.

BAKER, C. (2006): *Foundations of Bilingual Education and Bilingualism*, Multilingual Matters, (4th edition), Clevedon.

BROEDER, P. y MIJARES, L. (2004): «Multilingualism in Madrid», en G. Extra y K. Yagmur (eds.): *Urban Multingualism in Europe*, Multingual Matters, Clevedon, pp. 275-300.

CARABIAS TORRES, A. M. (1983): «Evolución histórica del Colegio Trilingüe de Salamanca» (1550-1812), *Studia Historica. Historia Moderna*, 1, pp. 143-168.

CENOZ, J. (2009): *Towards Multilingual Education: Basque Educational Research from an International Perspective*, Multilingual Matters, Bristol, UK.

COMISIÓN DE LAS COMUNIDADES EUROPEAS (2005): *Una estrategia marco para el multilingüismo*, http://eur-lex.europa.eu/LexUriServ/LexUriServ.do?uri =COM:2005:0596:FIN:ES:PDF.

CONSEJO DE EUROPA (1992): *Carta Europea de las Lenguas Regionales y Minoritarias*, http://www.coe.int/t/dg4/education/minlang/textcharter/Charter/ Charter_es.pdf.

EXTRA, G. y GÖRTER, D. (2008): «The constellation of languages in Europe: an inclusive approach», en Extra, G. y Görter, D. (eds.) *Multilingual Europe: Facts and Policies*, Mouton de Gruyter, Berlín, pp. 3-61.

EXTRA, G. y YAGMUR, K. (2008): «Immigrant Minority Languages in Europe: cross-national and cross-linguistic perspectives», en G. Extra y D. Görter (eds.): *Multilingual Europe: Facts and Policies*, Mouton de Gruyter, Berlín.

FORTANET-GÓMEZ, I. y RÄISÄNEN, CH. (eds.) (2008): *ESP in European Higher Education. Integrating language and content*, John Benjamins, Amsterdam.

GONZALEZ, D. (2007): «La escuela de traductores de Toledo», *Infodiversidad*, 11, pp. 77-88.

GOVERNMENT OF INDIA (2001): *Census*, http://www.censusindia.gov.in/Census_Data_2001/Census_Data_Online/Language/Statement1.htm.

HAMERS, J. F. y BLANC M. H. A. (2000): *Biliguality and Bilingualism* (2.nd ed.), Cambridge University Press, Cambridge.

MINISTERIO DE EDUCACIÓN, CULTURA Y DEPORTE (2002): *Marco Común Europeo de Referencia para las Lenguas: aprendizaje, enseñanza, evaluación*, Madrid, Anaya. http://cvc.cervantes.es/ensenanza/biblioteca_ele/marco/cvc_mer.pdf.

YTSMA, J. (2001): «Towards a typology of trilingual primary education», *Journal of Bilingual Education and Bilingualism*, 4, pp. 11-22.

2. LA IMPORTANCIA DEL BAGAJE LINGUÍSTICO Y CULTURAL DEL ESTUDIANTADO*

2.1. INTRODUCCIÓN

La internacionalización de la universidad es ya una realidad como se constata en capítulos anteriores de este volumen (ver FEDERICO GUTIÉRREZ-SOLANA y FRANCESC MICHAVILA). El estatus y prestigio social que ha adquirido la lengua inglesa es incuestionable. Su papel como *lingua franca* de comunicación internacional también ha llegado a las universidades que la incluyen en sus estudios como lengua vehicular y promocionan su conocimiento a partir de planificaciones lingüísticas muy variadas (ver JASONE CENOZ y DURK GÖRTER, en este volumen), pero siempre en aras a favorecer el multilingüismo de la institución. Ninguna institución académica negaría el beneficio del multilingüismo en la educación

---

* Elaborado por MARÍA PILAR SAFONT. Directora de la Unidad de Educación Multilingüe de la Universitat Jaume I.

superior, ni el papel del inglés para su internacionalización. Ahora bien no parece tan evidente que al examinar tales fenómenos en el contexto universitario se haya adoptado un enfoque verdaderamente multilingüe y se hayan considerado los resultados que nos ofrece la investigación entorno a la educación multilingüe (CENOZ, 2009) y la adquisición de terceras lenguas (DE ANGELIS, 2007).

En este sentido el presente capítulo pretende hacer patente la necesidad actual de promover políticas lingüísticas informadas en la educación superior. De este modo, evitaremos caer en un enfoque monolingüe con inglés (ver EVA ALCÓN, en este volumen). Con tal propósito, en primer lugar, nos referiremos a la «miopía monolingüe» (PHILLIPSON, 2010: 75) de algunas instituciones en las que el inglés es la lengua vehicular por excelencia. En estas instituciones el bagaje lingüístico de sus estudiantes es ignorado, así como el hecho que estén adquiriendo y utilizando el inglés como tercera lengua. Por este motivo, en segundo lugar, daremos cuenta de la investigación sobre el efecto del bilingüismo en la adquisición de terceras lenguas y de la necesidad de nuevos paradigmas teóricos para el estudio del multilingüismo. Finalmente, presentaremos algunas propuestas sobre enseñanza de lenguas en la universidad en las que se considerarán los resultados de la investigación previamente expuesta.

2.2. LA «MIOPÍA MONOLINGÜE» EN LA EDUCACIÓN SUPERIOR

El prestigio social que ha adquirido la lengua inglesa se refleja también en las instituciones académicas. Tal es su poder que algunos autores advierten acerca de los riesgos y limitaciones que comporta el inglés en la educación superior (PHILLIPSON, 2009). Encontramos estudios recientes (MARSHALL, 2010; PHILLIPSON, 2010; MARTIN, 2010; PREECE, 2010) que nos muestran cómo se ignora el bagaje cultural y lingüístico de los estudiantes en algunas universidades en las que el inglés es la lengua de instrucción. Asimismo, se señalan las consecuencias que estas obviedades comportan y se proponen algunas medidas de actuación.

MARSHALL (2010) presenta un análisis longitudinal de un grupo de 977 estudiantes multilingües (incluyendo lenguas tales como cantonés, mandarín, inglés) en una universidad canadiense. El autor combina el uso de cuestionarios, entrevistas y diarios en la recopilación de datos. Concretamente se centra en examinar (i) cómo describen su conocimiento de lenguas (ii) cómo desarrollan su identidad y (iii) cómo viven su experiencia como estudiantes de ESL, entre otros aspectos. A partir de sus resultados, el autor apunta hacia la dificultad de sus sujetos para definir cuál es su primera, segunda o tercera lengua. Esto es debido, por una parte, al prestigio académico de la lengua inglesa, pero también a su propia competencia multilingüe que hace que presenten diferentes niveles de conocimiento en función del uso y registro requerido para cada una de sus lenguas (i. e. escritura académica o lenguaje informal oral). Respecto a su identidad, los sujetos del estudio no presentan una identidad homogénea, a pesar de ser todos considerados como chinos-canadienses. En algunos casos, se consideran chinos-canadienses, otros se ven a sí mismos como miembros de la generación 1.5 (i. e. término que se utiliza parea referirse a la segunda generación de inmigrantes), mientras que un tercer grupo se ve como inmigrante a pesar de haber nacido y crecido en Canadá. MARSHALL (2010) critica el hecho que la variedad de identidades en el aula y su desarrollo no está en consonancia con las prácticas lingüísticas de la misma. De hecho, todos estos sujetos arriba mencionados pertenecen al grupo de estudiantes de ESL (i. e. *English as a Second Language*), esto es, de aprendices de inglés como segunda lengua. Estos estudiantes se definen por mostrar, a partir de una valoración monolingüe, un conocimiento deficitario de la lengua, y se presentan como un problema a resolver. Son estudiantes que han nacido y se han educado en un país de habla inglesa, y que, a diferencia de otros compañeros monolingües, presentan una diversidad lingüística y cultural más rica. Dicha diversidad no sólo no es considerada, sino que queda anulada y identificada como problemática al incorporarlos en los cursos de inglés como segunda lengua (ESL) o como lengua adicional (EAL).

El caso de esta universidad canadiense, no es único, otras instituciones de países de habla inglesa siguen las mismas políticas. De hecho, MARTIN (2010) identifica como grandes obstáculos para un cambio hacia una pedagogía inclusiva y multilingüe el desinterés actual de instituciones y académicos monolingües. Esto viene reflejado por el uso de términos tales como *English as a*

Second Language, o el eufemismo incluido en *English as an Additional language* según PHILLIPSON (2010). En esta terminología etnocéntrica para los hablantes monolingües de lengua inglesa, podríamos incluir SLA (*Second Language Acquisition*) como muestra de que el prejuicio monolingüe no sólo afecta la enseñanza de lenguas, sino también la investigación sobre la adquisición de lenguas.

Las universidades pueden y deben considerar el bagaje lingüístico y cultural de sus estudiantes. En este sentido, PREECE (2010) propone que las universidades se reinventen y creen espacios multilingües en los que la diversidad lingüística y cultural de los estudiantes sea tenida en cuenta. Más concretamente, el autor hace referencia al desarrollo del lenguaje académico escrito, y sugiere la ejecución de proyectos de escritura colaborativa donde se considere la identidad multilingüe de los estudiantes.

2.3. ESTUDIANTES BILINGÜES Y ADQUISICIÓN DE TERCERAS LENGUAS

Son numerosos los estudios que analizan el papel del bilingüismo en la adquisición y uso de terceras lenguas (CENOZ *et al.*, 2001; ARONIN y HUFEISEN, 2009). La investigación actual sobre la educación multilingüe nos ofrece datos empíricos que confirman las ventajas de los estudiantes bilingües frente a los monolingües. Concretamente, los estudiantes bilingües muestran una mayor y mejor evolución de su conocimiento lingüístico en la tercera lengua (SAGASTA, 2003; MUÑOZ, 2000; SANZ, 1997; CENOZ y VALENCIA, 1994). También presentan mayor creatividad (LASAGABASTER, 1998) y consciencia metalingüística (JESSNER, 2006), así como mayor motivación en el aprendizaje de una lengua extranjera (CENOZ, 2003).

El uso de las lenguas y las actitudes hacia las mismas también varían en función del bagaje lingüístico y cultural de los estudiantes. Aquí también podemos encontrar diferencias significativas entre los aprendices bilingües y monolingües. Más concretamente, nos referimos a las ventajas de estudiantes universitarios bilingües en cuanto a (i) sus actitudes hacia su primera, segunda y, en el caso de los bilingües, tercera lengua (LASAGABASTER y HUGUET,

2007; SAFONT-JORDÀ, 2007; PORTOLÉS 2010) (ii) su producción y consciencia pragmática en una tercera lengua (SAFONT-JORDÀ, 2005), y al efecto de la instrucción formal en su producción pragmática (SAFONT-JORDÀ y ALCÓN, en prensa).

El bilingüismo aparece como un factor determinante en las actitudes que muestran aprendices de terceras lenguas de diferentes bagajes lingüísticos y pertenecientes a diferentes contextos sociolingüísticos europeos (HUGUET y LASAGABASTER, 2007). En el contexto de la Comunidad Valenciana (SAFONT-JORDÀ, 2007), tanto el bilingüismo de los estudiantes como el modelo lingüístico en el que recibieron instrucción formal durante la educación primaria aparecen como variables muy influyentes en las actitudes que muestran hacia las tres lenguas. Los resultados de este estudio demuestran que los estudiantes bilingües, que recibieron su educación primaria dentro de programas de promoción al bilingüismo, presentan actitudes más favorables hacia la lengua minoritaria, mayoritaria y extranjera que aquellos estudiantes monolingües y provenientes de modelos educativos también monolingües. Más recientemente, PORTOLÉS (2011) destaca la influencia del bilingüismo en las actitudes lingüísticas de estudiantes universitarios de primer curso del grado de maestro pertenecientes a dos universidades valencianas. La autora incide en el papel del bilingüismo para fomentar actitudes positivas hacia todas las lenguas en contacto. En este contexto en particular las lenguas implicadas son el catalán, el castellano y el inglés. Además Portolés también señala el efecto de otras variables como el haber realizado una estancia en un país de habla inglesa, ya que la exposición y uso de la lengua en un contexto natural parece favorecer las actitudes hacia la misma. Dicha exposición es necesaria para el desarrollo de la competencia pragmática. Un aspecto analizado tanto en hablantes bilingües como monolingües.

SAFONT-JORDÀ (2005) analiza y contrasta el uso de actos de habla exhortativos en inglés por parte de estudiantes de primer curso de licenciatura que bien son bilingües o monolingües. El estudio se realiza a partir de la distribución de cuestionarios y actividades orales (i. e. *role-play tasks*) que fomentan la producción de peticiones en inglés. Asimismo, se examina la consciencia pragmática de los participantes en el estudio al distribuir un cuestionario en el que deben evaluar si las instancias de producción de peticiones que allí se describen son apropiadas o no y dar sus razones y/o sugerencias. Al analizar los resultados del estudio, la autora destaca la influencia del bilingüismo tanto en la producción como en la consciencia pragmática de los estudiantes universitarios. El grupo de participantes bilingües presenta serias ventajas respecto a los monolingües tanto en su producción de peticiones como en su consciencia pragmática.

Siguiendo esta misma línea de investigación, SAFONT-JORDÀ y ALCÓN (en prensa) examinan el efecto de la instrucción formal en la producción pragmática de estudiantes monolingües y bilingües de inglés. Así pues, las autoras analizan con mayor profundidad el efecto del bilingüismo al relacionarlo con la influencia de la instrucción formal. Para llevar a cabo este estudio, se contrasta la participación de los estudiantes en unas tareas de producción oral y escrita que se realizaron antes y después de ser sometidos a un período de instrucción explícita. Los resultados del estudio nos muestran que la competencia pragmática de los aprendices de inglés como tercera lengua es superior a la de los estudiantes monolingües tanto antes como después de ser expuestos a la instrucción. De hecho, con referencia al efecto de la instrucción, se observa que los aprendices bilingües se benefician más y mejor de tal período, como se denota por la cantidad y variedad de fórmulas de petición utilizadas. Estos resultados confirman estudios anteriores (SAFONT-JORDÀ, 2005) que ya señalaban dichas ventajas, como mencionábamos anteriormente.

La diferencia entre bilingües y monolingües con respecto a la adquisición y desarrollo de la competencia pragmática requiere de mayor atención y de un marco de estudio más amplio. Según ARONIN y HUFEISEN (2009), la complejidad del multilingüismo sólo puede ser descrita a partir de un análisis exhaustivo de la realidad. De hecho, KRAMSCH y WHITESIDE (2008: 662) afirman que los espacios multilingües pueden elicitar relaciones complejas entre la producción de actos de habla y los efectos perlocutivos de los mismos. Estas autoras hablan de la competencia simbólica que ellas mismas definen como: «la habilidad para dar forma al juego multilingüe de uno mismo y restructurar el pensamiento y la acción en función del primero y de forma consecuente» (KRAMSCH y WHITESIDE, 2008: 664). En otras palabras, se trata de la habilidad particular que presentan los hablantes multilingües a la hora de jugar con diversos códigos lingüísticos y con diversos ejes espacio-temporales relacionados con estos códigos. A continuación, presentamos algunos ejemplos que reflejan el uso de actos de habla exhortativos, concretamente las peticiones, en hablantes multilingües. Entendemos que la interpretación de estos ejemplos puede reflejar la complejidad apuntada por KRAMSCH y WHITESIDE (2008) que afectaría a la producción y consciencia pragmática de hablantes y espacios multilingües.

> Ejemplo (1)
> Cliente: *Hola, em poses un tallat per favor?*
> (Hola, ¿me pones un café, por favor?)
> Camarera: ¿un... perdón?
> Cliente: ... *Un tallat!*
> (un cortado)
> Camarera: ¿... un qué?
> Cliente: (señalando las jarras de café y leche) *café i llet... gràcies!*
> (café y leche gracias!)
> «Camarera: ah... ¿un cortado?» (solapando)
> Cliente: *Sí moltes gràcies!*
> (¡Sí, muchas gracias!)
>
> [En un bar de Castellón – una zona bilingüe con dos lenguas cooficiales]
>
> Ejemplo (2)
> Estudiante1: *Com serà l'exàmen?*
> (¿Cómo será el examen?)
> Profesora: *L'exàmen serà de preguntes per desenvolupar [...]*
> (el examen sera de preguntas a desarrollar)
> <Student2: ... ¿puedes decirlo en español para que lo entendamos todos?> (interrumpiendo)
> Profesora: *the exam will include two short essays about the main...* *[...]*
>
> [En una clase de Filología Inglesa en la que todos los estudiantes asistentes eran de Castellón en el momento de la grabación]

El análisis de los dos ejemplos anteriores desde una perspectiva monolingüe, y tradicional, nos informaría acerca del tipo de fórmula de petición utilizada, o incluso de sí hay o no elementos de mitigación que acompañen dicha fórmula, entre otras características. Sin embargo, siguiendo la propuesta de KRAMSCH y

WHITESIDE (2008) lo que los participantes de los ejemplos (1) y (2) tienen en mente y sus bagajes lingüísticos y culturales no se tendrían en cuenta desde paradigmas monolingües y monoculturales como el ámbito de la pragmática de la interlengua (KECSKÉS, 2010). En el primer ejemplo, el cliente no está únicamente pidiendo un cortado, también está informando acerca del hecho de que es una hablante bilingüe, que su lengua es el catalán y que sabe que tiene derecho a utilizar tal lengua y a ser entendida. Aquí la historia subyacente a los turnos de los dos hablantes, como el hecho que el catalán estuviera prohibido durante más de cuarenta años en esta región, puede explicar la insistencia del cliente en el uso de su lengua. También lo explicaría el hecho que se trate de una lengua minoritaria que requiere de una normalización.

De manera similar, la preferencia de la profesora por la lengua inglesa en el Ejemplo (2), cuando un alumno le pide que utilice el castellano, ilustraría la subjetividad e ideología que subyacen a su elección. Estos aspectos podrían ser examinados desde la perspectiva de la competencia simbólica. Esta competencia es una forma de concebir tanto la competencia comunicativa como la competencia intercultural en espacios multilingües. Un aspecto que ya señala ALCÓN (2010) en su propuesta por un análisis más comprehensivo de la competencia comunicativa. Entendemos que el estudio de la competencia simbólica nos permitiría adoptar una perspectiva realmente multilingüe en el análisis detallado del comportamiento de hablantes bilingües y multilingües. Podríamos pues ir más allá de los límites que presenta la pragmática de la interlengua, por su visión deficitaria del estudiante de lenguas y su constante comparación con el hablante nativo ideal, y tratar la evolución de la competencia pragmática en aprendices y hablantes de terceras lenguas, lo que denominaríamos la pragmática multilingüe. Aspectos tales como la construcción de la identidad en el aula (COTS y NUMBAUM, 2008) o la diferenciación pragmática ya se han analizado en aprendices precoces de terceras lenguas. Entendemos que el análisis de la competencia pragmática en estudiantes universitarios también se beneficiaría de este enfoque más amplio y realista. Para una mejor ilustración del tipo de análisis pragmático precoz que se ha llevado a cabo recientemente presentamos el siguiente ejemplo.

Ejemplo (3)
Niño: *Mamaaaaaaa... em dones la vaca? [...] Mama per favor em dones la vaca?*
(Mama... ¿me das la vaca? ¿Mamá por favor me das la vaca?)
Mamá: Val. Hi has!
(Vale. ¡Ahí tienes!)
Niño: Gràcies!
(¡Gracias!)

(pausa 5 segundos)

Niño: Mamaaaaa gràcies!
(¡Mama gracias!)
Mamá: ai... de res...
(ay... de nada)
Niño: com diría Miss Leanne?...
(¿cómo lo diría Miss Leanne...?)
Mamá: You're wel...
Niño: no, no m'ho digues... (overlapping)... I say... thank you and you...
(no, no... me lo digas... yo digo gracias y tú...)
Mamá: you're welco... (overlapping)
Niño: no ... you say thanks, vale? però in English
(No... tú dices gracias pero en inglés ¿vale?)
Mamá: Thanks!
(gracias)
Niño: You're welcome!... ara no in english com... mis niños
(de nada. Ahora no en inglés como mis niños)
Mamá: Gràcies?
(gracias?)
Niño: No... aixina... Gracias! y tú... de nada.
(no... así no...)
Mamá: Gracias!
Niño: de nada

[El niño es bilingüe catalán-castellano y está aprendiendo inglés como tercera lengua, tenía 2 años y 11 meses en esta trasncripción].

La conversación transcrita en el ejemplo (3) arriba muestra el uso de estrategias de agradecimiento por parte de un niño de casi tres años. Desde una perspectiva monolingüe, a partir de los preceptos de la pragmática de la interlengua, podemos identificar el tipo de fórmulas de agradecimiento elegidas por el niño en sus turnos de habla. Desde la pragmática intercultural y contrastiva, también destacaríamos el uso de más de una lengua y podríamos contrastar si las fórmulas utilizadas en cada lengua son diferentes o si hay transferencia pragmática. Ahora bien, al considerar no sólo la competencia pragmática sino su relación con la competencia simbólica podemos explicar que el niño puede producir turnos con fórmulas de agradecimiento apropiadas y que está orgulloso de mostrar a su madre que conoce tales fórmulas en tres lenguas. Este ejemplo de conciencia metapragmática aparece cuando el niño se refiere a su maestra de inglés (i. e. Miss Leanne) como reflejo del entorno en el que él utiliza el inglés. Del mismo modo, al referirse a sus compañeros utiliza el término «mis niños» que ilustra el contexto en el que él está expuesto o utiliza el castellano. Como muestra el ejemplo (3) tanto la producción como la conciencia metapragmática se pueden analizar considerando la competencia simbólica incluso en etapas muy iniciales en las que se están adquiriendo y desarrollando tres lenguas.

Como señalábamos anteriormente, esta perspectiva podría adoptarse en los estudios que analicen la competencia pragmática de estudiantes universitarios de terceras lenguas. Incluir la competencia simbólica en el análisis del comportamiento multilingüe nos ayudaría a afrontar la complejidad inherente al multilingüismo (ARONIN y HUFEISEN, 2009). En el ámbito educativo, dicha complejidad vendría también reflejada por las diferencias que la investigación nos muestra entre los estudiantes bilingües y monolingües a la hora de afrontar el proceso de adquisición de una tercera (o segunda lengua según el caso) lengua. Dicha peculiaridad va más allá del mero hecho de utilizar más de dos lenguas. Recientes estudios nos hablan de diferencias neurológicas entre monolingües y bilingües, así como entre multilingües y monolingües en sus usos de las lenguas (KHATEB et al., 2007; KOVELMAN et al., 2008). Más concretamente, la investigación llevada a cabo por KHATEB et al. (2007) demuestra que la elección y uso de una determinada lengua perteneciente al repertorio lingüístico de un hablante multilingüe se realiza mediante conexiones neuronales que se vinculan tanto a mecanismos de procesamiento lingüístico como cognitivo. Los resultados de esta investigación estarían en línea con la idea que las lenguas no pueden analizarse de forma aislada, y la alternancia de lenguas en un multilingüe es algo más que un simple cambio de código.

De hecho, al examinar el uso y alternancia de lenguas en hablantes bilingües y monolingües, KOVELMAN *et al.* (2008) demuestran que los cerebros bilingües presentan unas características fisiológicas distintas a los monolingües. Estos autores señalan que hay una mayor oxigenación de la sangre en determinadas áreas del cerebro bilingüe al contrastarlo con el monolingüe, y tales diferencias son estadísticamente significativas. De hecho, los autores concluyen que puede haber una cierta «firma o registro neuronal» del bilingüismo.

Estos resultados confirman la idea apuntada por destacados expertos en este campo de investigación (CENOZ, 2009; DEWAELE, 2007; JESSNER, 2006; HUFEISEN y MARX, 2007; HOFFMANN, 2001) que el multilingüismo no sólo representa un cambio cuantitativo sino también cualitativo. Según SINGLETON y ARONIN (2007), los multilingües se diferencian de los monolingües tanto en sus lenguas y su capacidad para mostrar distintas habilidades lingüísticas, como en su consciencia lingüística, la cual resulta ser mucho más desarrollada. De hecho, los estudiantes con conocimiento de al menos tres lenguas presentan una amplia gama de recursos multilingües en el aprendizaje y uso de sus lenguas. Por este motivo, cabe distinguir entre los procesos de adquisición de una segunda y de una tercera lengua que, a pesar de compartir ciertas similitudes, presentan importantes divergencias en cuanto a los mecanismos procedimentales implicados (CENOZ, 2007; HERDINA y JESSNER, 2002). La adquisición de una tercera lengua es mucho más compleja que la de una segunda lengua. Las peculiaridades de la adquisición de una tercera lengua se han examinado desde una perspectiva psicolingüística (CENOZ, JESSNER y HUFEISEN, 2001), evolutiva (QUAY, 2008) y sociolingüística (HOFFMANN y YSTMA, 2004; SHOHAMY y GORTER, 2009). Las investigaciones y estudios empíricos convenientemente fundamentadas en nuevos paradigmas teóricos han confirmado los resultados que presentamos a continuación:

— Los aprendices de terceras lenguas presentan su propio estilo intercultural (CENOZ, 2003).
— El contexto de aprendizaje y los factores situacionales influyen en la autopercepción de competencia en una tercera lengua (DEWAELE, 2007).

— La distancia tipológica entre lenguas afecta la transferencia pragmática (Fouser, 1997).
— La adopción de métodos de investigación interactivos en el análisis del comportamiento multilingüe demuestra que el bilingüismo puede ser considerado como un recurso más para alcanzar objetivos comunicativos concretos (Gumperz y Cook-Gumperz, 2005). Por tanto, la construcción de la identidad en el aula puede analizarse con mayor profundidad adoptando nuevos enfoques metodológicos incluso con estudiantes de lenguas extranjeras de nivel inicial (Cots y Numbaum, 2008).
— Los hablantes trilingües precoces pueden diferenciar pragmáticamente entre sus lenguas incluso antes de los dos años (Montanari, 2009; Quay, 2008).

Sin embargo, estos resultados son ignorados en el diseño de programas lingüísticos de instituciones educativas, sobre todo en lo que se refiere a las diferencias cualitativas en la adquisición de segundas y terceras lenguas. En el panorama europeo actual ya aparecen diversas universidades que promocionan el multilingüismo (ver Jasone Cenoz y Durk Görter en este volumen). Sin embargo, en muchos casos esto se debe únicamente a la inclusión y promoción del inglés en la universidad. Siguiendo a otras instituciones educativas de carácter privado (i. e. International Baccaularate, colegios británicos, internacionales, entre otros), en la mayoría de los casos (ver Edwards, 2009 para una revisión) también se parece confundir el multilingüismo con lo que en efecto se persigue —el bilingüismo— sin considerar la realidad sociolingüística, ni individual de los alumnos que en muchos casos ya son bilingües.

2.4. Enseñanza de lenguas en estudiantes ya bilingües. Algunas propuestas

A pesar de que se requiere más investigación sobre el fenómeno del multilingüismo y la adquisición de terceras lenguas, tal y como señalábamos en la sección anterior de este capítulo, los estudios actuales de este fenómeno (Cenoz y Valencia, 1994; Jessner, 2006; Lasagabaster, 1998; Muñoz, 2000; Sagasta, 2003; Sanz, 1997) nos muestran una serie de ventajas que presentan los hablantes bilingües frente a los monolingües, en el uso y adquisición de una tercera lengua. Aunque los resultados de dichos estudios han sido publicados y difundidos en diversos foros académicos (i. e. congresos, conferencias, charlas, talleres) todavía son bastante ignorados en las propuestas actuales sobre la enseñanza de lenguas, más concretamente, sobre enseñanza de lenguas extranjeras. Sabemos que ciertas habilidades aparecen más desarrolladas en hablantes trilingües y bilingües que en los monolingües, y pueden fomentar la adquisición de una tercera lengua. Concretamente, presentan ventajas en su producción y consciencia pragmática (SAFONT-JORDÀ, 2005; SAFONT-JORDÀ y ALCÓN, en prensa), en las actitudes que muestran hacia las lenguas (SAFONT-JORDÀ, 2007; PORTOLÉS, 2010), en su consciencia metalingüística (LASAGABASTER, 2003), y su motivación (CENOZ, 2003), entre otros aspectos. Para podernos beneficiar de tales ventajas es necesario considerar un nuevo enfoque metodológico que verdaderamente considere la educación multilingüe y que no se centre únicamente en una oferta lingüística amplia. Esto es, en la enseñanza de una gran variedad de lenguas de manera separada y desde preceptos monolingües en los que únicamente se instruya acerca de los aspectos más formales de cada código lingüístico.

Como propuesta, se podrían rediseñar las actuales políticas lingüísticas de manera que integren todas las lenguas y de modo que el multilingüismo se perciba con normalidad y, a tal efecto, se consideren los resultados de la investigación descrita en la tercera sección de este capítulo. En este sentido, cabría modificar los programas educativos actuales. A modo de ejemplo, podemos mencionar el proceso de alfabetización en los colegios, que podría reformularse para afrontar la alfabetización multilingüe desde la enseñanza integrada de lenguas y contenido. También en la universidad podemos adoptar este enfoque y pasar del aprendizaje (enseñanza) integrado de contenido y lengua AICLE (i. e. *Content and Language Integrated Learning* CLIL) al aprendizaje (y enseñanza) integrado de contenido y lenguas AICLES (i.e. *Content and LanguagES Integrated Learning* - CLESIL). De modo que la posibilidad de impartir contenido en otras lenguas se amplíe y vaya más allá de la mera inclusión del inglés o francés como lengua vehicular.

Por otro lado, partiendo de las propuestas de PREECE (2010) y CREESE *et al.* (2008), las universidades pueden crear espacios multilingües en los que sus estudiantes vean que está reconocido un bagaje lingüístico y cultural, y también puedan beneficiarse de ello. Es fundamental respetar su identidad. Es importante evitar caer en el monolingüismo con inglés (Eva Alcón, en este volumen), en la miopía monolingüe o en un racismo institucional (Martín, 2010; Phillipson, 2010). Tampoco ayudan políticas lingüísticas que favorezcan la *etnofobia* o la *xenofilia*, esto es, que se ignore el bilingüismo ya presente en el entorno sociolingüístico de la institución para favorecer la promoción de una lengua extranjera atendiendo a su prestigio social. La investigación sobre el multilingüismo nos dice que no sólo no cabe excluir las lenguas minoritarias sino que favorecen la adquisición y uso de las extranjeras (Cenoz, 2009; Jessner, 2008). Tampoco hay nada que justifique una mayor presencia de la lengua mayoritaria en zonas bilingües en aras a promover el multilingüismo. Como ya hemos explicado anteriormente, el multilingüismo no sólo implica un cambio cuantitativo, sino también cualitativo (Kecskes, 2010).

Finalmente, para que el multilingüismo se abordara con éxito en la universidad, y a modo de propuesta, todos los estudios de grado y máster vinculados con la enseñanza, deberían incluir de algún modo, formación acerca del fenómeno del multilingüismo y la educación multilingüe. De este modo, y considerando también las propuestas arriba expuestas, se pasaría a un multilingüismo quizás más normalizado en la educación superior, atendiendo a las características individuales de los alumnos, de cada contexto sociolingüístico (Jasone Cenoz y Durk Görter, en este volumen) y de manera multidisciplinar.

2.5. Conclusión

En este capítulo hemos tratado de destacar la importancia de la educación multilingüe informada en las universidades. Entendemos por informada, el considerar los resultados de la investigación en torno al fenómeno del multilingüismo y de la educación multilingüe en el que se señalan diferencias significativas entre hablantes bilingües y monolingües. Esto nos impedirá caer en la miopía monolingüe (Phillipson, 2010) de algunas instituciones como las presentadas en la primera sección de este capítulo. En estos ejemplos, la identidad de los estudiantes era ignorada, sin embargo, hemos tratado de demostrar que es conveniente y oportuno considerar el bagaje lingüístico y cultural de nuestros estudiantes. Es conveniente porque nos permite presentar propuestas de fomento al multilingüismo que parten tanto de las ventajas de estudiantes bilingües identificadas por la investigación actual, como de nuevos enfoques en el estudio del multilingüismo (KRAMSCH y WHITESIDE, 2008). También consideramos que es oportuno porque desde estas propuestas la identidad de los estudiantes pasaría de ser ignorada a convertirse en un aspecto influyente para el diseño de políticas lingüísticas y educativas.

A modo de conclusión podemos incidir en la idea que la enseñanza de lenguas en la universidad debería considerar la realidad multilingüe de su contexto social. Evitar un enfoque monolingüe en el estudio de lenguas, no es nuevo. En 1974 Hymes ya criticaba el enfoque monolingüe que aún imperaba y del que todavía encontramos ciertas reminiscencias en el estudio de segundas lenguas. A pesar de los casi treinta y cinco años desde que Hymes publicara estas ideas, todavía hoy se habla de la adquisición de segundas lenguas (SLA) como término generalmente consensuado (i. e. véase primera parte de esta contribución) y aceptado por la comunidad científica y que enmarcaría este ámbito de investigación dentro de la lingüística aplicada. No ha sido hasta recientemente que autores pioneros como Jasone Cenoz (CENOZ, HUFEISEN y JESSNER, 2000) han desenmascarado la realidad y han desarrollado una perspectiva multilingüe en el estudio de las lenguas. El congreso bianual sobre adquisición de terceras lenguas o la constitución de la *International Association of Multilingualism* reflejan el creciente interés por este ámbito de estudio y responde a algunas de las inquietudes de HYMES (1974), como ya anticipaba al destacar que en las fronteras lingüísticas se deben considerar no sólo aspectos lingüísticos si no también actitudinales. Asimismo, HYMES (1973) señalaba la necesidad de considerar la educación bilingüe en el estudio de la sociolingüística.

Por un lado, el estudio de las actitudes lingüísticas ha recibido la atención de autores que adoptan esta visión descrita por Hymes (LASAGABASTER & HUGUET, 2007). Por otro lado, la educación bilingüe y multilingüe está siendo analizada como muestran recientes publicaciones en este ámbito (CENOZ, 2009; DE HOUWER,

2009; EDWARDS, 2009). El estudio del multilingüismo desde la perspectiva de la adquisición incluye investigación sobre el efecto de variables tales como la edad (GARCÍA-MAYO, 2003; MUÑOZ, 2006; PÉREZ-VIDAL et al., 2008), o la ansiedad (DEWAELE, 2008), entre otros. Desde una perspectiva sociolingüística incluye el análisis del contexto como el paisaje lingüístico (GORTER, 2006; SHOHAMY y GORTER, 2009) o el entorno auditivo-lingüístico (i. e. *linguistic soundscape*) (DE HOUWER, 2009).

Esperemos y aspiremos a que las universidades diseñen sus planes de promoción al multilingüismo desde las propuestas de los verdaderos expertos en multilingüismo, como los mencionados en los párrafos anteriores, para que el enfoque monolingüe criticado por HYMES (1974) y, también más recientemente por PHILLIPSON (2010), no tenga su haber desde la enseñanza de lenguas en la educación superior, y de este modo se percate de la importancia del bagaje lingüístico y cultural del estudiantado.

2.6.   REFERENCIAS BIBLIOGRÁFICAS

ALCON, E. (2010): «Dealing with the acquisition of pragmatics in English as a third language», en González Fernández-Corugedo, S., Martínez López, M. y Ribes García, P. (eds.): *Homenaje a Francisco Fernández Fernández. Quaderns de Filologia*, Universitat de València, València.

ARONIN, L. y HUFEISEN, B. (2009) *The Exploration of Multilingualism*, John Benjamins, Ámsterdam.

CENOZ, J. (2009): *Towards Multilingual Education. Basque educational research from an international perspective*, Multilingual Matters, Clevedon.

— (2007): «The acquisition of pragmatic competence and multilingualism», en Alcón, E. y Safont, M. P. (eds.): *Intercultural Language Use and Language Learning*, Springer, Dordrecht.

— (2003): «The additive effect of bilingualism on third language acquisition: A review», *The International Journal of Bilingualism*, 7, pp. 71-89.

CENOZ, J. y VALENCIA (1994) «Additive trilingualism: Evidence from the Basque Country», *Applied Psycholinguistics*, 15, pp. 197-209.

CENOZ, J., JESSNER, U. y HUFEISEN, B. (2000): *English in Europe. The Acquisition of a Third Language*, Multilingual Matters, Clevedon.

CENOZ, J., HUFEISEN, B. y JESSNER, U. (2001): *Cross-linguistic Influence in Third Language Acquisition: Psycholinguistic Perspectives*, Multilingual Matters, Clevedon.

COTS, J. M. y NUMBAUM, L. (2008): «Communicative competence and institutional affiliation: interactional processes and identity construction by immigrant students in Catalonia», *International Journal of Multilingualism*, 5, pp. 17-24.

CREESE, A., MARTIN, P. y HORNBERGER, N. (2008): «Ecology of Language», vol. 9. *Encyclopedia of Language and Education*, Springer, Nueva York.

DE ANGELIS, G. (2007): *Third and Additional Language Acquisition*, Multilingual Matters, Clevedon.

De HOUWER, A. (2009) *Bilingual First Language Acquisition*, MMTextbooks, Multilingual Matters, Clevedon.

DEWAELE, J. M. (2007): «The effect of multilingualism, sociobiographical and situational factors on communicative anxiety and foreign language anxiety of mature language learners», *The International Journal of Bilingualism*, 11(4), pp. 391-410.

EDWARDS, V. (2009): *Learning to Be Literate. Multilingual Perspectives*, Multilingual Matters, Clevedon.

FOUSER, R. (1997): «Pragmatic transfer in highly advanced learners: Some preliminary findings», *Centre for Language and Communication Studies Occasional Papers*, 50, pp. 1-44.

GUMPERZ y COOK-GUMPERZ, J. (2005): «Making space for bilingual communicative-ractice», *Intercultural Pragmatics*, 2, pp. 1-23.

HERDINA, P. y JESSNER, U. (2002): *A Dynamic Model of Multilingualism*, Multilingual Matters, Clevedon.

HOFFMANN, C. (2001): «Towards a description of trilingual competence», *International Journal of Bilingualism*, 5, pp. 1-17.

HOFFMANN, C. y YSTMA, J. (2004): *Trilingualism in Family, School and Community*, Multilingual Matters, Clevedon.

HUFEISEN, B. y MARX, N. (2007): «How can DaFnE and EuroComGerm contribute to the concept of receptive multilingualism?», en Ten Thije, J. D y Zeevaert, L. (eds.): *Receptive Multilingualism*, John Benjamins, Amsterdam.

HUGUET, A. y LASAGABASTER, D. (2007): *Language Attitudes in the European Context*, Multilingual Matters, Clevedon.

HYMES, D. (1973): «Speech and language. On the origins and foundations of inequality among speakers», *Daedalus*, 102, pp. 59-70.

— (1974): «Ways of Speaking», en Bauman, R. y Sherzer, J. (eds.): *Explorations in the Ethnography of Speaking*, Cambridge University Press, Nueva York, pp. 433-452.

JESSNER, U. (2008): «Teaching third languages: Findings, trends and challenges», *Language Teaching*, 41, pp. 15-56.

JESSNER, U. (2006): *Linguistic Awareness in Multilinguals: English as a Third Language*, Edinburgh University Press, Edinburgh.

KHATEB, A., ABUTALEBI, J., MICHEL, C. M., PEGNA, A. J., LEE-JAHNKEE, H. y ANNONI, J. M. (2007): «Language selection in bilinguals. A spatio-temporal analysis of electric brain activity», *International Journal of Psychophysiology*, 65, pp. 201-213.

KECSKES, I. (2010): «Dual and multilingual language systems», *International Journal of Multilingualis*m, 7, pp. 91-109.

KLEIN, M. (1995): «Second versus third language acquisition: is there a difference?», *Language Learning*, 45, 3, pp. 419-465.

KOVELMAN, I., BAKER, S. A. y PETITTO, L. A. (2008): «Bilingual and monolingual brains compared a functional magnetic resonance imaging investigation of syntactic processing and a possible neuronal signature of bilingualism», *Journal of Cognitive Neuroscience*, 1, pp. 153-169.

KRAMSCH, C. y WHITESIDE (2008): «Language ecology in multilingual settings. Towards a theory of symbolic competence», *Applied Linguistics*, 29, pp. 645-671.

LASAGABASTER, D. (1998): «The threshold hypothesis applied to three languages in contact at school», *International Journal of Bilingual Education and Bilingualism*, 4, pp. 310-328.

MARSHALL, S. (2010): «Re-becoming ESL: multilingual university students and a deficit identity», *Language and Education*, 24, pp. 41-56.

MARTIN, P. (2010): «They have lost their identity but not gained a British one: non traditional multilingual students in higher education in the United Kingdom», *Language and Education*, 1, pp. 9-20.

MONTANARI, S. (2009): «Pragmatic differentiation in early trilingual development», *Journal of Child Language*, 36, pp. 597-627.

MUÑOZ, C. (2000): «Bilingualism and Trilingualism in school students in Catalonia», en Cenoz, J. y Jessner, U. (eds.): *English in Europe*, Multilingual Matters, Clevedon.

PÉREZ-VIDAL, C., JUAN-GARAU, M. y BEL, A. (2008): *A Portrait of the Young in the New Multilingual Spain*, Multilingual Matters, Clevedon.

PHILLIPSON, R. (2009): *Linguistic imperialism continued*, Routledge, New York.

— (2010): «Epilogue: querying language in "English-medium" higher education», *Language and Education*, 1, pp. 75-79.

PREECE, S. (2010): «Multilingual identities in higher education: negotiatikng "the mother tongue", "posh" and "slang"», *Language and Education*, 24, pp. 21-39.

PORTOLÉS, L. (2011): *Multilingualism in Higher Education. Internal and External Variables Affecting Language Attitudes in Two Valencian Universities*, Lambert Academic Publishing.

QUAY, S. (2008): «Dinner conversations with trilingual two-year-old: Language socialization in a multilingual context», *First Language*, 28, pp. 5-33.

SAFONT-JORDÀ, M. P. (2005): *Third language Learners. Pragmatic Production and Comprehension*, Multilingual Matters, Clevedon.

— (2007): «Language Attitudes in the Valencian Community», en A. Huguet y D. Lasagabaster (eds.): *Language Attitudes in the European Context*, Multilingual Matters, Clevedon, pp. 35-55.

SAFONT-JORDÀ, M. P. y ALCÓN, E. (en prensa): «Teachability of Request Acts Peripheral Modification Devices in third language learning contexts», en Kogetsidis, M. y Woodfield, H. (eds.) *Requests Peripheral Modification Items*, John Benjamins, Amsterdam.

SAGASTA, M. P. (2003): «Acquiring writing skills in a third language: The positive effects of bilingualism», *The International Journal of Bilingualism*, 7, pp. 27-42.

SANZ, C. (1997): «L3 acquisition and cognitive advantages of bilingualism: Catalans learning English», en L. Díaz y C. Pérez (Eds.): *Views on the acquisition and use of a L2*, Universitat Pompeu Fabra, Barcelona, pp. 20-35.

SINGLETON, M. y ARONIN, L. (2008): «Multilingualism as a new linguistic dispensation«, *International Journal of Multilingualism*, 5, pp. 1-16.
SHOHAMY, E. y GORTER, D. (2009): *Linguistic Landscape. Expanding the Scenery*, Routledge, New York.

3.　EL INGLÉS EN UN MARCO DE ACTUACIÓN MULTILINGÜE*

La educación superior es uno de los motores de cambio más importantes capaces de generar conocimiento, desarrollo humano y económico al mismo tiempo que permite la difusión y enlace entre diversas culturas. Además, el papel de la educación superior ante las constantes transformaciones a las que se enfrenta la sociedad es importante para que los cambios se produzcan en la dirección adecuada. En el caso que nos ocupa en este libro, la educación superior desde una perspectiva multilingüe, no cabe duda que Europa es un claro ejemplo de un contexto multilingüe, con un total de veintitrés lenguas oficiales, 60 lenguas regionales y otras que conviven con éstas debido al fenómeno de la inmigración. En dicho contexto, la respuesta de la educación superior hacia el multilingüismo nos puede servir para valorar en qué medida la universidad ha dado respuesta a uno de los desafíos de la sociedades europeas: conservar la diversidad lingüística de la Unión Europea y aumentar el diálogo intercultural. Para ello, en primer lugar nos detendremos en analizar el concepto de multilingüismo en el entorno global de la educación superior, y en particular las diferencias entre una *educación multilingüe con inglés* y una *educación monolingüe en inglés*. A continuación, revisaremos algunos conceptos utilizados en el uso y en el aprendizaje del inglés desde una perspectiva multilingüe. Finalmente, seleccionaremos algunas iniciativas institucionales y analizaremos en qué medida facilitan el aprendizaje del inglés en un marco de actuación multilingüe.

---

* Elaborado por EVA ALCÓN. Catedrática de la Universitat Jaume I y directora del grupo de investigación LAELA (Lingüística Aplicada a la Enseñanza de la Lengua Inglesa).

3.1. MULTILINGÜISMO E INGLÉS EN EL ENTORNO GLOBAL DE LA EDUCACIÓN SUPERIOR

El fenómeno de la globalización que en la actualidad caracteriza las actividades económicas y sociales también ha influido notablemente en la educación superior en las últimas décadas. En el ámbito universitario el denominado proceso de Bolonia ha contribuido de forma decisiva a esta globalización y ha puesto énfasis en la importancia de lenguas en general y de la lengua inglesa en particular. En la actualidad nadie pone en duda que los idiomas facilitan la movilidad, la empleabilidad y abren un espacio para la tolerancia intercultural. El reto, sin embargo, es combinar la apuesta europea por una sociedad multilingüe con la creciente valoración del inglés como lengua internacional. Los datos que muestra el Eurobarómetro 243/wave 64,3 reflejan la percepción de los europeos en materia de lenguas: 68 por 100 de los europeos considera el inglés como el idioma más útil, seguido del francés (25 por 100) y el alemán (22 por 100). En la misma línea el inglés es la lengua que el 77 por 100 de los europeos considera que se debería aprender. Además, estas opiniones responden a algunos datos objetivos: Hoy en día el inglés es la lengua utilizada en las publicaciones y eventos científicos, es la lengua de comunicación entre culturas, la lengua obligatoria en la educación secundaria y la lengua de trabajo de las multinacionales.

En este contexto, se han llevado a cabo diversas iniciativas gubernamentales e institucionales. En el marco de la Unión Europea, y tal como reflejan diversos documentos de la Comisión Europea, hay una apuesta clara por caminar hacia una sociedad multilingüe. Así en el documento «Una estrategia marco para el multilingüismo» (COMISIÓN DE LAS COMUNIDADES EUROPEAS, 2005: 3-4) se sugiere que cada individuo tenga un conocimiento de al menos dos lenguas extranjeras además de su lengua materna. De manera similar, en la comunicación de la comisión al parlamento Europeo (2008) que lleva por título «Multilingüismo: una ventaja para Europa y un compromiso compartido» se propone fomentar los idiomas como instrumentos que facilitan la cohesión social y la prosperidad, dos objetivos centrales de la Estrategia de Lisboa. Además, las universidades también se han marcado la internacionalización como un objetivo prioritario y en teoría se ha impulsado la promoción lingüística y la formación en lenguas desde una perspectiva multilingüe. Desde el discurso institucional se parte de la premisa que el multilingüismo es la norma para promover, por una parte, el uso de lenguas regionales y minorizadas y por otra el uso del inglés como la lengua que necesitarán los egresados para responder a las demandadas de un mundo globalizado. En este sentido, por una parte se justifica la incorporación del inglés en los currículos con el argumento que éste facilita la movilidad y la empleabilidad, además de favorecer la internacionalización de la universidad. Por otra parte las universidades europeas incorporan el concepto de multilingüismo como reacción ante las fuerzas externas de globalización al mismo tiempo que impulsan la diversidad lingüística. El resultado podría resumirse así: se da por hecho que la formación debe encaminarse hacia el multilingüismo pero sin olvidar la expansión del inglés y su importancia como lengua de comunicación entre culturas.

Ahora bien, lo que faltaría por determinar es si a nivel práctico el resultado es una «*educación multilingüe con inglés*» o una «*educación monolingüe en inglés*». La distinción terminología es importante ya que pretende sintetizar el marco conceptual en el que nos movemos y nos permitirá valorar las oportunidades para el uso y aprendizaje del inglés desde una perspectiva multilingüe. Aunque las características de las universidades multilingües en Europa y sus modelos de multilingüismo no tienen que ser idénticos (ver CENOZ y GÖRTER, en este volumen), ni cuentan con la misma tradición en educación multilingüe, merece la pena detenernos en la mencionada distinción terminológica para medir los resultados de las posibles políticas lingüísticas que adopte cada institución. En el caso que el objetivo sea una educación multilingüe con inglés los esfuerzos van encaminados a seguir las recomendaciones de la Comisión Europa y que cada individuo tenga conocimiento de su lengua materna o lenguas, en el caso de comunidades bilingües, y al menos dos lenguas extranjeras. Sin duda al referirnos a dos lenguas extranjeras estamos pensando en el inglés como «lengua instrumental adoptiva»[1], es decir, una lengua aprendida para usarla

---

[1] Un grupo consultivo de la Comisión Europea sobre multilingüismo y dialogo intercultural también propuso el nombre de «lengua personal adoptiva» para referirse a «una lengua aprendida con profundidad hablada y escrita con

con frecuencia en la comunicación oral y escrita y que permita la comunicación entre hablantes de distintas culturas. Desde esa perspectiva, se trataría de apostar por el conocimiento de las lenguas oficiales y las extranjeras como asignaturas en el currículo y como lenguas vehiculares. También podríamos decir que existe una política hacia una educación multilingüe con inglés en la que el inglés como *lingua franca* (SEIDHOFFER, 2004) o como lengua internacional (MCKAY y BOKHORST-HENG, 2008) se considera una lengua para la comunicación sin atender al valor del lenguaje como elemento de identificación del individuo. En la práctica esto se traduciría por una parte en fomentar el aprendizaje del inglés junto con otras lenguas, bien como elementos de identificación cultural, como sería el caso en países bilingües o trilingües (Canadá, Luxemburgo, Cataluña, País Vasco, o Comunidad Valenciana) o como instrumentos para acercarse a otras culturas (lenguas como francés, alemán, italiano, chino, tendrían su presencia en la educación superior). Por otra parte, la docencia se realizaría en al menos tres lenguas, manteniendo un porcentaje en cada una de ellas. En definitiva estaríamos ante una educación multilingüe en la que entre el conjunto de lenguas extranjeras el inglés es la lengua adoptiva para la comunicación intercultural, pero evitando el peligro de que ésta se convierta en una amenaza para el multilingüismo (MÜHL-HÄUSLER, 1996; PHILIPSON, 2009, 2010).

Por el contrario una educación monolingüe en inglés también responde a la necesidad de dar repuesta a un mundo globalizado y a la creciente importancia que ha ido adquiriendo el inglés, pero busca principalmente la excelencia en inglés con el riesgo de no dedicar suficiente tiempo y/o recursos para fomentar otras lenguas. En mi opinión, eso sucede porque a diferencia del concepto de educación multilingüe con inglés que tiene por objetivo lograr el multilingüismo, aquí se busca lo que podríamos llamar un falso multilingüismo, que se traduce en el conocimiento de la lengua materna, poca valoración hacia otras lenguas regionales o minorizadas, y una gran importancia del inglés. Desde esa perspectiva,

---

frecuencia [...]», y en el que «su aprendizaje iría acompañado de una familiarización con los países que se hable esa lengua, con la cultura, la sociedad y la historia vinculadas a esa lengua y a sus hablantes» (véase informe en http://ec.europea.eu/educacion/languages/archive/languages_en.html).

se pretende que se dediquen muchos recursos al aprendizaje del inglés, se ofrecen asignaturas en inglés, en ocasiones sin tener en cuenta la preparación lingüística y metodológica del docente, o se recomienda realizar la movilidad académica en países anglófonos, sin considerar las oportunidades reales de exposición y uso de la lengua en dichas estancias. No es que estas acciones destinadas a promover el conocimiento del inglés sean negativas, el problema es si no se contextualizan en un marco dirigido hacia un multilingüismo con inglés, y nos olvidamos de los objetivos de una educación multilingüe.

3.2. ALGUNOS CONCEPTOS RELACIONADOS CON EL USO Y APRENDIZAJE DEL INGLÉS DESDE UNA PERSPECTIVA MULTILINGÜE

El primer paso para potenciar el uso y el aprendizaje del inglés desde una perspectiva multilingüe pasa por determinar si los conceptos de los que partimos tienen en cuenta el multilingüismo como realidad social. En relación a los diferentes contextos de uso del inglés, KACHRU (1985) los representó gráficamente en tres círculos: uno interno para referirse al inglés como la lengua del país, como es el caso de Reino Unido, Canadá, o Australia; otro externo en el que incluía los contextos en el que el inglés es una segunda lengua, por ejemplo en India, Singapur o Filipinas, y finalmente un círculo en expansión, como es el caso de China, Corea y la mayor parte de Europa, donde el inglés es una lengua extranjera. Sin embargo, algunos cambios sociales obligan a reconsideran la propuesta de KACHRU (1985) atendiendo a la nueva realidad multilingüe. Algunos ejemplos los encontramos en el fenómeno de la inmigración y la globalización. En el primer caso, para muchas personas que han inmigrado a un país de habla inglesa el inglés pasa a convertirse en una segunda que se aprende simultáneamente con la lengua materna. En el segundo caso, debido al fenómeno de la globalización encontramos numerosos ejemplos de multinacionales con sede en países no anglófonos donde el inglés pasa a ser una segunda lengua, utilizada diariamente con fines académicos o profesionales. Además del impacto de los cambios sociales mencionados no debemos olvidar la dimensión individual y la motivación intrínseca de los ciudadanos de utilizar el inglés como lengua franca en un mundo cada vez más globalizado. En este sentido, uno de los aspectos que debemos mencionar es la distinción entre lengua como elemento de identificación o como elemento de comunicación (HOUSE, 2003). En mi opinión, dichos conceptos deberán interpretarse de manera dinámica en un contexto de globalización e interacción intercultural. En estos casos, la elección del código dependerá de las características sociales y contextuales de cada situación. Así por ejemplo para un hablante trilingüe (español, catalán, inglés) el inglés puede ser lengua de comunicación en un evento internacional de corta duración y el español y catalán convertirse en lenguas de identificación según los interlocutores que participen en el evento. En cambio, para el mismo hablante pero en una situación de inmersión escolar en un país anglófono, el inglés y el español pasan a ser lenguas de comunicación (para relacionarse con estudiantes anglófonos y españoles respectivamente) y el catalán pasar a convertirse en una lengua de identificación. Desde esta perspectiva, quizás la utilización de *lenguaS para la comunicación* versus *lenguaS de identificación* reflejaría más adecuadamente la realidad social multilingüe.

En relación al aprendizaje, mejorar el conocimiento de idiomas es uno de los temas pendientes en nuestro país (ACUÑA *et al.,* 2010), y preguntas similares a ¿cómo es posible que después de tanto tiempo estudiando una lengua no seamos capaces de utilizarla con cierta fluidez?, ¿es mejor la educación bilingüe desde los primeros años de escolarización?, ¿los profesores nativos son mejores que los no-nativos? son una muestra del interés que suscita el aprendizaje de lenguas. En el caso que nos ocupa, hemos oído muchas veces que el inglés es la lengua internacional y de comunicación y por tanto es la lengua a la que se debería destinar el tiempo y los recursos necesarios. A esta opinión también ha contribuido el enfoque de una educación monolingüe en inglés de algunas investigaciones. Un claro ejemplo lo encontramos en muchos modelos de competencia comunicativa que, aunque útiles para identificar diferentes áreas de actuación pedagógica, no tienen en cuenta el potencial de los hablantes multilingües (véase ALCÓN, 2010 para una revisión de estos modelos). Además, al partir de una educación monolingüe en inglés indirectamente se consolida la idea del hablante nativo de inglés como modelo a imitar. Sin embargo, hoy en día la presencia de la interculturalidad en todos los entornos educativos nos llevan a replantearnos la naturaleza monolingüe de dichos modelos y a considerar la competencia lingüística de los multilingües no como la suma de competencias en varias lenguas sino como múltiples competencias (COOK, 1992). Desde esta perspectiva multilingüe, HERDINA y JESSNER (2002) sugieren un «modelo dinámico de multilingüismo» y KRAMSCH y WHITESIDE (2008) introducen el concepto de «competencia simbólica» para dar cuenta del potencial de utilizar diferentes códigos lingüísticos en la interacción conversacional y en la construcción de la propia identidad. Dado que el objetivo no es ser monolingüe en inglés sino multilingüe con inglés futuros modelos de competencia comunicativa deberán reflejar esta situación.

Por otra parte, si el objetivo es abandonar la concepción de competencia monolingüe en inglés por el desarrollo de una competencia multilingüe, la forma en que abordemos dicho desarrollo vendrá determinada, además de por las oportunidades de exposición y uso de la lenguas objeto de estudio, por la aceptación del inglés como lengua franca. Es decir, no se trata de identificar el inglés con un determinado grupo de hablantes, habida cuenta que el número de hablantes de inglés como segunda lengua supera a los que tienen el inglés como primera lengua. El punto de partida sería aceptar la diversificación y las variantes lingüísticas del inglés, así como su potencial como lengua de comunicación ante la ausencia de una lengua materna común. Los corpus de inglés como lengua franca elaborados por la Universidad de Viena y Hamburgo (SEIDLHOFER, 2004; HOUSE, 2002) son un intento de analizar estas características formales y discursivas del inglés en contextos multilingües y en los que el inglés se utiliza como instrumento de comunicación. Además, la idea del hablante nativo como modelo a imitar o el énfasis en la cultura de la lengua inglesa pierden importancia, ya que resulta difícil determinar qué cultura enseñar cuando los hablantes de inglés como segunda o tercera lengua superan a los que la tienen como primera lengua. En este sentido, HOUSE (2007) indica que el objetivo de aprendizaje es convertirnos en hablantes expertos del inglés, y DEWAELE (2007) sugiere hacerlo desde una perspectiva multilingüe que permita a los hablantes elegir entre seguir o rechazar las convenciones del nativo ideal y en este último caso marcar su propia identidad. En el ámbito de la pedagogía, ALCÓN (2007) y McKay y BOKHORST-HENG (2008) sugieren algunos principios para la enseñanza del inglés como lengua internacional. Entre ellos, se mencionan algunos de los que ya hemos comentado: la necesidad de incluir ejemplos de las diferentes variedades del inglés y situaciones interactivas en contextos interculturales, al mismo tiempo que sugieren combinar la enseñanza del inglés con las lenguas propias y otras lenguas extranjeras.

Finalmente, aunque desde las distintas administraciones educativas se enfatiza la necesidad de caminar hacia un multilingüismo social, en el que al menos una de las dos lenguas sea el inglés, no debemos olvidar lo que implica una educación multilingüe. Tal como indica CENOZ (2009), el multilingüismo va más allá del conocimiento de dos lenguas que se pueden aprender de manera consecutiva o simultáneamente, en situaciones de instrucción o en contextos naturales de aprendizaje. Igualmente, conviene tener presente los resultados de investigación en los que se pone de manifiesto las ventajas cognitivas de los hablantes multilingües y los beneficios del bilingüismo para el aprendizaje de otras lenguas (véase SAFONT, en este volumen). En el caso de la educación superior, que como ya hemos mencionado se trata de un contexto multilingüe, los hablantes tienen conocimientos previos de lenguas, adquiridas en las etapas educativas anteriores, por tanto, fomentar el uso y aprendizaje continuo de lenguas es posible a través de materias curriculares y el uso de diferentes lenguas vehiculares en la docencia. Sin embargo debemos admitir que mientras la instrucción de inglés y en inglés se generaliza en la educación superior, hace falta ampliar la formación en otras lenguas y su utilización como lenguas vehiculares para evitar, tal como señalan PREECE y MARTIN (2009), los resultados académicos negativos que se observan al no aprovechar los recurso lingüísticos y culturales de los estudiantes multilingües.

3.3. VALORACIÓN DE ALGUNAS INICIATIVAS PARA PROMOVER EL USO Y EL APRENDIZAJE DEL INGLÉS EN EL CONTEXTO MULTILINGÜE

Partiendo del concepto de educación multilingüe con inglés, a continuación revisaremos dos iniciativas institucionales, la movilidad académica y los programas AICLE (Aprendizaje Integrado de Contenidos y Lenguas Extranjeras) que en teoría facilitan el uso y aprendizaje del inglés en la educación superior. En relación a la primera iniciativa, por una parte, la Unión Europea ha incentivado la movilidad académica (véase PÉREZ, en este volumen). Según el comunicado de Berlín (http./www.bologna-berlin2003. de/pdf/Communique1.pdf, 2003: p. 6), dicha movilidad es necesaria para «[...] tomar consciencia de la diversidad lingüística y para el aprendizaje de lenguas, para desarrollar una identidad y un sentido de ciudadanía europea, así como para facilitar la empleabilidad». Por otra parte las universidades han fomentado el aprendizaje de lenguas, y especialmente del inglés, como preparación previa para la movilidad académica. Dicha formación se ha realizado a través de: *a*) acciones docentes dirigidas al estudiantado, tales como cursos de lenguas, clases de conversación o actividades interculturales; *b*) acciones de formación en lenguas dirigidas al profesorado y al personal de administración y servicios para responder a las directrices Europeas y fomentar la internacionalización de la universidad; *c*) incentivando la formación en inglés como instrumento para el trabajo en red y la participación en programas europeos. A pesar de las diferentes iniciativas para fomentar el aprendizaje de lenguas, ha sido la participación en los programas de movilidad Erasmus, tanto en su modalidad académica como más recientemente en su modalidad Erasmus prácticas, el que mayor impacto ha tenido tanto por su dimensión (90 por 100 de las universidades europeas son socias y 1,9 millones de estudiantes, 200 mil profesores y 351 administrativos han participado desde que empezó el programa en 1987) como por la forma en la que indirectamente se ha incentivado el interés por el aprendizaje de lenguas en general y del inglés en particular. Así se desprende de las motivaciones de los participantes en el programa Erasmus de la Universitat Jaume I. Tal como indica la Figura 2, el aprendizaje de lenguas, junto con la experiencia internacional y el deseo de conocer otra cultura son las principales motivaciones para participar en el programa.

Ahora bien, las expectativas de aprendizaje de lenguas no siempre se cumplen después de una estancia Erasmus. Así se desprende de los resultados de un estudio realizado sobre la competencia lingüística y consciencia intercultural de los estudiantes universi-

Figura n.º 2

*Motivaciones de los participantes en el programa Erasmus
(Datos proporcionados por la Oficina de Cooperación
internacional de la Universitat Jaume I)*

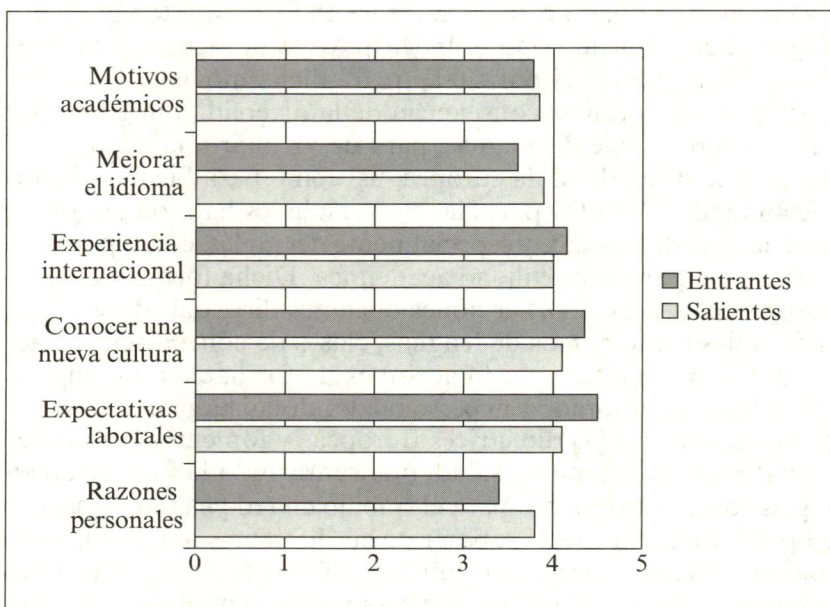

tarios en el programa Erasmus (ALCÓN y LÁZARO, 2010). Al igual que AMUZIE y WINKE (2009), las autoras analizan las percepciones de los participantes y confirman los beneficios lingüísticos después de la estancia Erasmus. Ahora bien, también encuentran ciertos problemas, que se podrían resumir en:

— Menos oportunidades de utilizar la lengua del país de las que se esperaba.
— Pocas oportunidades de integrarse en la cultura del país.
— Diferencias en los métodos de enseñanza.
— Menor interés en aprender la lengua del país.

Por el contrario, se observa un mayor interés de los participantes para aprender inglés, incluso si la estancia Erasmus se realizó en un país no anglófono. Las conclusiones del estudio apuntan a que la participación en el programa Erasmus facilita una mayor consciencia del papel de las lenguas como instrumentos de mediación intercultural, pero también conlleva una aceptación generalizada de la expansión del inglés y el peligro potencial de dicha expansión. Así se desprende de los comentarios de los participantes que señalan mayoritariamente que el programa Erasmus les proporciona no sólo una experiencia de intercambio cultural sino también oportunidades de utilizar el inglés como lengua de comunicación entre culturas, es decir como *lingua franca*. Además, el interés por la internacionalización y el valor que conceden a las acciones de internacionalización de las universidades también aumenta. En términos de YASHIMA y ZENUK-NISHIBE (2008: 567), la actitud positiva hacia la internacionalización se observa en una predisposición a interesarse por los asuntos a nivel global y a interactuar con hablantes de diferentes culturas.

En relación al Aprendizaje Integrado de Contenidos y Lenguas Extranjeras (AICLE), se trata de otra iniciativa cada vez más generalizada en la educación superior (véase LASAGABASTER, en este volumen). De forma resumida se trata de utilizar la lengua extranjera en la enseñanza-aprendizaje de una materia no-lingüística y en la que tanto la lengua como el contenido desempeñan un papel crucial (MARSH, 2002). Debemos decir que no se trata de una iniciativa novedosa en sí misma ya que sus orígenes los podemos encontrar en los programas de inmersión en Canadá y Estados Unidos o en los programas de enseñanza del lenguaje a través del currículo en el Reino Unido. En este sentido, el mayor reto ha sido adaptar la metodología AICLE al contexto Europeo de educación superior, ya que como señala COYLE (2007: 546) no existe una definición de AICLE para todas las situaciones. Así se observa en los trabajos que recogen experiencias AICLE en distintos contextos europeos (DALTON-PUFFER y SMIT, 2007; FORTANET-GÓMEZ y RÄISÄINEN, 2008; LASAGABASTER y ZAROBE, 2010, entre otros). Desde el campo de adquisición de lenguas también se ha recibido con interés la utilización del inglés como lengua vehicular, dado que se potencia el aprendizaje natural del lenguaje, y se incluyen las condiciones que desde un punto de vista teórico facilitan el aprendizaje de una lengua (MUÑOZ, 2007): mayor número de horas de exposición relevante a la lengua que está aprendiendo, oportunidades de utilizar la lengua de forma significativa y obtener retroalimentación sobre el uso de la lengua, además de aumentar la motivación y potenciar la integración de estrategias de aprendizaje. Sin embargo, y a pesar de las ventajas, se constata que «una buena enseñanza de contenido no es necesariamente una buena enseñanza de lengua» (SWAIN,1998: 68). La integración de lengua, contenido y estrategias exige una planificación sistemática y es precisamente aquí donde todavía tenemos mucho camino por recorrer. Tal como menciona GARCÍA MAYO (2009 y en este volumen) se necesita un profesorado con una formación no sólo en la lengua extranjera sino en el uso de esa lengua para la enseñanza de la materia correspondiente.

En el ámbito de la educación superior esto implica formación específica en la utilización del inglés como lengua vehicular y coordinación entre el especialista de inglés y el de la materia. Otro de los temas que requieren atención es hasta qué punto se sacrifica el aprendizaje de los aspectos formales de la lengua al contenido o viceversa. A este respecto, hacen falta estudios empíricos que nos permitan contrastar con rigor científico los beneficios de los programas AICLE en términos de aprendizaje de la lengua y del contenido. Además, en ocasiones se confunde la internacionalización de la universidad con el aumento de cursos en inglés, una constante en los últimos años. No podemos crear confusión, ya que un perfil internacional no necesariamente implica ofrecer cursos en inglés como lengua vehicular. Dicha iniciativa puede ayudar para atraer estudiantes, pero, entre otros aspectos, el contenido de los programas, las alianzas estratégicas con otros centros extranjeros y el nivel de competencia digital y lingüística serán los que configurarán el perfil internacional de la universidad. Desde esa perspectiva la iniciativa AICLE debe entenderse como una acción para fomentar la internacionalización y para el uso y aprendizaje del inglés más que cómo una medida para fomentar el multilingüismo, ya que no debemos olvidar que es el inglés la lengua vehicular elegida mayoritariamente para la instrucción.

Tal como hemos comentado iniciativas como el programa de movilidad Erasmus o los programas AICLE incentivan la internacionalización al mismo tiempo que el aprendizaje y uso de la lengua inglesa. Ahora bien, en la actualidad hay al menos dos interrogantes que las universidades deberían plantearse para afrontar con éxito una educación multilingüe con inglés:

— ¿Cómo favorecer acciones para fomentar el multilingüismo con inglés en un momento que se han tenido que reducir materias en los nuevos grados y la situación económica de las universidades no pasa por su mejor momento?
— ¿Cómo lograr que el aprendizaje del inglés desde una perspectiva multilingüe llegue al mayor número de universitarios, independientemente de sus características personales, poder económico o cultural, y facilitar de esta forma la igualdad de oportunidades?[2].

Las respuestas a dichos interrogantes requieren establecer con detalle estrategias y acciones de política universitaria para evitar, tal como indica la comisión Europea «acentuar las divisiones sociales, facilitando a las personas multilingües el acceso a mejores oportunidades de vida y de trabajo y excluyendo a las personas que hablan una sola lengua» (COMISIÓN DE LAS COMUNIDADES EUROPEAS, 2008: 5). Hasta la fecha, el multilingüismo se ha visto favorecido por un progresivo aumento de titulados que han participado en programas de intercambio y en las dobles titulaciones entre países europeos. Sin embargo todavía se necesita un gran impulso en el postgrado. Igualmente, para facilitar la igualdad de oportunidades se necesita un sistema potente de becas en el que los méritos académicos, rendición de cuentas y la corresponsabilidad sean aspectos claves y un compromiso compartido de la comunidad universitaria.

Además, debemos seguir potenciando las lenguas como objetivo estratégico y hacerlo en dos direcciones, una interna y otra externa. Internamente, urge incidir en la importancia de la competencia lingüística y digital en el tratamiento de la información. Según los resultados del proyecto Tuning que tenía como objetivo conocer las competencias necesarias en una sociedad del conocimiento (GONZÁLEZ y WAGENAAR, 2003), se detectaron tres tipos

---

[2] La políticas educativas en China, así como en otros países asiáticos, son un ejemplo de cómo el fomento del inglés entre la clase más acomodada fomenta la desigualdad social.

de competencias genéricas: instrumentales, personales y sistémicas. Entre las primeras, que tienen la función de medio/herramienta para conseguir un fin, se señala la comunicación oral y escrita tanto en la lengua materna como extranjera, los conocimientos de informática relativos al ámbito de estudio y la capacidad de gestión de la información. Una visión integrada de estas competencias permite subrayar la relación y complementariedad entre estas competencias. Se trataría de disponer de habilidades para buscar, obtener, procesar y comunicar información, y para transformarla en conocimiento. Esto a su vez supone combinar diferentes habilidades, que van desde el acceso a la información hasta su transmisión mediante la utilización de las tecnologías de la información y la comunicación en varias lenguas, siendo una de ellas la lengua inglesa. Para ello, las universidades ya cuentan con inversiones notables en infraestructuras tecnológicas y han apostado por la utilización de plataformas de *e-Learning*, así como se han tomado medidas para fomentar los recursos de información *on line* e impulsar la generación de información y documentación formativa propia disponible *on line* (véase ESTEVE, en este volumen). Quizás el próximo reto sea que la mayoría de información académica y especialmente el material educativo en formato electrónico o digital sea accesible en varias lenguas. De esta forma, contribuiremos a crear un entorno multilingüe en el que el uso de diversas lenguas sea una realidad accesible a toda la comunidad universitaria.

Externamente debemos dedicar esfuerzos en aumentar la proporción de alumnado extranjero en los campus universitarios y los programas académicos conjuntos tanto con instituciones Europeas como con los países asiáticos emergentes. De esta forma se crearan espacios interculturales y oportunidades para la exposición y uso de las lenguas, aumentado también la internacionalización de la universidad. Tampoco podemos olvidar la coordinación y la búsqueda de sinergias entre las distintas etapas educativas. En el ámbito de la educación superior, las universidades, a ritmos diferentes y con diferentes grados de multilingüismo, han intentado garantizar la promoción del inglés mediante su incorporación en el currículo, exigiendo niveles mínimos de competencia lingüística y con la certificación de dicha competencia, así como han ofrecido acciones complementarias y de apoyo para alcanzar los niveles de competencia lingüística previamente determinados. En el ámbito de la educación primaria y secundaria también se han tomado medidas para incentivar el conocimiento del inglés: introducción temprana del inglés en el currículo, iniciativas como los programas AICLE o el reciente plan nacional de fomento de lenguas aprobado por el Consejo de Ministros en 2011. Sin embargo, resulta necesario trabajar hacia una planificación de la enseñanza del inglés a largo plazo y planificar acciones conjuntas entre las distintas administraciones e instituciones educativas. La coordinación es necesaria por varias razones, entre las que mencionaré dos. En primer lugar por ser la universidad la encargada de formar al futuro profesorado de inglés y por ser éste el que mayor información puede aportar sobre lo que sucede en el aula. En segundo lugar, por la necesidad de rentabilizar recursos y evitar que la formación de lenguas en contextos multilingües se duplique sin lograr los objetivos deseados.

3.4. CONCLUSIÓN

En el caso de la educación superior potenciar el multilingüismo implica caminar hacia una educación multilingüe con inglés. Eso implicará impulsar acciones para el aprendizaje y uso del inglés como elemento de comunicación e instrumento de internacionalización, al mismo tiempo que fomentar el aprendizaje y uso de otras lenguas (incluyendo las lenguas propias) como elementos de identificación del individuo y como reflejo de diversidad lingüística y cultural de las instituciones de educación superior. Para lograr dicho objetivo, la política lingüística de las universidades deberá reconocer e impulsar porcentajes de docencia en diferentes lenguas desarrollando de esta forma la competencia multilingüe de cada persona y fomentando el uso de las lenguas en la universidad, con las ventajas que una formación multilingüe supondrá para los egresados. En este sentido, sin olvidar la importancia del inglés para la empleabilidad, la búsqueda de la diferenciación como estrategia universitaria nos debe llevar a ser más ambiciosos y pensar que en un futuro el inglés va a ser necesario pero sólo inglés no va a ser suficiente.

3.5. Referencias bibliográficas

Acuña Fariña, J. C., Alcón Soler, E., García Mayo, M. P., Martínez López, M., Muñoz Lahoz, C. y González Fernández-Corugedo, S. (2010): *Plan Nacional de Mejora de la Enseñanza de las Lenguas Extranjeras*, Informe Preliminar, Ministerio de Educación y Ciencia.

Alcón Soler, E. (2007): «Linguistic unity and cultural diversity in Europe: Implications for research on English language and learning», en Alcón, E. y Safont, M. P. (eds.): *Intercultural Language Use and Language Learning*, Springer, Dordrecht, pp. 23-40.

Alcón, E. y Lázaro, C. (2010): «Knowledge of languages, humanistic and solidarity projects as a part of the teaching programme at the Universitat Jaume I», *Proceedings of INTED2010 Conference*, pp. 2845-2853.

Amuzie, G. L y Winke, P. (2009): «Changes in language learning beliefs as a result of study abroad», *System*, 37, pp. 366-379.

Cenoz, J. (2009): *Towards multilingual education. Basque educational research from an international perspective*, Multilingual Matters, Toronto.

Comisión de las Comunidades Europeas (2008): *Una ventaja para Europa y un compromiso compartido* [online] (http://ec.europa.eu/education/languages/pdf/com/2008_0566_es.pdf).

— (2005): *Una estrategia marco para el multilingüismo* (http://eur-lex.europa.eu/LexUriServ/LexUriServ.do?uri=COM:2005:0596:FIN:ES:PDF).

Comisión Europea (2006): *Los europeos y sus lenguas*, Eurobarómetro Especial 243, Comisión Europea, Bruselas.

Comunicado de la Conferencia de Ministros responsables de la Educación Superior en Berlín (2003): *Realising the European Higher Education Area* (http://www.bologna-berlin2003.de/pdf/Communique1.pdf).

Cook, V. (1992): «Evidence for multi-competence», *Language Learning*, 42, pp. 557-591.

Coyle, D. (2007): «Content and Language Integrated learning: Towards a connected research agenda for CLIL pedagogies», *The International Journal of Bilingual Education and Bilingualism*, 10(5), pp. 543-562.

Dalton-Puffer, C. y Smit, U. (2007): *Empirical perspectives on CLIL classroom discourse*, Peter Lang, Frankfurt.

Dewaele, J.-M. (2007): «Context and L2 users' pragmatic development», en Hua, P., Seedhouse, P., Wei, L. y Cook, V. (eds.): *Language Learning and Teaching as Social Inter-Action*, Palgrave-Macmillan, Basingstoke, pp. 162-183.

Fortanet-Gómez, I. y Räisänen, Ch. (eds.) (2008): *ESP in European Higher Education. Integrating language and content*. John Benjamins, Amsterdam.

García-Mayo, M. P. (2009): «El uso de tareas y la atención a la forma del lenguaje en el aula AICLE», en Pavón, V. y Ávila, J. (eds.): *Aplicaciones didácticas para la enseñanza integrada de lengua y contenidos (AICLE/CLIL (EMILE)*, Consejería de Educación de la Junta de Andalucía, Sevilla, pp. 55-73.

González, J. y Wagenar, R. (2003): *Tuning Educational Structures in Europe*, Informe final Proyecto Piloto - Fase 1, Universidad de Deusto, Bilbao.

HERDINA, P. y JESSNER, U. (2002): *A dynamic model of multilingualism*, Multilingual Matter, Clevedon.

HOUSE, J. (2002): «Communicating in English as a lingua franca». En Foster-Cohen, S., Ruthenberg, T. y Poschen, M. L. (eds.): *EUROSLA Yearbook 2*, John Benjamins Publishing Company, Amsterdam/Philadelphia, pp. 243-261.

HOUSE, J. (2003): «English as a lingua franca: A threat to multilingualism?», en Coupland, N. (ed.): *Thematic issue on language and globalization. Journal of sociolinguistics*, 7, pp. 556-579.

HOUSE, J. (2007): «What is an "intercultural speaker"?», en Alcón, E. y Safont, M. P. (ed.): *Intercultural Language Use and Language Learning*, Springer, Dordrecht, pp. 7-22.

KACHRU, BB (1985): «Standards, codification and sociolinguistic realism: The English language in the outer circle», en Quirk, R. y Widdowson, H. G. (eds.): *English in the world*, Cambridge University Press, Cambridge, pp. 11-36.

KRAMSCH, C. y WHITESIDE, A. (2008): «Language ecology in multilingual settings: Towards a theory of symbolic competence», *Applied Linguistics*, 29, pp. 645-671.

LASAGABASTER, D. y RUIZ DE ZAROBE, Y. (eds.) (2010): *CLIL in Spain: Implementation, Results and Teacher Training*, Cambridge Scholars Publishing, Newcastle.

MARSH, D. (ed.) (2002): *CLIL/EMILE – The European Dimension: Actions, Trends and Foresight Potential*, Universidad de Jyväskyla, Jyväskylä.

McKAY, S. L y BOKHORST-HENG, W. (2008): *International English in its sociolinguistic contexts. Towards a socially sensitive EIL pedagogy*, Routledge, New York.

MÜHLHÄUSLER, P. (1996): *Linguistic ecology. Language change and linguistic imperialism in the Pacific Rim*, Routledge, London.

MUNOZ, C. (2007): «CLIL: Some thoughts on its psycholinguistic principles», en Lorenzo, F., Casal S., de Aba, V. y Moore, P. (eds.): *Models and Practice in CLIL, Monográfico de la Revista Española de Lingüística Aplicada*, pp. 17-26.

PHILIPSON, R. (2009): *Linguistic imperialism continued*, Routledge, New York.

— (2010): «Epilogue: querying language in "English-medium" higher education», *Language and education*, 24, pp. 75-79.

PREECE, S. y MARTIN, P. (2009): «Imaging higher education as a multilingual space», *Language and education*, 24(1), pp. 3-8.

SEIDLHOFER, B. (2004): «Research perspectives in teaching English as a lingua franca», *Annual review of Applied Linguistics*, 24, pp. 209-239.

SWAIN, M. (1998): «Focus on form through conscious reflection», en Doughty, C. y Williams, J. (eds.): *Focus on Form in Classroom Second Language Acquisition*, Cambridge University Press, Cambridge, pp. 64-82.

YASHIMA, T. y NISHIDE, L. Z. (2008): «The impact of learning contexts on proficiency, attitudes, and L2 communication», *Creating an imagined international community*, System, 36, pp. 566-585.

CAPÍTULO IV
UNOS PASOS EN EL CAMINO

1. EL ANÁLISIS DE LAS NECESIDADES LINGÜÍSTICAS DE LA UNIVERSIDAD ESPAÑOLA: DOS ILUSTRACIONES*

1.1. Introducción

La internacionalización de la universidad española ocupa un lugar destacado en la agenda de los responsables políticos y educativos de nuestro país. Las dimensiones de esta internacionalización son múltiples en la actualidad: la internacionalización de los *curricula* y los planes de estudio, la evaluación y acreditación de la calidad de las instituciones universitarias a partir de indicadores elaborados por instancias internacionales, o la internacionalización de la gestión interna de las universidades para afrontar los retos de una sociedad globalizada. El pilar fundamental siguen siendo, sin embargo, los procesos de movilidad. Necesitamos salir y difundir el conocimiento que generamos en nuestras universidades al tiempo que necesitamos incorporar el conocimiento generado fuera de nuestras fronteras y a sus agentes para una fertilización fecunda. Inmediatamente debajo del título de internacionalización suele aparecer en la agenda el subtítulo de necesidad de mejora de las competencias en idiomas, y de manera destacada la necesidad de conocimiento de la lengua inglesa. Esta necesidad es cada día más urgente en los tres ámbitos: la docencia, la investigación, y la gestión; y la comparten todos los estamentos

---

* Elaborado por CARMEN MUÑOZ. Catedrática de la Universitat de Barcelona y exvicerrectora de Política Científica; y ROGER GILABERT. Profesor titular de la Universitat de Barcelona.

universitarios: estudiantado, profesorado, y personal de administración y servicios. En este capítulo proponemos que la eficacia de la formación en idiomas en la universidad puede ser mejorada mediante un análisis de necesidades previo y específico para cada caso.

Para ello introduciremos en primer lugar algunos desarrollos recientes en el campo de la enseñanza-aprendizaje de idiomas, para pasar después a relatar de forma breve dos experiencias en el seno de universidades españolas que surgieron en el proceso de mejora de las competencias lingüísticas de la universidad y su internacionalización. La primera muestra las características de un curso de inglés para estudiantes universitarios diseñado en base a un análisis de necesidades, mientras que la segunda recoge una experiencia piloto de un programa de formación en inglés del profesorado universitario en el marco de su preparación para impartir clases en lengua inglesa.

1.2. DESARROLLOS RECIENTES EN EL CAMPO DE LA ENSEÑANZA-APRENDIZAJE DE IDIOMAS

1.2.1. *La enseñanza de lenguas basada en tareas*

La enseñanza de lenguas basada en tareas[1] es un ejemplo de enfoque innovador desde una opción analítica que se centra en el significado e incorpora la atención selectiva a la forma lingüística (LONG, 1985). Esta opción intenta cumplir los requisitos analíticos del aprendizaje, poniendo al aprendiz en contacto con la lengua real y una gran variedad de estructuras lingüísticas desde el principio (WILKINS, 1976: 2). Desde el campo del estudio de la adquisición de segundas lenguas se considera que el aprendizaje con un programa analítico se produce gracias a la capacidad que tienen los aprendices de percibir regularidades en el *input* y de inducir reglas, y/o el posible conocimiento innato de universales lingüís-

---

[1] Entendemos por tarea en este punto un proceso con un objetivo definido, con una series de pasos y procesos a realizar mediante los cuales los aprendices deben utilizar procedimientos cognitivos y comunicativos que tienen como resultado un producto final definido.

ticos (LONG y CROOKES, 1992, p. 11). Además, con la atención a la forma (*focus on form*) se intenta superar los problemas ocasionados por la ausencia total de atención a la corrección gramatical de los programas analíticos puros, por ejemplo de inmersión, al tiempo que se intenta conservar la atención al significado.

En un curso basado en tareas los estudiantes aprenden la lengua al mismo tiempo que la utilizan, lo cual les da muchas oportunidades para obtener *input* y para interactuar en el idioma. Al mismo tiempo se puede dirigir su atención a la forma cuando así sea necesario para fines comunicativos. Las habilidades adquiridas en la práctica con tareas en el aula pueden después transferirse a las actividades comunicativas genuinas fuera del aula (por ejemplo, alquilar una habitación en una residencia, solucionar un problema informático llamando al centro de ayuda técnica, comunicar los síntomas de una enfermedad para requerir ayuda telefónica, etc.). Este método proporciona los componentes que la investigación ha mostrado que son necesarios para la enseñanza de lenguas, como por ejemplo la provisión de *input* rico y variado, la secuenciación de las actividades de aprendizaje según su complejidad cognitiva aproximándose gradualmente hasta lograr llevar a cabo tareas genuinas en el idioma extranjero, y la provisión de *feedback* de los errores («atención a la forma») cuando se estima que es psicolingüísticamente oportuno y, por tanto, eficaz (DOUGHTY y WILLIAMS, 1998; DOUGHTY y LONG, 2003).

Según observa DOUGHTY (2010), este cambio del paradigma de la metodología de la enseñanza de lenguas es análogo a los cambios recientes en la enseñanza de las matemáticas y de la ciencia en general que ya no es vista simplemente como la adquisición de un conocimiento enciclopédico de hechos o clasificaciones, sino que privilegia diversos tipos de «aprender haciendo», tales como el aprendizaje «basado en problemas», el aprendizaje «basado en casos», y las simulaciones interactivas.

1.2.2.   *Argumentos psicolingüísticos*

La investigación sobre la adquisición de lenguas ha demostrado la insuficiencia de los métodos tradicionales de enseñanza basados en la gramática (DOUGHTY, 2003). Los aprendices pierden horas, semanas, e incluso años memorizando complejas reglas gramaticales que la investigación ha demostrado que no se pueden utilizar ni en la comprensión ni en la producción espontánea de la lengua. Por otro lado, los enfoques de enseñanza de lenguas que se basan en la gramática, desconocedores de los resultados de la investigación empírica, asumen que la complejidad lingüística conduce a la adquisición de la lengua de una manera lineal. En consecuencia se enseña a los estudiantes estructuras lingüísticas que éstos no están todavía preparados para aprender y que, por tanto, no aprenden. Por el contrario, la investigación en adquisición de segundas lenguas ha descubierto que, como en la adquisición de primeras lenguas, el desarrollo tiene forma de U (es decir, primero se memorizan fragmentos, y después se da una reestructuración cuando se adquieren los sistemas de la lengua meta), o forma de W (es decir, altibajos en la producción que revelan el progreso sistemático de los aprendices en el análisis de la lengua). La fuerza impulsora es el «programa interno» del aprendiz, que está determinado por las limitaciones y los requisitos del nuevo sistema lingüístico y de las presiones comunicativas con las que se encuentra. En otras palabras, no se puede asumir que lo que se enseña se aprende, sino que la enseñanza debe partir de las necesidades psicolingüísticas de los aprendices en cada momento. Estas necesidades no vienen determinadas por las descripciones lingüísticas realizadas a priori sino por los objetivos que se tiene para usar la lengua. Para ir más allá de los enfoques lingüísticos tradicionales, la enseñanza de lenguas debe garantizar las condiciones que permiten que se den los procesos de aprendizaje lingüístico.

1.3.   DOS ILUSTRACIONES DE FORMACIÓN EN LENGUA
        EXTRANJERA EN LA UNIVERSIDAD

1.3.1.   *Una experiencia de enseñanza del inglés por tareas
         basada en un análisis de necesidades*

Además de los argumentos psicolingüísticos mencionados anteriormente, un elemento importante de una enseñanza de lenguas eficaz es el análisis de necesidades. Aunque raramente se incluye en los programas de idiomas, el análisis de necesidades en la lengua extranjera es un primer paso esencial para la elaboración de un programa de aprendizaje de lenguas eficiente y eficaz. En esta sección definimos en primer lugar el concepto de análisis de las necesidades y, en segundo lugar, describimos un ejemplo de análisis de necesidades en el ámbito universitario.

El análisis de necesidades (AN) es un campo de estudio dentro de la adquisición de segundas lenguas que se propone identificar, describir y analizar las unidades de organización que han de servir como base para el diseño de programas de enseñanza de segundas lenguas o lenguas extranjeras. Desde finales de los años 70 y hasta nuestros días han sido muchos y variados los modelos propuestos para identificar las necesidades de los aprendices en diferentes contextos (SELINKER, 1979; BRINDLEY, 1984; HUCKIN y OLSEN, 1984; ZUCK y ZUCK, 1984; LINCOLN y GUBA, 1985; CROOKES, 1986; NUNAN, 1988; BRINDLEY y HOOD, 1990; véase LONG, 2005 para una descripción de dichos estudios). A menudo dichas propuestas para el análisis de las necesidades lingüísticas han diferido con respecto a las fuentes (los propios aprendices, los profesores y expertos en lingüística aplicada, expertos profesionales, o bien triangulación de varias fuentes), la unidades de análisis (tareas, géneros discursivos, habilidades, variedades textuales, unidades lingüísticas, entre otros), y los métodos (las intuiciones de gente experta y no experta, entrevistas semi-estructuradas o no estructuradas, entrevistas estructuradas, encuestas, auditorías lingüísticas, métodos etnográficos, observación participante o no participante, observación en el aula, diarios y «logs», simulaciones, análisis de contenidos, análisis discursivo, análisis retórico o de registro, análisis de corpus asistido por ordenador, análisis genérico, análisis mediante tests de rendimiento basado en tareas, y triangulación de métodos).

Como sugiere LONG (2005), los análisis de necesidades son especialmente pertinentes en un período histórico en que los recursos son limitados y existe cada vez más la necesidad de rendir cuentas en la vida pública y, más concretamente y en el caso que nos atañe, en el ámbito de la enseñanza de segundas lenguas. Una consecuencia de dicha necesidad es la proliferación de análisis de necesidades previos a la creación de cursos de lenguas extranjeras que sean efectivos y que se adapten a las necesidades reales de los usuarios de dichos cursos. Y añade (2005: 1):

Un aprendizaje de lenguas exitoso es vital para refugiados políticos, inmigrantes, estudiantes internacionales, aquellos que reciben su educación o formación profesional a través de una segunda lengua en su propio país, así como aquellas personas con profesiones que requieren un nivel de competencia avanzado en lenguas extranjeras, entre otros. Existe una gran variación en las combinaciones de variedades lingüísticas, habilidades, léxicos, géneros, registros, etc., que cada uno de estos grupos y otros necesitan. Esto significa que la enseñanza de lenguas que utiliza programas y materiales genéricos, no diseñados con grupos específicos en mente, será como mínimo ineficiente y, muy probablemente, altamente inadecuada. De la misma manera que no se recomendaría una intervención médica antes de elaborar un diagnóstico exhaustivo de la afección del paciente, ningún programa de enseñanza de lenguas debería ser diseñado sin realizar previamente un análisis de las necesidades exhaustivo. Todo curso de lengua debería ser considerado un curso para propósitos específicos, variando exclusivamente (y, ciertamente, de manera considerable) en cuanto a la precisión con la que se pueden especificar las necesidades de los aprendices —desde poca o ninguna precisión en el caso de programas para la mayoría de niños pequeños hasta el detalle pormenorizado en el caso de los programas con orientaciones académicas, ocupacionales o vocacionales para la mayoría de adultos.

A continuación se describe un ejemplo de estudio de AN realizado en el ámbito de una institución universitaria en el contexto español. La institución universitaria implicada[2] financió y promovió dicho estudio con el fin de diseñar programas para la enseñanza del inglés específico del periodismo a una población que mayoritariamente se acaba dedicando profesionalmente a dicha actividad al acabar sus estudios, con una minoría dedicándose al ámbito académico del periodismo.

Partiendo de la perspectiva propuesta por LONG (2005), dicho AN se propuso identificar, describir y analizar las tareas que los profesionales del periodismo han de poder realizar en inglés en el desarrollo normal de su profesión en el contexto de los medios de comunicación de la comunidad autónoma en la que trabajan (véase GILABERT, 2005). Los periodistas son, tal y como sugiere SWALES (1990), un claro ejemplo de «comunidad discursiva» con

---

[2] Facultad de Ciencias de la Comunicación de la Universitat Ramon Llull.

usos lingüísticos, textos, registros, géneros, y discursos determinados y propios de la profesión.

Dos fueron los objetivos principales de dicho estudio: en primer lugar obtener información detallada sobre las tareas que los periodistas realizan en inglés en empresas periodísticas; en segundo lugar, recoger muestras del discurso asociado a dichas tareas (por ejemplo, textos escritos —correos electrónicos escritos en inglés—, muestras de interacciones orales —llamadas telefónicas o entrevistas en inglés—). En relación a dichos objetivos principales, el estudio se propuso obtener información sobre la importancia, uso y necesidad del inglés en los distintos dominios, áreas, secciones o departamentos de medios relacionados con el periodismo (por ejemplo, crucial en la sección de internacional de diarios, televisiones y radios y poco relevante en el contexto de noticias locales de dichos medios), los requerimientos de dominio de lenguas que se exige a los periodistas así como las políticas de formación lingüística de dichos medios. Por razones de espacio, en este capítulo nos concentramos en los aspectos metodológicos de dicho estudio pues creemos que son los aspectos más fácilmente transferibles a otros contextos.

Tras la revisión detallada de los estudios anteriores sobre el AN se procedió a la selección de las unidades de observación y organización durante el AN, y se estableció la diferencia entre *tareas objetivo* y *sub-tareas objetivo*. La *tarea objetivo* se define como un proceso diferenciado que los expertos de un dominio específico deben realizar en inglés, y que consta de una serie de pasos, cada uno de ellos con un resultado, y que no son dependientes ni forman parte de ninguna otra tarea. Un ejemplo del campo periodístico es la tarea de «entrevistar a una fuente», que representamos gráficamente en la Figura 1.

Como puede observarse en la Figura 1, entre otras funciones el AN puede servir para identificar las lenguas asociadas con cada uno de los diferentes pasos dentro de una tarea. En el caso de periodismo, rara vez el resultado final es en lengua inglesa. Sin embargo, pasos cruciales en el proceso se realizan en inglés. Es en las *sub-tareas objetivo* donde aumenta la posibilidad que el proceso y resultado sean en inglés. Por *sub-tarea objetivo* entendemos aquellos procesos diferenciados, que aunque constan de unos pasos a seguir y de un resultado, son dependientes o forman parte

FIGURA N.º 1

Descripción de la tareas «entrevistar a una fuente»

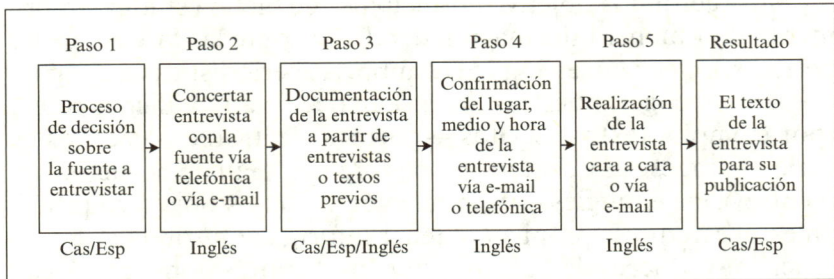

Paso 1	Paso 2	Paso 3	Paso 4	Paso 5	Resultado
Proceso de decisión sobre la fuente a entrevistar	Concertar entrevista con la fuente vía telefónica o vía e-mail	Documentación de la entrevista a partir de entrevistas o textos previos	Confirmación del lugar, medio y hora de la entrevista vía e-mail o telefónica	Realización de la entrevista cara a cara o vía e-mail	El texto de la entrevista para su publicación
Cas/Esp	Inglés	Cas/Esp/Inglés	Inglés	Inglés	Cas/Esp

de otras tareas. Dos ejemplos de *sub-tareas* ligadas a la tarea de «entrevistar a una fuente» son la de «documentar una entrevista» (Figura 2) o «concertar una entrevista» (Figura 3):

FIGURA N.º 2

Descripción de la sub-tarea «documentar la entrevista»

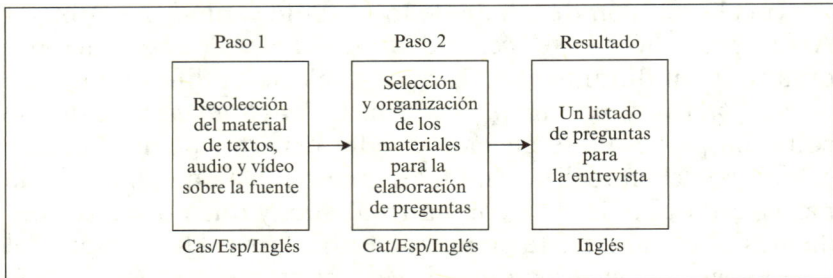

Paso 1	Paso 2	Resultado
Recolección del material de textos, audio y vídeo sobre la fuente	Selección y organización de los materiales para la elaboración de preguntas	Un listado de preguntas para la entrevista
Cas/Esp/Inglés	Cat/Esp/Inglés	Inglés

Una vez definidas las unidades de observación y organización para el AN, se procedió a la descripción detallada del dominio del periodismo entendido desde el concepto de comunidad discursiva de SWALES (1990) mencionado anteriormente. Para ello fueron de especial utilidad la Oficina de Prácticas y la Bolsa de Trabajo de la facultad, servicios que sirven de vínculos entre la universidad y el mercado laboral. Los responsables de ambas áreas ayudaron a identificar la diferentes tipos de empresas periodísticas en las

FIGURA N.º 3
Descripción de la sub-tarea «concertar una entrevista»

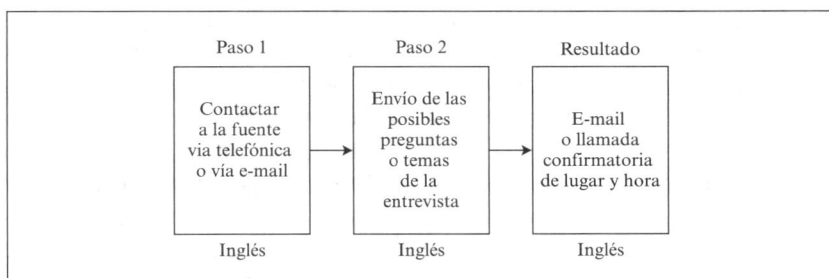

Paso 1	Paso 2	Resultado
Contactar a la fuente via telefónica o vía e-mail	Envío de las posibles preguntas o temas de la entrevista	E-mail o llamada confirmatoria de lugar y hora
Inglés	Inglés	Inglés

que acaban encontrando prácticas y/o trabajo los estudiantes de la institución. Su trabajo no sólo permitió la identificación de los tipos de empresas sino que también proporcionó contactos dentro de dichas empresas que facilitaron la investigación enormemente. Se identificaron un total de 9 subdominios: los diarios convencionales, diarios digitales, radios, cadenas de televisión, revistas convencionales, revistas digitales, portales de información, gabinetes de prensa, y empresas productoras de cine y televisión que requieren periodistas. Aunque a menudo dichos subdominios comparten ciertas peculiaridades como, por ejemplo, las secciones de información (internacional, sociedad, deportes) en el caso de diarios y revistas digitales, radios, televisiones y portales de información, se consideró importante mantener la división en nueve subdominios proporcionada por nuestras fuentes expertas de manera que pudiésemos mantener información específica de cada subdominio.

Una vez identificados los subdominios, se seleccionó una empresa de cada subdominio a partir de los criterios de mayor tirada (en el caso de periódicos y revistas convencionales y digitales, y de portales de información), mayor audiencia (en el caso de radios y televisiones), y el mayor prestigio en el caso de los gabinetes de prensa y productoras de cine y televisión. La primera opción metodológica utilizada para recabar información fue la entrevista semi-estructurada con tres académicos y un directivo o responsable de cada empresa, así como con uno o dos expertos finales (es decir, de periodistas en activo). Se realizaron un total de 19 entrevistas semi-estructuradas. En ellas se utilizaron en primer lugar preguntas abiertas (por ejemplo, «¿necesitas el inglés para el desarrollo normal de tu trabajo?» o «¿qué tipo de trabajos o tareas realizas en inglés?») que servirían como base para la realización de cuestionarios de preguntas cerradas. En algunos casos se realizaron segundas entrevistas literalmente a pie de mesa con los expertos. De esta manera se pudo identificar con más precisión el tipo de tareas que los periodistas realizan en inglés, los objetivos de cada una de ellas, los pasos de cada tarea, el contexto en el que tienen lugar, los interlocutores que están implicados, las dificultades de contenido y de lenguaje de cada una de ellas. También se obtuvo información sobre la frecuencia y dificultad de cada tarea, así como muestras de texto (correos electrónicos, teletipos, etc.), audio (entrevistas telefónicas) o vídeo (vídeos de agencias de noticias) asociados con cada tarea.

Seguidamente a dichas entrevistas semi-estructuradas y tomándolas como base, se realizaron diversas entrevistas estructuradas que sirvieron para determinar las afirmaciones que debían ser incluidas en los cuestionarios cerrados. De 43 afirmaciones fueron seleccionadas finalmente 35 (por ejemplo, «Traduzco teletipos para luego redactar noticias»). Sobre cada afirmación los entrevistados debían contestar utilizando una escala de 5 puntos respecto a la frecuencia (desde «No la realizo nunca» hasta «La realizo muy a menudo»), el nivel de dificultad (desde «muy fácil» a «muy difícil»), y la necesidad de recibir formación específica para la realización de dicha tarea (desde «No necesitaría formación en inglés para realizar esta tarea» hasta «Necesitaría mucha formación en inglés para realizar esta tarea»). Se detectaron 710 empresas inscritas en el Colegio de Periodistas de la comunidad autónoma de las cuales, a partir de los expertos de la Oficina de Prácticas y la Bolsa de Trabajo, fueron seleccionadas 513 empresas periodísticas. Se dejaron fuera aquellas que no suelen requerir estudiantes de periodismo para prácticas, pues el perfil que buscan sería más cercano a Derecho o a Empresariales y Económicas. Los cuestionarios fueron enviados y completados por correo electrónico. La respuesta obtenida fue de un 11,5 por 100, con 59 expertos en empresas de los 9 subdominios que contestaron de manera completa los cuestionarios.

Aparte de las entrevistas semi-estructuradas y estructuradas, y de los cuestionarios, en alguno de los casos se realizó observación no participante del trabajo de los expertos periodistas. Así dos de los investigadores tuvieron acceso a redacciones de radio, televisión y periódicos donde pudieron observar y describir el trabajo de los periodistas en el desarrollo normal de sus actividades. También se realizó la observación de otras tareas fuera de las redacciones, como por ejemplo conferencias de prensa en inglés o entrevistas cara a cara. No se obtuvo permiso para asistir a campañas de presentación de producto o servicios ni a comidas ni cenas de empresa.

La multiplicidad de fuentes y métodos en la recogida de datos durante el AN permitió recopilar información fiable y de mucha utilidad para el proceso de decisión respecto a las tareas a incluir en un programa de enseñanza del inglés para periodistas. En primer lugar, la utilización de múltiples fuentes de información a partir de los diferentes actores en el dominio del periodismo (académicos, responsables de empresas periodísticas, redactores, etc.) permitió no sólo determinar las tareas dentro de cada subdominio sino también identificar las sinergias en el papel de los periodistas dentro de la industria de la información. Por ejemplo, se identificaron descripciones de trabajo que requieren habilidades multitarea en que un mismo periodista es responsable de conseguir las noticias, cubrirlas a través de diferentes medios (cámara, entrevistas) y redactarlas. También permitió identificar las áreas que están proporcionando mayores oportunidades de trabajo a los estudiantes de periodismo, como son los gabinetes de comunicación o los portales de información, contrariamente a lo que sucede con los diarios tradicionales. Aunque los académicos y los responsables de las empresas periodísticas fueron útiles para identificar las tendencias generales del campo, su contribución a la descripción de las tareas fue limitada. Fueron los periodistas de a pie los que demostraron ser las fuentes más fiables y exactas a la hora de identificar y describir las tareas concretas en las que se debe utilizar el inglés. La triangulación de fuentes resultó especialmente fructífera ya que permitió contrastar información que de otro modo hubiera sido parcial o incompleta. Por ejemplo, cuando diversas fuentes fueron preguntadas sobre cómo se documenta una noticia en la sección de internacional, los responsables de sección proporcionaron una imagen ideal de lo que los periodistas deben hacer, como por ejemplo consultar y contrastar cables de diversas agencias de noticias, comparar diversos periódicos y televisiones internacionales. Sin embargo, los periodistas de a pie nos proporcionaron una visión más realista de lo que en realidad sucede cuando documentan una noticia. En la práctica diaria, y bajo la presión del tiempo, las noticias suelen ser traducidas casi exclusivamente a partir de los teletipos de agencia, sin que exista tiempo para realizar un contraste exhaustivo a partir de diversas fuentes. Esto, sin duda, tiene consecuencias sobre qué tipo de textos debería recibir mayor atención en un curso de formación para periodistas, como son los teletipos de agencias de noticias internacionales. Por otro lado, la multiplicidad de métodos utilizados en el AN también contribuyó a una mejor descripción de las tareas a las que los periodistas deben enfrentarse en inglés. Las entrevistas semi-estructuradas proporcionaron información básica sobre el tipo de tareas asociadas con cada subdominio y sirvieron como base para la elaboración de cuestionarios de preguntas cerradas. Especialmente las segundas entrevistas fueron interesantes para describir con mucho más detalle los objetivos, procesos y resultados esperados de cada tarea, así como para determinar el papel y dificultades del inglés en cada una de ellas, y los textos y otros materiales asociados con cada tarea.

1.3.2.   *Una experiencia piloto de formación del profesorado AICLE en la universidad*

En la última década hemos sido testigos de la expansión del enfoque conocido como AICLE (Aprendizaje Integrado de Contenidos y Lengua Extranjera) en castellano (véase NAVÉS y MUÑOZ, 1999), y CLIL (*Content and Language Integrated Learning*) en inglés. Este enfoque postula el uso de una lengua extranjera como medio de instrucción y comunicación en el aula en alguna o algunas asignaturas. El enfoque de AICLE es un enfoque analítico pero se diferencia de un enfoque tradicional comunicativo (por ejemplo, en programas de inmersión) por su atención tanto al significado como a la forma lingüística. Ello conlleva replantear la metodología didáctica para acomodar las estrategias a la doble finalidad de ayudar a adquirir los contenidos de la asignatura y la lengua meta. En palabras de COYLE (2006: 13):

> La relación simbiótica entre la lengua y la comprensión de los contenidos de las asignaturas requiere prestar atención a cómo se imparten las asignaturas, al tiempo que se está trabajando con y a través de otra lengua más que en otra lengua [...] las metodologías se tienen que redefinir [...] (Ello tiene) implicaciones para la formación inicial y continua del profesorado.

AICLE ha sido recibido con entusiasmo por las autoridades educativas del país y de sus comunidades autónomas y ha alentado la esperanza de que este enfoque sirva para mejorar el nivel de competencia en lengua extranjera de sus jóvenes. En estos últimos años se han iniciado numerosas experiencias en las que se ha introducido AICLE en la escuela primaria y en los centros de secundaria. También las universidades se han sumado a estos esfuerzos en consonancia con sus políticas de internacionalización, con lo que se han introducido nuevas prácticas lingüísticas.

Un análisis de la situación en las universidades muestra, sin embargo, necesidades y retos distintos de los que se presentan en las etapas de la educación primaria y secundaria. En primer lugar, en aras de la internacionalización se da la necesidad de mejorar el conocimiento y el uso de lenguas extranjeras y, en especial, de la lengua inglesa por parte del estudiantado nacional. AICLE se presenta como una respuesta a esta necesidad general al aumentar el contacto con la lengua meta, y posibilitar el aprendizaje implícito e incidental además de la atención a la forma lingüística. Al mismo tiempo los estudiantes adquieren los elementos léxicos y gramaticales propios del registro académico en su área de especialidad. Éste será el registro necesario tanto para la lectura de obras especializadas como para la comunicación con otros investigadores en congresos y encuentros internacionales.

En segundo lugar, la internacionalización de las universidades también tiene una importante dimensión de acogida de estudiantes procedentes de otros países. Éstos ya no proceden sólo del área de habla hispana de Latinoamérica sino de otros continentes tan lejanos lingüísticamente como el asiático. Pero el crecimiento especialmente vertiginoso ha sido propiciado por la implantación del Espacio Europeo de Educación Superior y el programa Erasmus. Como consecuencia de la presencia de estos estudiantes internacionales y la necesidad de atenderlos cuando no dominan las lenguas del Estado español, se ha fomentado el uso de la lengua inglesa como *lingua franca* en cursos que cobijan tanto a estudiantes nacionales como internacionales.

Al reto de dar respuesta a las necesidades lingüísticas de los alumnos nacionales e internacionales en las mismas aulas se une el reto de la preparación lingüística y metodológica del profesorado universitario. Este reto es más importante de lo que parece a simple vista, puesto que aunque buena parte del profesorado universitario ve como una necesidad mejorar su nivel de lengua inglesa para poder impartir asignaturas en esta lengua, no sucede así con la necesidad de adquirir herramientas metodológicas o pedagógicas. En este sentido el profesorado parece o bien no ser consciente de que existe esa necesidad o bien en algunos casos incluso la niega, lo cual se deba posiblemente a la poca tradición y experiencia de formación metodológica o didáctica entre el profesorado universitario con una cierta antigüedad. Esta necesidad se ve más clara entre el profesorado más novel.

A continuación se relata brevemente una experiencia piloto que procedía de un primer análisis de las necesidades respecto a la impartición de cursos AICLE en una universidad española[3] y que pretendía recabar más información para un análisis posterior de las necesidades en el que se identificaran, describieran y analizaran las tareas que los profesores universitarios que imparten cursos AICLE han de poder realizar en inglés. En este caso, partiendo del conocimiento generado por los expertos en el ámbito de la lingüística aplicada respecto a las necesidades de los aprendices (profesores que impartirán clases en inglés), se propuso incluir a los propios aprendices como fuente así como introducir explícitamente métodos de observación y reflexión de su experiencia. El análisis posterior de las necesidades podría en este caso triangular la información obtenida por el profesorado de los cursos, los alumnos, y el experto que diseñó el plan.

El plan se inició con una convocatoria de ayudas para la impartición de asignaturas en lengua inglesa con dos modalidades: curso de inglés y metodología de AICLE, y estancia de un mes en una universidad de habla inglesa. Esta segunda modalidad fue organizada como experiencia piloto con la cual iniciar un análisis de necesidades del profesorado universitario que ha de impartir

---

[3] Universitat de Barcelona.

asignaturas AICLE. Los profesores participantes en ella realizaron una estancia de un mes en una universidad de lengua inglesa
en la cual debían asistir a un curso de lengua adecuado a su nivel
(en algunos casos no presencial por imposibilidades de calendario)
al tiempo que colaboraban con colegas de su campo en las instituciones universitarias de acogida y asistían a seminarios en sus
áreas de especialización. De nuevo se trataba de mejorar los conocimientos y el uso de la lengua meta en estrecha vinculación
con los contenidos de sus áreas disciplinares. Se esperaba que con
ello los profesores participantes adquirieran conocimientos necesarios de ambos tipos para empezar a impartir clases (que deberían ser complementados con cursos metodológicos a la vuelta a
la universidad de origen). Se consideró también conveniente promover la reflexión y conciencia metacognitiva de los profesores
participantes en la estancia y para ello se solicitó que escribieran
un informe sobre su experiencia de aprendizaje. De la lectura de
los informes se obtuvo información necesaria sobre las tareas que
realizaron durante su estancia y que les posibilitaron oportunidades de aprendizaje lingüístico; estas tareas habían de constituir el
núcleo organizativo del programa de enseñanza de la lengua
que surgiría después del estudio piloto. Por un lado, las tareas que
realizaron fuera del ámbito del aula, y que se refieren a las necesidades de dominio de la lengua inglesa general, constituye la base
de aprendizaje de inglés más académico: desde obtener la tarjeta
multi-viaje para el transporte público hasta interactuar con bi-
bliotecarios con acentos regionales distintos. Por otro lado, las
tareas que realizaron dentro del ámbito del aula o del seminario
se refieren a las necesidades didácticas e interactivas del profesorado. Éstas se ilustran muy bien en el siguiente extracto en el que
una de las participantes reflexiona sobre su experiencia de observación de clases en la universidad británica en la que realizó la
estancia:

> La manera de plantear y moderar el debate y la discusión en los
> seminarios de investigación, en las conferencias y en las mismas clases
> ha sido muy útil: por un lado para recoger las fórmulas específicas
> para introducir el debate, dar *feedback* riguroso y alentador, ajustar
> los registros y crear un clima de confianza; por otro lado para graduar
> el nivel de concreción y de profundidad que se puede pedir en los
> comentarios y los argumentos de los estudiantes en los diversos nive-

les (grado, máster, PhD, seminario con colegas). He podido ir poniendo en práctica de manera gradual las fórmulas, el vocabulario y las estrategias de interacción que había observado previamente en las clases y los seminarios, comparando las intervenciones y las reacciones de los participantes.

Fue también importante para la evaluación de la experiencia la información sobre los aspectos en los que la mejora lingüística producida por la estancia se hizo más evidente: la fluidez y la comprensión oral. También destacaron mejoras en el dominio de expresiones apropiadas para el aula, la confianza y seguridad de poder impartir las clases y de poder interactuar en el aula en lengua inglesa, y la conciencia de la necesidad de adaptarse al nivel lingüístico de los estudiantes y las estrategias compensatorias necesarias en situaciones en que se dan problemas de comprensión. Es interesante observar que las reflexiones sobre su propia experiencia en cuanto a la necesidad que tuvieron de utilizar estrategias compensatorias les hizo más sensibles a las necesidades que los estudiantes tienen en clase (véase NAVÉS, 2002; De GRAFF *et al.*, 2007).

1.3.3.   *El futuro del análisis de necesidades en el ámbito universitario*

A pesar de la existencia de modelos de análisis de necesidades bien definidos y estipulados, existe todavía una serie de preguntas sin resolver en cuanto a su aplicación en el ámbito universitario. En primer lugar, a partir de las experiencias piloto como la descrita en el apartado anterior así como de la tradición del AN en ámbitos profesionales sería interesante plantear modelos de AN específicos para el contexto AICLE al que tienden nuestras universidades. Aunque el AN desde la perspectiva basada en tareas (*task-based learning*) es especialmente pertinente para ámbitos profesionales y ya dispone de modelos teóricos para su realización, a partir de la experiencia piloto para la formación de profesores descrita en este capítulo se puede ver que la perspectiva basada en tareas es sólo una de las posibles a adoptar en dicho contexto. Es necesario estudiar cómo las tareas como unidad de análisis y organización en el AN deben combinarse con otras perspectivas, como el análisis discursivo o basado en géneros textuales que son especialmente relevantes en el contexto AICLE. En segundo lugar, cabe determinar cómo las necesidades puramente académicas se combinan con las profesionales en cada una de las disciplinas universitarias. Mientras que en el caso de los estudiantes de periodismo las necesidades profesionales son predominantes, en otras disciplinas (por ejemplo, la historia) es posible que las tareas académicas predominen sobre las profesionales, por lo que el análisis de las necesidades deberá ser sensible a las diferentes configuraciones por disciplina. En tercer lugar, queda por determinar cómo lingüistas y expertos en diseño curricular deben trabajar conjuntamente con los expertos de cada materia para el desarrollo de programas adaptados a las necesidades del estudiantado, profesorado y personal de administración y servicios españoles de manera que, cómo sugiere Long, podamos aprovechar de manera eficiente y eficaz los recursos limitados de los que disponemos.

1.4. Conclusión

En este capítulo hemos presentado dos experiencias de formación en lengua inglesa que han tenido lugar recientemente en universidades españolas y que afectan una a estudiantes y la otra al profesorado. Ya hace algún tiempo que existen también programas de formación específicos para el personal de administración y servicios que se beneficiarían también, en nuestra opinión, de análisis de necesidades más rigurosos para mejorar su eficiencia y efectividad; como veíamos anteriormente la aplicación del AN a ámbitos profesionales ya se ha mostrado de gran valor. En resumen, el impulso para la introducción de planes de formación adecuados a todos los niveles, estamentos y necesidades debería contenerse en los planes estratégicos de nuestras universidades puesto que la tarea de internacionalizar nuestras universidades es ingente y urgente.

1.5. Referencias bibliográficas

Brindley, G. (1984): *Needs analysis and objective settin in the Adult Migrant Education Service*, Adult Migrant Education Service, Sydney.

BRINDLEY, G. y HOOD, S. (1990): «Curriculum innovation in adult ESL», en Brindley, G. (ed.): *The second language curriculum in actionk*, NCELTR, Macquarie University, Sydney.

COYLE, D. (2006): «Developing CLIL: Towards a theory of practice». En *Monographs*, 6, APAC, Barcelona.

CROOKES, G. (1986): *Task classification: A cross-disciplinary review*, University of Hawaii at Manoa: Center for Second Language Classroom Research, Social Science Research Institute. Technical Report n.º 4. Honolulu.

DE GRAFF, R., KOOPMAN, G. J., ANIKINA, Y. y WESTHOFF, G. (2007): «An observation tool for effective L2 pedagogy in Content and Language Integrated Learning (CLIL)», *International Journal of Bilingual Education and Bilingualism*, n.º 10, pp. 603-624.

DOUGHTY, C. J. (2003): «Instructed SLA: Constraints, Compensation, and Enhancement». En Doughty, C. J. y Long, M. H. (ed.): *Handbook of Second Language Acquisition*, Blackwell Publishers, Oxford.

— (2010): «Language competence: Performance, proficiency, certification: Current status and new directions», en Wiley, D. y Glew, R. (eds.): *Title VI 50th Anniversary Volume*, Michigan State University, East Lansing.

DOUGHTY, C. J. y LONG, M. H. (2003): «Optimal psycholinguistic environments for distance foreign language learning», *Language Learning & Technology*, n.º 7, pp. 50-80.

DOUGHTY, C. J. y WILLIAMS, J. (1998): *Focus on Form in Classroom Second Language Acquisition*, Cambridge University Press, Cambridge, U.K. New York.

GILABERT, R. (2005): «Evaluating the use of multiple sources and methods in needs analysis: A case study of journalists in the Autonomous Community of Catalonia (Spain)», en Long, M. H. (ed.): *Second Language Needs Analysis*, Cambridge University Press, Cambridge.

HUCKIN, T. y OLSEN, L. A. (1984): «On the use of informants in LSP discourse análisis», en PUGH, A. K. y Ulijn, J. M. (eds.): *Reading for professional purposes*, Heinemann, London.

LINCOLN, Y. S. y GUBA, E. G. (1985): *Naturalistic enquiry.* Newbury Park, Sage.

LONG, M. H. (1985): «A role for instruction in second language acquisition: task-based language teaching», en Hyltenstam, K. y Pienemann, M. (eds.): *Modeling and assessing second language development*, Multilingual Matters, Clevedon, England.

— (2005): *Second Language Needs Analysis*, Cambridge University Press, Cambridge.

LONG, M. H. y CROOKES, G. (1992): «Three approaches to task-based syllabus design», *TESOL Quarterly*, n.º 26, pp. 27-56.

NAVÉS, T. (2002): «Successful CLIL programmes», en Navés, T., Muñoz , C. y Pavesi, M., Module 2: «Second language acquisition for CLIL». En Langé, G. y Bertaux, P. (eds.): *The CLIL Professional Development Course*, Ministero della' Istruzione della» Università e della Ricercal Direzione Regionale per la Lombardia, Milán.

NAVÉS, T. y MUÑOZ, C. (1999): «Experiencias de AICLE en España», en Marsh, D. y Langé, G. (ed.): *Implementing Content and Language Integrated Lear-*

ning. A Research-driven TIE-CLIL Foundation Course Reader, Continuing Education Center, University of Jyväskylä.

NUNAN, D. (1988): *The learner-centered curriculum*, Cambridge University Press, Cambridge.

SELINKER, L. (1979): «The use of specialist informants in discourse analysis», *International Review of Applied Linguistics*, n.° 17, pp. 189-215.

SWALES (1990): *Genre Analysis*, Cambridge University Press, Cambridge.

WILKINS, D. (1976): *Notional syllabuses*, Oxford University Press, Oxford.

ZUCK, L. V. y ZUCK, J.G. (1984): «The main idea: specialist and non specialist judgments», en Pugh, A. K. y Ulijn, J. M. (eds.): *Reading for professional purposes*, Heinemann, London.

2. LA FORMACIÓN DEL PROFESORADO DE LENGUAS EXTRANJERAS*

2.1. INTRODUCCIÓN

La integración social y económica de nuestro país en la Unión Europea ha hecho que el aprendizaje de lenguas extranjeras adquiera un papel preponderante en el desarrollo intelectual de todos los ciudadanos. El conocimiento de otras lenguas supone también el descubrimiento de otras realidades y sus culturas y es, sin duda, la vía de intercambio de información científico-tecnológica y el pasaporte indispensable para la movilidad profesional. Además, desde una perspectiva puramente económica, tal y como se indica en el informe ELAN (2006) de la Comisión Europea, es fundamental que las empresas desarrollen el multilingüismo en su capital humano para así poder competir en igualdad de condiciones en el mercado internacional.

Distintas encuestas de opinión como el Eurobarómetro sitúan a la lengua inglesa como lengua de uso común preferente entre

* Elaborado por MARÍA PILAR GARCÍA MAYO. Catedrática de la Universidad del País Vasco-Euskal Herriko Unibertsitatea, directora del máster universitario de Adquisición de Lenguas en Contextos Multilingües y coordinadoras del grupo de innovación *Language and Speach*.

Agradecimiento a los profesores Jesús Cuenca de la Rosa y Philip Ball por facilitarme la información sobre los dos cursos de formación de profesorado universitario en la UPV/EHU que se mencionan en el texto. Asimismo, la elaboración de este apartado se enmarca en los siguientes proyectos de investigación FF12009-10264 (Ministerio de Ciencia e Innovación), CSD2007-00012 (Ministerio de Educación y Ciencia) y IT 311-10 (Gobierno Vasco).

los ciudadanos europeos y como la más útil en un mundo globalizado. Es indudable que el conocimiento del inglés supone una ventaja en el mercado laboral por su carácter de *lingua franca*. Sin embargo, es de todos conocido el retraso de nuestro país en lo que a utilización de idiomas extranjeros se refiere (ACUÑA *et al.*, 2010) y cabría preguntarse cuáles son las causas del mismo. La enseñanza de lenguas extranjeras ocupa un lugar fundamental en nuestro currículo de enseñanza primaria y secundaria y, por tanto, la preparación y capacitación del profesorado de esas etapas educativas debería ser asunto prioritario. Es evidente que una buena formación en lenguas extranjeras por parte de nuestro alumnado implica una buena formación de los agentes responsables de la impartición de los conocimientos que conducirán a un dominio de esas lenguas en los distintos niveles educativos: enseñanza primaria, enseñanza secundaria y universidad.

Si pretendemos que los cambios que se proponen en el proceso de construcción del Espacio Europeo de Educación Superior (EEES) no queden en meras transformaciones burocráticas (TORREGO EGIDO, 2004), hemos de plantear procesos de mejora de la calidad de la enseñanza haciendo frente antes a la mejora de las competencias de la figura central en ese proceso: el profesor. La formación del profesorado, tanto inicial como continua, resulta crucial para que se garantice la calidad de la enseñanza y el éxito en el proceso de aprendizaje. Enseñar es una actividad compleja que exige no únicamente conocimiento de los contenidos que se desean transmitir sino también nociones sobre el propio proceso, utilización de estrategias didácticas adecuadas y capacidad de unificar todo ello mediante una planificación efectiva. En el modelo centrado no tanto en la enseñanza sino en el aprendizaje que se propugna en el marco del EEES, donde de la universidad de enseñar se ha de pasar a la universidad de aprender (RODRÍGUEZ MENÉNDEZ y FERNÁNDEZ GARCÍA, 2007), el profesor ha de actuar como guía y facilitador dirigiendo el proceso de aprendizaje y ha de estar dotado de una formación integral de calidad.

Como ya señaló MONTAGUE (1997), el aspecto más importante de cualquier programa de educación bi-/multilingüe es la preparación del profesorado en temas de adquisición de segundas lenguas, tanto desde la perspectiva teórica como pedagógica. Además, y asumiendo que esos conocimientos se poseen, todo docente de lenguas extranjeras debería acreditar su capacitación lingüística y sus habilidades para la enseñanza a determinados grupos de edad. Sin embargo, la realidad no parece adecuarse por el momento a ese ideal. Aunque en los últimos años el Ministerio de Educación y las distintas Consejerías responsables en materia educativa en las Comunidades Autónomas han impulsado de manera firme y decidida distintas políticas de formación de profesorado de lenguas extranjeras, actuaciones todas ellas potencialmente conducentes a una mejora de la capacidad comunicativa de los participantes, no se observa por el momento en las aulas una mejora en la calidad docente que recibe el alumnado.

Sirvan a modo de ejemplo las conclusiones de dos trabajos recientes aquí simplemente esbozadas. MARTÍN ORTEGA *et al.* (2010) realizaron una encuesta educativa acerca de la formación y el desarrollo profesional de los docentes en 117 centros de la Comunidad Autónoma de Madrid (1.059 cuestionarios). Puesto que ya en el curso académico 2009-2010 comenzaron a impartirse en algunas universidades españolas los nuevos grados de Maestro de Educación Infantil y Maestro de Educación Primaria (ambos de cuatro años de duración) y el Máster de Formación del Profesorado de Educación Secundaria, los autores estaban interesados en conocer la opinión de los propios profesores acerca de varias medidas que se están impulsando en los distintos niveles educativos y, sobre todo, en la valoración que tenían estos profesionales sobre la formación inicial que en su día recibieron y la formación permanente que pudiesen haber recibido en sus años de ejercicio docente. Destacaremos aquí dos conclusiones: (i) la crítica del profesorado a la calidad de la formación inicial recibida hasta el momento en el sistema educativo español, y (ii) la exigencia de que sea el profesorado universitario el que se haga cargo de los cursos de formación permanente.

En la investigación realizada por VEZ *et al.* (2009), uno de cuyos objetivos fue determinar el perfil competencial de los egresados de una diplomatura o licenciatura universitaria (excepto las especialidades en lenguas), se llega a la conclusión de que los profesionales en enseñanza de lenguas dedican demasiado tiempo a actividades sobre la lengua escrita en detrimento de aquellas dedicadas a la oralidad, al uso de la lengua propiamente dicho. De ahí que los egresados universitarios que forman parte de la muestra del estudio tengan un perfil medio de alguien que «[...] no es capaz de resolver con el éxito deseable las situaciones donde la comunicación oral en el idioma desempeña un papel determinante, aunque lo puede hacer mejor en la comunicación escrita, siempre que ésta no le requiera un fuerte dominio de conocimiento técnicos de temas muy específicos» (2009: 260). Podría inferirse de esos resultados que al menos una parte de los docentes en lenguas extranjeras no posee la suficiente competencia comunicativa en la lengua que imparte y por ello se centran más en tareas de producción escrita.

Más recientemente, Rolf Tarrach, rector de la Universidad de Luxemburgo, declaraba en una entrevista concedida al periódico *El Mundo* (26 de mayo de 2010-Campus El Mundo) que «[...] Lo cierto es que en España tenemos un problema con la enseñanza de los idiomas, lo cual repercute directamente en las posibilidades de movilidad de nuestro alumnado».

En el resto de este capítulo realizaremos una revisión sobre aquellos aspectos que idealmente deberían integrarse en la formación del profesorado de lenguas extranjeras (sección 2), consideraremos brevemente la formación del profesorado que imparte inglés a nivel universitario en distintas disciplinas (sección 3) y concluiremos con las líneas fundamentales de nuestra contribución.

2.2. FORMACIÓN DEL PROFESORADO DE LENGUAS EXTRANJERAS: ALGUNAS REFLEXIONES

En un momento de cambios importantes en el ámbito de la enseñanza a todos los niveles, uno de los aspectos a los que ha de prestarse mayor atención es el de las competencias del profesorado y a los educadores de los futuros profesores. Como ya indicábamos anteriormente, enseñar es un comportamiento complejo y el profesor ha de dominar su área de conocimiento y también poseer una serie de atributos personales y habilidades que le ayuden a transmitir ese conocimiento.

En este sentido, es interesante considerar cuál es el perfil general del profesorado que hasta el momento es responsable de la docencia en los ciclos primarios y secundarios. Al hablar del profesorado del País Vasco que se integra en el proyecto AICLE (Aprendizaje Integrado de Contenidos y Lengua Extranjera) de las ikastolas[4], BALL y LINDSAY (2010) comentan que los profesores de Educación Primaria consideran que su formación inicial no los ha preparado suficientemente, ni a nivel teórico ni a nivel práctico, para afrontar los retos de la enseñanza. Los profesores de Educación Secundaria opinan que tienen una formación sólida sobre sus conocimientos disciplinares pero se sienten menos cómodos con la aplicación de ese conocimiento a la hora de enseñar. No valoran tampoco de forma positiva la formación que se venía ofreciendo hasta el momento en los Cursos de Aptitud Pedagógica (CAP). Quizá ese sea el perfil general de los profesionales a nivel de todo el país. En otros contextos, los trabajos de REVES y MEDGYES (1994) y BRAINE (2004), entre otros, indican que muchos docentes no se sienten cómodos con la efectividad de su actividad en el aula o con el dominio de la lengua extranjera en ese contexto específico[5].

La formación del profesorado de lengua extranjera ha de tener una importancia prioritaria puesto que este colectivo desempeña un papel primordial no sólo en la enseñanza misma del sistema lingüístico de esa lengua extranjera sino también en su capacidad de despertar en el alumno el interés por la lengua y por la sociedad que la utiliza. Este segundo aspecto parece estar descuidado también en nuestro sistema educativo y resulta decisivo a la hora de motivar al alumnado. Es evidente que el profesorado responsable de la enseñanza de lenguas extranjeras ha de poseer un dominio del sistema lingüístico correspondiente pero ese requisito no es suficiente. El profesorado ha de conocer bien la sociedad en la que se habla esa lengua, sus usos, sus costumbres, su forma de ver la vida y cómo su concepción del mundo se transmite, esencialmente, en su forma de utilizar el lenguaje. Sin ese conocimiento de la sociedad en que se habla la lengua extranjera, el profesor se

---

[4] Las ikastolas son centros educativos a nivel de enseñanza primaria y secundaria en las que se promueve el desarrollo de la lengua y culturas vascas. Se organizan en una red de 100 escuelas denominada Federación de Ikastolas. Para más información véase ELORZA y MUÑOA (2008).

[5] Para más información sobre diversos aspectos relativos a la enseñanza de lenguas extranjeras por parte de hablantes no nativos de las mismas véase LLURDÁ (2005a).

verá ciertamente incapacitado para poder desarrollar su actividad docente puesto que no poseerá las rutinas discursivas que necesita para que la lengua que enseña fluya de forma natural (ALCÓN SOLER y MARTÍNEZ FLOR, 2008).

Pero ¿en qué debe consistir la formación del profesorado de lenguas? Si leemos a PENNINGTON (1999), comprobamos que existen opiniones, desde aquellos que la consideran como un proceso misterioso que depende de factores personales e individuales y que nunca se puede describir de forma completa (p. 101) y, por tanto, no exige una preparación de carácter formal, hasta aquellos que consideran que enseñar es un proceso científico que se puede aprender y definir en una serie de materias que han de cursarse. Pennington propone un punto de vista intermedio entre los dos extremos de ese abanico de posibilidades: «[...] the aim of teacher education can be characterized as helping teachers to synthesize and consolidate personal and shared knowledge in a professional persona which bridges the subjective and the intersubjective, the "art" and the "craft" —or the "magic" and the "science"— of teaching». (p. 106)[6].

Existe también en los trabajos publicados sobre formación de profesorado, el debate sobre la división «teoría» vs «práctica». Es decir, ¿hasta qué punto es necesario que se incluya información sobre el proceso de aprendizaje de lenguas en los cursos de formación de profesorado? ¿No deberían estar éstos orientados a proporcionar ideas para diseñar materiales para uso en el aula, por ejemplo? En realidad, un buen currículo formativo debería integrar el plano académico y también, por supuesto, la experiencia práctica de la enseñanza de lenguas. En el plano académico, un profesor de lenguas debería tener conocimientos sobre: (i) investigación sobre el proceso de adquisición de segundas lenguas (ASL) y cómo los resultados de esa investigación pueden contribuir de manera muy positiva al tipo de actividades que desarrolle en el aula; (ii) aspectos metodológicos de la enseñanza de lenguas; (iii) características del alumnado y sus necesidades de aprendizaje según la franja de edad; (iv) diseño curricular, de materiales didácticos y de procedimientos de evaluación —especialmente

---

[6] El lector podrá encontrar información actualizada y detallada sobre el tema de la formación del profesorado de lenguas en WRIGHT (2010).

sobre cómo adaptar estos últimos a la realidad del aula—, y (v) tecnologías de la comunicación e información con usos pedagógicos (plataformas digitales) —OXFORD y OXFORD (2009)—. Además de conocimientos sobre contenido académico, un currículo formativo ha de contemplar los aspectos puramente pedagógicos tales como: la experiencia práctica de la enseñanza de lenguas (TOMAS, FARRELLY y HASLAM, 2008), la posibilidad de trabajar con un profesor con suficiente experiencia docente durante un tiempo predeterminado (figura del mentor que ya existe en muchos centros de formación de profesorado)[7], un período de trabajo y estudio en el país en que se hable la lengua que se está enseñando para así conocer y vivir la cultura y, sobre todo, desterrar y combatir estereotipos. Se han de fomentar también las estancias docentes para el aprendizaje de buenas prácticas junto con una serie de valores que quizás no hayan sido todavía usados en todo su potencial en nuestras aulas de lenguas (la observación de nuestra actividad docente por parte de coordinadores y/o colegas; revisión y reflexión sobre nuestra actuación, etc.).

En la siguiente sección veremos qué puede aportar el conocimiento sobre ASL a la actividad del profesorado en el aula.

2.2.1. *El papel de la investigación sobre adquisición de segundas lenguas en la formación del profesorado*

En un reciente estudio acerca de la relevancia de la teoría lingüística a la hora de la práctica pedagógica en enseñanza de lenguas, LAFOND y DOGANCAY-AKTUNA (2009) recabaron la opinión de 61 profesores de TESOL (Teaching English to Speakers of Other Languages), tanto de aquellos en programas de formación como de profesores en ejercicio en universidades norteamericanas. Los investigadores concluyeron que la mayoría de los profesores (84 por 100) están de acuerdo en que el estudio de la teoría lingüística les será (o les ha sido a aquellos profesores en ejercicio)

---

[7] Véase, por ejemplo, la información sobre el tema en la página web de la Escuela de Educación de la Universidad de Pensilvania (http://tep.gse.upenn.edu/collaborate/collaborate_mentors.html).

muy útil a la hora de su práctica docente. Todos ellos, además, consideran que se debe buscar un equilibrio entre la formación teórica y la práctica docente. En realidad, como bien indica LARSEN-FREEMAN (2008), las teorías deben ayudar a hacernos conscientes de aspectos intuitivos de la práctica docente, a estimular nuevas preguntas en la actividad del aula, a hacernos, finalmente, profesores y formadores de profesores más reflexivos.

¿Y qué ocurre entonces con toda la investigación que se ha llevado a cabo en el área de ASL en estos últimos cuarenta años? ¿Debería encontrar algún reflejo en los cursos de formación de profesorado de lenguas extranjeras? Muchos investigadores y formadores piensan que, de hecho, este tipo de investigación debería ser una parte fundamental del dicha formación, la base para que el profesorado se sienta más seguro y sea más exitoso en el aula (JOURDENAIS, 2004; TARONE y ALLWRIGHT, 2005). Si se quiere establecer una conexión entre la ASL y la formación pedagógica, la clave radicaría, como bien indica ELLIS (2010), en preguntarnos hasta qué punto los resultados de la investigación en ASL pueden tener impacto en la actividad que el profesorado realiza en el aula de lenguas. Lo que algunos consideramos es que la familiarización del profesorado con los principales resultados obtenidos en ASL hará que los propios profesores identifiquen problemas en su práctica docente y posibles soluciones que se puedan poner en práctica. Para ello, nuestro papel como formadores consistiría en tender puentes entre la teoría y la práctica, es decir, en llevar a cabo la transferencia del conocimiento de forma que los resultados de la investigación en ASL se hagan accesibles al profesorado en formación.

Un buen ejemplo de cómo estimular la reflexión sobre diversos aspectos del aprendizaje de lenguas es el presentado por LIGHTBOWN y SPADA (2006). Estas autoras utilizan al comienzo de su excelente libro un breve cuestionario en que los futuros profesores expresan su grado de acuerdo o desacuerdo con doce «creencias populares» sobre el proceso de adquisición de lenguas. Se les pide que guarden esas opiniones y comprueben al final de curso si han de modificarse a la luz de los contenidos que se han presentado en el aula. Hemos utilizado este mismo cuestionario en nuestra práctica docente, en el curso *Second Language Acquisition: An Introduction and Two Models* para alumnos de tercer y cuarto curso de la licenciatura de Filología Inglesa de la Universidad del País Vasco/Euskal Herriko Unibertsitatea (UPV/ EHU) que mayoritariamente se dedicarán a la enseñanza de la lengua inglesa, principalmente a nivel de educación secundaria. La inmensa mayoría de los alumnos a los que se les presentó el cuestionario de Lightbown y Spada —una media de 94 por 100 en los tres últimos años en que se impartió el curso— modificaron sus opiniones iniciales. El mismo resultado se ha observado en el alumnado de la primera edición del Máster en *Language Acquisition in Multilingual Settings* de la UPV/EHU —del que formaban parte dos profesoras con más de veinte años de experiencia docente en lenguas extranjeras—. Aunque estos datos tienen un carácter meramente informativo, BADGER, MCDONALD y WHITE (2001) sí realizaron un estudio experimental con ese mismo cuestionario y descubrieron que había cambios estadísticamente significativos en siete de los doce ítems, mientras que no se encontró ningún cambio en el grupo de control. Más recientemente, BUSH (2010) examinó el efecto de un curso introductorio sobre ASL en las ideas que tenía sobre este tema un grupo numeroso (n= 381) de profesores en formación y demostró la existencia de un cambio estadísticamente significativo en las creencias del profesorado, muchas de ellas resultado de experiencias personales previas en su propio proceso de aprendizaje. Parecería, por tanto, que si somos capaces de presentar los resultados de investigación de manera clara, con numerosos ejemplos procedentes de producción de alumnos (bien oral o escrita) y, sobre todo, sin asumir que el profesorado está familiarizado con determinados marcos de investigación, ciertamente se consigue esa tan necesaria concienciación sobre temas relevantes para la práctica docente. Varios estudios llevados a cabo recientemente (ERLAM, 2008; MCDONOUGH, 2006) indicarían que es precisamente ese conocimiento sobre diversos aspectos relativos a la ASL el que hace que el profesorado en formación cambie sus creencias iniciales sobre el proceso de aprendizaje.

Pero, desde la perspectiva de la investigación en ASL, nos podríamos preguntar qué temas pueden ser de interés para el profesorado de lenguas en período de formación inicial o continua. Un buen punto de partida sería el adoptado por PICA (1994). En este trabajo la investigadora parte de una serie de diez preguntas que los profesores en formación suelen realizar, unas preguntas a las que ella misma se había referido en un trabajo anterior como «la lista de las diez más buscadas en enseñanza de lenguas» (PICA, 1989). Entre ellas se encuentran, por ejemplo, aquellas relativas al papel del conocimiento de una lengua en el aprendizaje de otra, la efectividad del trabajo en grupo en el aula, el papel que ha de desempeñar la enseñanza explícita de la gramática, cómo han de corregirse los errores, etc.

Entre los resultados de investigación en ASL que pueden tener una implicación directa en la actividad docente del profesorado de lenguas podríamos mencionar, entre otros, aquellos referentes a la *interacción en el aula* (ALCÓN SOLER y GARCÍA MAYO, 2009; GARCÍA MAYO y ALCÓN SOLER, 2002, 2011; GASS y MACKEY, 2006), los efectos de diferentes tipos de *corrección de errores* (LYSTER y RANTA, 1997; MACKEY, GASS y MCDONOUGH, 2000), *la atención a la forma gramatical* (LONG y ROBINSON, 1998; SPADA, 2011) dentro de un enfoque comunicativo de enseñanza/aprendizaje de lenguas, información sobre la importancia de *variables individuales* (edad, aptitud, actitud, motivación, ansiedad) (ROBINSON, 2002), *tipos de tareas y sus implicaciones pedagógicas* (GARCÍA MAYO, 2007) o *etapas en el desarrollo de distintas estructuras lingüísticas* (PIENEMANN, 1999).

Por tanto, y en línea con una de las conclusiones a las que ha llegado el cuestionario administrado por MARTÍN ORTEGA *et al.* (2010), ha de ser el profesorado universitario conocedor por formación y experiencia en investigación sobre temas de ASL el responsable de transmitir información que sea relevante para el profesor de lenguas extranjeras identificando temas que puedan tener implicaciones/aplicaciones en el aula de idiomas e incluso involucrando al profesorado en la realización de investigación a pequeña escala con sus alumnos. Un ejemplo de estas prácticas podría encontrarse en la colaboración entre profesorado e investigadores en el contexto de los programas de inmersión lingüística en Canadá (LYSTER, 2005) o en el trabajo realizado en la Universidad de Pensilvania por parte de la Dra. Teresa Pica y sus colegas (PICA, 2009). En definitiva, es responsabilidad de los formadores fomentar la reflexión sobre la práctica docente en base a conocimiento del que ya se dispone gracias a la investigación llevada a cabo en el área de ASL.

2.2.2. Competencia comunicativa y conciencia metalingüística

Los patrones de comunicación que se construyen en el aula de lenguas extranjeras son iniciados generalmente por los profesores (ALCÓN, 2001: 272). Resulta obvio decir que la falta de confianza en el uso de la lengua influirá de forma clara cómo se afronta la actividad en el aula (véase PAHISSA y TRAGANT, 2009). Si el profesorado no alcanza un alto nivel de competencia en la lengua extranjera, tendrá que hacer frente a dificultades en, al menos, los siguientes aspectos (LLURDÁ, 2005b: 146): (i) trasmitir información al alumnado; (ii) contestar sus preguntas sobre uso de la lengua, y (iii) proporcionar un buen modelo lingüístico. Ortega (2007) señala que la práctica en el aula ha de ser interactiva y centrada en aspectos que sean significativos para el alumnado, es decir, que éste se sienta involucrado en las tareas que realiza. Resulta difícil mantener que se pueda crear un entorno de uso interactivo de la lengua si el profesorado no dispone de los recursos lingüísticos necesarios para ello,

Además de alcanzar un alto dominio del código lingüístico, el profesorado de lenguas extranjeras debería poseer conciencia metalingüística, es decir, conocimiento no sólo de la lengua sino también *sobre* la lengua[8]. Para WRIGHT (2002: 118) la conciencia metalingüística implica la capacidad de utilizar la lengua de forma apropiada en situaciones varias y también un conocimiento de las normas sociales y pragmáticas que constituyen la base de ese uso apropiado. ERLAM, PHILP y ELDER (2009) van más allá y proponen la utilización de un test de conocimiento metalingüístico (*metalinguistic knowledge test,* MKT) en los cursos de formación de profesorado puesto que consideran que el simple conocimiento del código lingüístico puede no ser un elemento fiable en la evaluación de dicho profesorado.

Puesto que tanto el conocimiento lingüístico como el metalingüístico son fundamentales para el profesor de lenguas, sería recomendable que se exigiese una competencia equivalente al nivel

---

[8] En el modelo neurolingüístico de PARADIS (2004, 2009), la capacidad humana de comunicación verbal incluye la competencia lingüística (fonología, morfología, léxico y sintaxis) y el conocimiento metalingüístico (conocimiento consciente de hechos sobre el lenguaje).

C2 del Marco Común de Referencia Europea al finalizar los estudios que capacitan para impartir una lengua extranjera. Ese nivel tendría que ser acreditado por medio de pruebas estandarizadas administradas por una agencia externa.

2.3. La enseñanza en lenguas extranjeras
      en la universidad

Desde hace algún tiempo se vienen desarrollando en distintas comunidades autónomas programas educativos que tratan de integrar el aprendizaje de contenidos curriculares con el de la lengua extranjera. Dichos programas, que se pueden englobar dentro del término AICLE, tienen como objetivo general aumentar las horas de exposición del alumnado a la lengua que se pretende aprender (generalmente el inglés). La mayoría de los argumentos a favor de la puesta en marcha de programas AICLE proceden de la investigación que se lleva a cabo en el área de ASL que demuestra que dichos programas: (i) crean condiciones que posibilitan el aprendizaje de una lengua extranjera en contextos más naturales; (ii) proporcionan una finalidad para el uso de la lengua en el aula; (iii) tienen un efecto positivo en el aprendizaje puesto que ponen énfasis en el significado del lenguaje y no exclusivamente en sus aspectos formales, y (iv) aumentan de forma considerable el tiempo de exposición a la lengua extranjera (Dalton-Puffer y Smit, 2007).

En el ámbito de la educación primaria y secundaria, donde estos programas son cada vez más numerosos, existe cierta preocupación por el bagaje y la formación de los profesionales dedicados a estas labores (véase Pica, 2009; Lyster y Ballinger, en prensa). Así lo demostraba un editorial en *El Correo* —el diario de mayor tirada en la Comunidad Autónoma Vasca— ante la inminente puesta en práctica del modelo trilingüe de la Consejería de Educación de esta comunidad: «Pero para que eso [el cambio de modelo lingüístico] se haga realidad, convendría tener en cuenta que *la capacitación docente está hoy muy lejos de poder afrontar tamaño desafío*» (7 de marzo de 2010; las cursivas son mías).

También en los últimos años, y dentro del marco del EEES, distintas universidades nacionales han diseñado programas para fomentar la presencia de las lenguas extranjeras (mayoritariamente el inglés) en la oferta docente de las licenciaturas/grados y postgrados. En el ámbito universitario, la enseñanza de distintas materias en lengua extranjera tiene evidentes ventajas puesto que este tipo de actuaciones potencia la internacionalización del trabajo académico al formar a alumnos que usan esas lenguas como instrumento de comunicación. Asimismo, la mejora en la formación lingüística del alumnado facilitará su inserción laboral tanto a nivel nacional como en el mercado internacional. Desde la perspectiva del profesorado involucrado en la docencia en lengua extranjera de la(s) materia(s) de su responsabilidad, estas acciones redundan en beneficio de la propia internacionalización de su labor docente e investigadora por medio de intercambios académicos.

El reto de la formación del profesorado que decide impartir docencia en lengua extranjera se plantea también a nivel universitario. A diferencia de lo que suele ser práctica habitual en los niveles de Educación Primaria, es decir, que el profesor de lengua extranjera asuma la docencia de determinadas asignaturas de contenido tras cierta preparación específica, o en Educación Secundaria, en que es el profesorado de materias específicas el que, partiendo de un conocimiento intermedio de la lengua extranjera y tras ciertos cursos de preparación, se enfrenta a la docencia en su área de conocimiento, esta situación sería impensable a nivel universitario debido a la cada vez más evidente especialización de los profesionales de cada área.

El profesorado universitario que imparta docencia en lengua extranjera necesitará formación no sólo en aspectos relativos al código lingüístico de la lengua extranjera (producción oral, fluidez, práctica en lenguaje específico para la impartición de clases y seminarios, discurso del aula, etc.) sino también sobre aspectos pedagógicos que se deberían poner en práctica en el marco del EEES (atención más personalizada y seguimiento del alumnado por medio de tareas y presentaciones orales en el aula, fomento de la actitud de aprendizaje a lo largo de la vida, etc.). Además, necesitará ser consciente de los registros que han de utilizarse de acuerdo con distintas disciplinas (GARCÍA MAYO, 2000). FORTANET (2010) comenta algunos cursos de formación del profesorado universitario que se han puesto en marcha en instituciones europeas tales como el *Royal Institute of Technology de Estocolmo, la Chambers University of Technology* en Suecia o en la *University of Vezprém* en Hungría. A nivel nacional, Fortanet menciona los cursos que se llevan a cabo en la Universidad Politécnica de Madrid y en la Universidad de Valencia, ambos con pocas horas de duración (20 y 10 horas, respectivamente) y se centra en la descripción del curso diseñado en la Universitat Jaume I de Castellón, un curso de entre 40-50 horas que se imparte desde el año académico 2004-2005 y que ha modificado en base a las opiniones del profesorado participante.

En el curso académico 2005-2006, la UPV/EHU puso en marcha el Plan de Plurilingüismo con el objetivo general de fomentar la presencia de las lenguas extranjeras en la oferta docente. Uno de los objetivos de ese plan, tal y como aparece reflejado en la página web del Vicerrectorado de Relaciones Internacionales (http://www.relaciones-internacionales.ehu.es), es dar continuidad a los proyectos de plurilingüismo a través de los cuales se imparten asignaturas en inglés y francés en centros de enseñanza secundaria de la Comunidad Autónoma Vasca. En el curso académico 2009-2010 se impartieron más de 150 asignaturas en lengua extranjera (mayoritariamente inglés) en los tres campus de la UPV/EHU. En la actualidad, la UPV/EHU oferta dos cursos de formación para el profesorado universitario que quiera realizar su labor docente en dos lenguas extranjeras, inglés y francés. El curso «Teach your subject in English» tiene una duración de 15 horas y sus principales objetivos son que los profesores tomen conciencia de aspectos claves de la pronunciación y el ritmo en lengua inglesa y, de ese modo, puedan aumentar su confianza a la hora de realizar presentaciones orales en dicha lengua. En lo referente al francés, el curso «Atelier pratique pour développer des compétences langagières en français dans un contexte d'enseignement-recherche supérieurs», de una duración de 25 horas, tiene como principal objetivo que el profesorado adquiera estrategias orales y escritas así como un mejor uso de técnicas argumentativas en la interacción oral y el medio escrito-visual. En nuestra opinión, sería interesante que este tipo de cursos tuviese una mayor duración, tal y como sugiere también FORTANET (2010), que se ofreciese no únicamente esa formación inicial sino una formación continua a lo largo del año académico (con encuentros bi- o trimensuales) de forma que el profesorado pudiese tener acceso a temas más avanzados en su formación.

2.4. Conclusión

El principal objetivo de esta contribución ha sido resaltar la importancia de la formación del profesorado responsable de la enseñanza de lenguas extranjeras. El profesorado es una pieza clave en el proceso de enseñanza/aprendizaje y es evidente que sin una formación apropiada nunca podrá afrontar el reto multilingüe que pretende alcanzar nuestra sociedad.

En el informe de Martín Ortega *et al.* (2010) los autores consideran preocupantes, y lo son, las evaluaciones negativas sobre las prácticas que reciben los alumnos de Magisterio y aquellos que se preparaban para obtener el Certificado de Aptitud Pedagógica. Sin embargo, debemos ser optimistas antes las nuevas posibilidades que se presentan con la reforma de los planes de estudio universitarios. Es ahora cuando hemos de asegurarnos de que se certifiquen las competencias lingüísticas y pedagógicas del profesorado de idiomas así como sus competencias generales (conocimientos, destrezas, capacidad de aprendizaje a lo largo de la vida). Es ahora cuando el profesorado universitario especialista en ASL y conocedor del discurso del aula ha de tomar la iniciativa en la formación inicial y permanente de los futuros profesores, implicándose en una labor de concienciación sobre la necesidad de realizar investigación en el aula (Borg, 2009, 2010), de llevar a cabo proyectos de investigación-acción y también desarrollando una filosofía de trabajo colaborativo que redunde en beneficio del sistema. En definitiva, una buena formación determinará una práctica educativa reflexiva que sustentará la mejora del proceso de enseñanza-aprendizaje.

2.5. Referencias Bibliográficas

Acuña Fariña, J. C., Alcón Soler, E., García Mayo, M. P., Martínez López, M., Muñoz Lahoz, C. y González Fernández-Corugedo, S. (2010): *Plan Nacional de Mejora de la Enseñanza de las Lenguas Extranjeras*, Informe Preliminar, Ministerio de Educación y Ciencia.

ALCÓN SOLER, E. (2001): «Interacción y aprendizaje de segundas lenguas en el contexto institucional del aula», en Pastor Cesteros, S. y Salazar García, V. (eds.): *Tendencias y Líneas de Investigación en Adquisición de Segundas Lenguas* (pp. 271-287), Servicio de Publicaciones, Alicante.

ALCÓN SOLER, E. y GARCÍA MAYO, M. P. (eds. invitadas) (2009): «Interaction and language learning in foreign language contexts», *International Review of Applied Linguistics*, 47, pp. 3-4.

ALCÓN SOLER, E. y MARTÍNEZ FLOR (eds.) (2008): *Investigating Pragmatics in Foreign Language Learning, Teaching and Testing*, Multilingual Matters, Clevedon.

BADGER, M., MCDONALD, M. y WHITE, G. (2001): «Second language acquisition courses and student teachers» values», *Academic Exchange Quarterly*, 22 september.

BALL, P. y LINDSAY, D. (2010): «Teacher training for CLIL in the Basque Country: The case of the ikastolas - An expediency model», en Lasagabaster, D.y Ruiz de Zarobe, Y. (eds.): *CLIL in Spain* (pp. 162-182), Cambridge Scholars, Newcastley-upon-Tyne.

BORG, S. (2009): «English language teachers» conceptions of research», *Applied Linguistics*, 30(3): pp. 358-388.

— (2010): «Language teacher research engagement», *Language Teaching*, 43(4): pp. 391-429.

BRAINE, G. (2004): «The nonnative English-speaking professional's movement and its research foundations», en Kamhi-Stein, L. D. (ed.): *Learning and Teaching from Experience. Perspectives on Non-native English Speaking Professionals* (pp. 9-24), The University of Michigan Press, Ann Arbor, MI.

BUSH, D. (2010): «Pre-service teacher beliefs about language learning: The second language acquisition course as an agent for change», *Language Teaching Research*, 14(3), pp. 318-337.

DALTON-PUFFER, C. y SMIT, U. (eds.) (2007): *Critical Perspectives in CLIL Classroom Discourse*, Peter Lang, Frankfurt.

ELAN – *Effects on the European Economy of Shortages of Foreign Language Skills in Enterprise*, 2006. European Commission. Documento en línea consultado en internet el 22-1-2010. http://www.eubusiness.com/topics/sme/foreign-language-skills/.

ELLIS, R. (2010): «Second language acquisition, teacher education and language pedagogy», *Language Teaching*, 43(2), pp. 182-201.

ELORZA, I. y MUÑOA, I. (2008): «Promoting language through integrated plurilingual language planning. The case of the ikastolas», *Language, Culture and Curriculum*, 21(1), pp. 85-101.

ERLAM, R. (2008): «What do you researchers know about language teaching? Bridging the gap between SLA research and language pedagogy», *Innovation in Language Learning and Teaching*, 2(3), pp. 253-267.

ERLAM, R., PHILP, J. y ELDER, C. (2009): «Exploring the explicit knowledge of TESOL teacher trainees: Implications for focus on form in the classroom», en Ellis, R., Loewen, S., Elder, C., Philp, J. y Reinders, H. (eds.): *Implicit and Explicit Knowledge in Second Language Learning, Testing and Teaching* (pp. 216240), Multilingual Matters, Clevedon.

FORTANET, I. (2010): «Training CLIL teachers for the university», en Lasagabaster, D.y Ruiz de Zarobe, Y. (eds.) : *CLIL in Spain* (pp. 257-276), Cambridge Scholars, Newcastley-upon-Tyne.

GARCÍA MAYO, M. P. (2000): *English for Specific Purposes: Discourse Analysis and Course Design,* Universidad del País Vasco, Bilbao.

GARCÍA MAYO, M. P. (ed.) (2007): *Investigating tasks in formal language learning,* Multilingual Matters, Clevedon.

GARCÍA MAYO, M. P. y ALCÓN SOLER, E. (eds. invitadas) (2002): «The role of interaction in instructed language learning», *International Journal of Educational Research,* 37 (volumen monográfico).

— (2011): «Negotiated input and output. Interaction», en Herschensohn, J. y Young-Scholten, M. (eds.): *Handbook of Second Language Acquisition,* Cambridge University Press, Cambridge.

GASS, S. M. y MACKEY, A. (2006): «Input, interaction and output: A review», *AILA Review,* 19, pp. 3-17.

JOURDENAIS, R. (2004): «Finding membership in the discourse community of language educators», Trabajo presentado en el congreso de la American Association of Applied Linguistics, Portland, Oregon.

LAFOND, L. y DOGANCAY-AKTUNA, S. (2009): «Teacher perspectives on linguistics and TESOL teacher education», *Language Awareness,* 18(4), pp. 345-365.

LARSEN-FREEMAN, D. (2008): «Does TESOL share theories with other disciplines?», *TESOL Quarterly,* 42(2), pp. 291-293.

LIGHTBOWN, P. y SPADA, N. (1999): *How Languages are Learned,* Oxford University Press, Oxford.

LONG, M. y ROBINSON, P. (1998): «Focus on form: Theory, research and practice», en Doughty, C. y Williams, J. (eds.): *Focus on Form in Classroom Second Language Acquisition* (pp. 15-41), Cambridge University Press, Cambridge.

LLURDA, E. (ed.) (2005a): *Non-Native Language Teachers. Perceptions, Challenges and Contributions to the Profession,* Springer, New York.

— (2005b): «Non-native TESOL students as seen by practicum supervisors», en Llurdá, E. (ed.): *Non-Native Language Teachers. Perceptions, Challenges and Contributions to the Profession* (pp. 131-154), Springer, Nueva York.

LYSTER, R. (2005): *Learning and Teaching Languages through Content,* John Benjamins, Amsterdam.

LYSTER, R. y BALLENGER, S. (en prensa): «Content-based language teaching: Convergent concerns across divergent contexts», *Language Teaching Research,* 15(3).

LYSTER, R. y RANTA, L. (1997): «Corrective feedback and learner uptake: Negotiation of form in communicative classrooms», *Studies in Second Language Acquisition,* 19, pp. 37-66.

MACKEY, A., GASS, S. y MCDONOUGH, K. (2000): «Do learners recognize implicit negative feedback as feedback?», *Studies in Second Language Acquisition,* 22(4), pp. 471-497.

MARTÍN ORTEGA, E., MANSO AYUSO, J., PÉREZ GARCÍA, E. M. y ÁLVAREZ SÁNCHEZ, N. (2010): «La formación y el desarrollo profesional de los docentes», Documento pdf en línea descargado de internet el 20 de abril de 2010.

McDONOUGH, K. (2006): «Action research and the professional development of graduate teaching assistants», *The Modern Language Journal*, 90(1), pp. 33-47.

MONTAGUE, N. S. (1997): «Critical components for dual language programs», *Bilingual Research Journal*, 21(4), pp. 334-342.

ORTEGA, L. (2007): «Meaningful L2 practice in foreign language classrooms: A cognitive-interactionist SLA perspective», en DeKeyser, R. (ed.): *Practice in a Second Language. Perspectives from a Applied Linguistics and Cognitive Psychology* (pp. 180-207), Cambridge University Press, Cambridge.

OXFORD, R. y OXFORD, J. (eds.) (2009): *Second Language Teaching and Learning in the Net Generation*, University of Hawai, National Foreign Language Resource Center, Honolulu.

PARADIS, M. (2004): *A Neurolinguistic Theory of Bilingualism*, John Benjamins, Amsterdam.

PARADIS, M. (2009): *Declarative and Procedural Determinants of Second Language*, John Benjamins, Amsterdam.

PAHISSA, I. y TRAGANT, E. (2009): «Grammar in the non-native secondary school teacher in Catalonia», *Language Awareness*, 18(1), pp. 47-60.

PENNINGTON, M. (1999): «Rules that break and rules to play by: Implications of different conceptions of teaching for language teacher development», en Trappes-Lomax, H. y McGrath, I. (eds.): *Theory in Language Teacher Education* (pp. 99-108), Longman, Harlow, UK.

PICA, T. (1989): «The ten most wanted list in teaching ESL: Can research meet the challenge?», Conferencia plenaria en la New York Applied Linguistics Association, New York University, New York.

PICA, T. (1994): «Questions from the language classroom: Research perspectives», *TESOL Quarterly*, 28(1), pp. 49-79.

— (2009): «Integrating content-based and task-based approaches for teaching, learning and research», En Cook, V. y Wei, L. (eds.): *Contemporary Applied Linguistics. Vol. I. Language Teaching and Learning*, Continuum, Londres.

PIENEMANN, M. (1999): *Language Processing and Second Language Development: Processability Theory*, John Benjamins, Amsterdam.

REVES, T. y MEDGYES, P. (1994): «The non-native English speaking EFL/ESL teacher's self-image: An international survey», *System*, 22(3), pp. 353-357.

ROBINSON, P. (2002): *Individual Differences in Instructed Language Learning*, John Benjamins, Amsterdam.

RODRÍGUEZ MENÉNDEZ, M. C. y FERNÁNDEZ GARCÍA, C. (2007): «Los procesos de enseñanza-aprendizaje universitario ante el reto de la convergencia europea: Algunos obstáculos en su implementación», *Campo Abierto*, 26(2), pp. 123-135.

SPADA, N. (2011): «Beyond form-focused instruction: Reflections on past, present and future research», *Language Teaching Research*, 44(2), pp. 225-236.

TARONE, E. y ALLRIGHT, D. (2005): «Second language teacher learning and student second language learning: Shaping the knowledge base». En TEDICK, D. (ed.): *Second Language Teacher Education: International Perspectives* (pp. 5-23), Lawrence Erlbaum, Mahwah, NJ.

TOMAS, Z, FARRELLY, R. y HASLAM, M. (2008): «Designing and implementing the TESOL teaching practicum abroad: Focus on interaction», *TESOL Quarterly*, 42(4), pp. 660-664.

TORREGO EGIDO, L. (2004): «Ser profesor universitario, ¿un reto en el contexto de convergencia europea? Un recorrido por declaraciones y comunicados», *Revista Interuniversitaria de Formación del Profesorado*, 18(3), pp. 259-268.

VEZ, J. M., GUILLÉN DÍAZ, C. y GONZÁLEZ PIÑEIRO, M. (eds.) (2009): *Perfil Competencial en Idiomas e Interculturalidad de los Egresados Universitarios en el Desempeño de sus Funciones*, Instituto de Ciencias de la Educación, Santiago de Compostela.

WRIGHT, T. (2002): «Doing language awareness: Issues for language study in language teacher education», en Trappes-Lomax, H. (ed.): *Language in Language Teacher Educdation* (pp. 115-130), John Benjamins, Amsterdam.

WRIGHT, T. (2010): «Second language teacher education: Review of recent research on practice», *Language Teaching*, 43(3), pp. 259-296.

3. LAS ESTANCIAS LINGÜÍSTICAS Y EL APRENDIZAJE DE LENGUAS*

3.1. EL INTERÉS DE LAS ESTANCIAS LINGÜÍSTICAS

Es indudable que las estancias lingüísticas tienen un papel central en el desarrollo de la competencia comunicativa en una lengua extranjera. Tampoco cabe duda sobre el hecho de que su impacto va más allá del plano puramente lingüístico, pues tienen una dimensión educativa e incluso social. En su dimensión educativa, los beneficios de los programas de movilidad son visibles a cualquier nivel de la enseñanza. Ahora bien, nos atreveríamos a afirmar que es en la etapa de la educación superior cuando las estancias pueden jugar un papel especialmente destacado en tanto que elementos claves en la formación global universitaria. El interés de su dimensión social viene demostrado por obras literarias como *L'Étudiant étranger* del novelista y cineasta Philippe Labro, recordada por KINGINGER (2009: 1), o cinematográficas, como la pe-

---

*Elaborado por CARMEN PÉREZ VIDAL. Coordinadora del grupo de investigación ALLENCAM y delegada del rector para la política lingüística de la Universitat Pompeu Fabra.

lícula francesa *L'auberge espagnole* rodada en 2006 bajo la dirección de Cédric Klapisch. La cinta, convertida ya en un clásico después de su éxito taquillero, es un ejemplo modélico de comunicación multilingüe entre estudiantes de programas de movilidad europeos. Presenta las vivencias de un joven francés y un grupo de estudiantes de diferentes nacionalidades que disfrutan de un intercambio en el marco de los programas Erasmus en distintas universidades catalanas. La comunicación entre ellos en varias lenguas queda patente a lo largo de la cinta.

Parecería que el interés educativo y social por las estancias lingüísticas es por tanto innegable. Podemos explicarlo por la riqueza y complejidad de las experiencias vividas durante una estancia: se experimentan una multiplicidad de situaciones nuevas, lejos del entorno familiar conocido. Ahora bien, la cuestión lingüística central estriba en que la comunicación cotidiana discurre en una lengua que a menudo no se domina, pero que se pretende aprender, al mismo tiempo se profundiza en el conocimiento de la(s) cultura(s) del país de dicha lengua meta, lo que puede representar un reto si cabe aún mayor que el del aprendizaje de la lengua. No es pues de extrañar que en las últimas tres décadas el interés por las estancias no haya hecho más que crecer, a la vez que ha ido aumentando el número de estudiantes acogidos, libres de costos, por universidades europeas con el objetivo de cursar un número de créditos ECTS (*European Credit Transfer* System) en una universidad extranjera para su posterior reconocimiento en cualquier otra universidad europea. El trasfondo de todo ello es complejo y merece una explicación.

Las políticas de movilidad de estudiantes en Europa que dieron paso a la organización de estancias lingüísticas tienen su base legal en el Tratado de Schengen, ratificado para todos los niveles educativos por el Tratado de Ámsterdam (2007). Estos tratados establecieron la libre movilidad de estudiantes y trabajadores en los países de la Unión, elemento central en la construcción europea. Sobre la base de dichos tratados, la estrategia europea hacia el multilingüismo incorporó la movilidad como uno de sus ejes principales. Desde entonces los intercambios de estudiantes organizados institucionalmente han sido práctica común en Europa, al desplegarse los distintos programas de movilidad para cada nivel de enseñanza: Comenius, para la enseñanza secundaria; Leonardo, para la formación profesional; y Sócrates-Erasmus, y más recientemente Séneca, para la educación superior. La competencia lingüística en la lengua meta es un elemento central en dichos programas, en primer lugar como requisito, y en segundo como objetivo de aprendizaje de tipo «transversal», sin menoscabo del objetivo principal, la obtención de créditos ECTS del grado cursado.

Esta nueva situación de movilidad de estudiantes en el panorama educativo europeo ha tenido una trascendencia de la que a menudo no somos suficientemente conscientes: democratizar la experiencia de los intercambios con otros países, hacerla extensiva a todos los perfiles educativos, y, en la educación superior a todos los grados, sin distinciones sociales a priori. De esta forma, actualmente, las estancias lingüísticas se conciben como una opción para todos los estudios universitarios, no sólo para los estudios especializados en lenguas, primando los buenos expedientes académicos cuando la oferta supera la demanda. ¿Cuál es el objetivo de una operación de tal envergadura?

Tal como resume KINGINGER (2009: 21) las estancias lingüísticas en Europa se enmarcan en un «entramado político» en el que cumplen determinados objetivos. PÉREZ-VIDAL (2004) coincide con esta autora al identificar los dos objetivos siguientes:

a) Un objetivo educativo de corte social, consistente en formar a las jóvenes generaciones como ciudadanos europeos, y del mundo, con una visión internacional, capaces de comunicarse en diversas lenguas. Todo ello se percibe como forma de fomentar el conocimiento y la comprensión mutua, en una sociedad en la que va calando el objetivo educativo del multilingüismo, a la par que la internacionalización lo convierte en una realidad de la calle. En definitiva se trataría de educar en lo que podríamos llamar un *espíritu multilingüe y multicultural* a las que serán las nuevas generaciones de profesionales.

b) Un objetivo económico-profesional de búsqueda de excelencia a través de la internacionalización. Dicho de otro modo, se aborda el reto de la internacionalización profesional a base de que el alumnado universitario experimente dicha situación en pequeñas dosis, y en la actividad que le es propia: estudiar materias de su especialidad en otro país con una lengua y cultura distinta; la finalidad, un aprendizaje para su futura vida profesional en la que posiblemente encontrarán contextos de trabajo diversos tanto desde el punto de vista lingüístico y cultural.

Es cierto que cada uno de los objetivos anteriores apela a un principio de signo diferente, subraya KINGINGER (2009: 20), uno humanístico educativo y el otro utilitario. La tensión que puede existir entre ellos es la que subyace en las reformas educativas que se han introducido a partir de la Declaración de Bolonia de 1999, en la que los estados miembros acordaron crear para 2010 un Espacio Europeo de Educación Superior (de ahora en adelante EEES) libre de barreras, en el que los sistemas europeos universitarios serían estructuralmente convergentes y transparentes a través del sistema de los créditos ECTS.

No debe olvidarse que no se empezaba de cero, pues anteriormente algunos países europeos ya tenían incorporadas las estancias lingüísticas en su sistema de educación superior. No obstante, tal como se apuntaba más arriba, limitándolas al ámbito de las especialidades ligadas a las lenguas modernas. En el Reino Unido por ejemplo, el año de estancia en el país de la lengua meta representaba de hecho una cuarta parte de la licenciatura. Dicho sea de paso, en el contexto estadounidense y canadiense las estancias lingüísticas también han sido práctica habitual desde hace años.

Llegados a este punto conviene empezar a matizar los efectos positivos de las estancias y entrar en detalle. Con ello queremos decir lo siguiente: las expectativas que despiertan las estancias lingüísticas son altas, y por todos los argumentos anteriores podría pensarse que es justificado que así lo sea, sin embargo, la realidad que nos presenta la investigación que examina con rigor científico sus efectos es más matizada que todas las consideraciones generales aducidas. Tanto los efectos lingüísticos, como los culturales, así como el impacto personal que conllevan deben someterse a escrutinio. Conocer a fondo dicha realidad nos permitirá no llamarnos a engaño, así como incidir en los diseños más eficaces de programas en el extranjero. En efecto, el esfuerzo económico, personal y de gestión que requieren las estancias lo hace aconsejable.

Por consiguiente, una vez analizado el interés que generan las estancias lingüísticas (ELs de aquí en adelante), en el siguiente y segundo apartado se describen las estancias en sus múltiples dimensiones, con especial atención a las universidades españolas en la andadura del EEES. A continuación, el tercer apartado del capítulo resume los conocimientos científicos sobre los beneficios educativos globales y más en particular su efecto en el aprendizaje de lenguas. Finalmente el capítulo se cierra con una conclusión.

3.2. LAS ESTANCIAS LINGÜÍSTICAS CARACTERIZADAS

3.2.1. *Las estancias lingüísticas desde una perspectiva internacional*

Resulta interesante situar los programas de movilidad que conocemos, y con los que se organizan las ELs para el alumnado universitario, en un marco más amplio que el de nuestro horizonte europeo y occidental. KINGINGER (2009: 8-9) resume el informe *Internationalisation and Trade in Higher Education* (2004) difundido por la Organización para la Cooperación Económica y el Desarrollo (OCDE). Esta autora apunta cuatro tipos de lo que ella denomina «educación transfronteriza».

El primer tipo está representado por los programas Erasmus de la Unión Europea de los que nos ocupamos en este capítulo. Este tipo de programa persigue el objetivo de la *comprensión mutua* y el desarrollo intelectual, lo cual incluye las lenguas, el desarrollo cultural y el estímulo académico. Desde su creación en 1987 se han financiado las estancias de alrededor de un millón de estudiantes Erasmus en Europa (mejor dicho cofinanciado conjuntamente con las familias y las instituciones locales).

El segundo tipo está representado por programas diseñados en Australia, Nueva Zelanda y el Reino Unido. Estos programas persiguen una cierta *generación de capital*. Intentan penetrar en el mercado educativo de las estancias en el extranjero y posibilitar que las universidades nacionales obtengan un beneficio financiero con las ELs.

El tercer tipo está representado, siempre según el informe de la OCDE, por Alemania. El programa pretende atraer *emigración altamente cualificada* y animarla a que más tarde vuelva a trabajar al país de acogida.

El cuarto tipo está representado por países en los que la demanda de educación superior no puede ser correctamente atendida. El informe cita como ejemplo los casos de Sri Lanka o Chipre. El objetivo de estos programas es aportar *formación especializada* con la que mejorar la oferta propia a la vuelta de la estancia.

Centrándonos en Europa, el programa Erasmus (*European Community Action Scheme for the Mobility of University Students*) se creó con la ambición de llegar a un 10 por 100 de la población universitaria europea. En su inicio en el año 1987 incluyó a 300 universidades, mientras que en el año 2007 había llegado ya al 90 por 100 de las universidades europeas y movilizado a 150.000 estudiantes y profesores anualmente. No está claro cuán lejos se está actualmente de ese 10 por 100, pero ciertamente se está lejos. El proyecto EURODATA (WÄCHTER y WUTTIG, 2006) proporciona información estadística sobre el período 1998-2003. Los estudiantes Erasmus representan en esos años un 87,7 por 100 del total de estudiantes de movilidad de corta duración en Europa. La mayor parte son mujeres de grados relacionados con las finanzas y la gestión económica (21,4 por 100), las lenguas modernas y las filologías (16,3 por 100) ingeniería y tecnologías (10,5 por 100) y las ciencias sociales (10,3 por 100).

Podemos cerrar este apartado con la idea de que los programas Erasmus no son un elemento aislado de las políticas destinadas a fomentar la convergencia europea. Por el contrario, forman parte de una estrategia global dirigida a fomentar por una parte la diversidad lingüística y cultural europea, en tanto que riqueza que debe conservarse y fomentarse, y por otra el multilingüismo. El multilingüismo se entiende como el derecho de todo ciudadano y ciudadana a ser competente en otras lenguas además de la(s) propia(s): en el nuevo territorio Shengen, generado por la eliminación de fronteras en Europa, ello le permitirá disfrutar de los programas de movilidad. Los distintos Estados miembros han seguido dichas recomendaciones y aplicado las políticas necesarias para hacerlas efectivas. De ello trata el siguiente apartado.

3.2.2.   *Estancias lingüísticas y políticas europeas universitarias multilingües*

Felizmente, en los últimos años las recomendaciones en materia de lenguas emanadas de la División de Política Lingüística del

Consejo de Europa y de la Comisión europea están siendo consideradas prioritarias por la mayor parte de los estados miembros, y en concreto por nuestro país (COMISIÓN EUROPEA, 1995, 2003, 2008). Se han seguido las recomendaciones generales del *White Paper on Education and Learning: Towards a Learning Society* (1995). Este documento recomienda que las políticas lingüísticas de cada estado de la Unión garanticen la fórmula del 1 + 2 en relación con el conocimiento de lenguas. La fórmula del 1 + 2 establece que todo ciudadano o ciudadana debe poder usar dos lenguas extranjeras además de la(s) suya(s) propia(s). La ejecución de dichas políticas recae en el sistema educativo, a todos los niveles, el nivel de la educación primaria, de la secundaria y de la superior, que nos ocupa en el presente capítulo.

En consecuencia, en la educación superior las lenguas han pasado a ser un objetivo estratégico, en concreto en la planificación de los grados universitarios en el marco de las directrices de Bolonia. Como resultado, las universidades europeas, y en concreto las españolas, han iniciado un trabajo de diseño y puesta en marcha de políticas lingüísticas con horizontes multilingües. Ello en contraste con la situación anterior en la que, o bien no existía política alguna, o bien, si existía, se ocupaba de situaciones lingüísticas específicas. Este es el caso de las de las comunidades bilingües como el País Vasco, Cataluña, Galicia o Valencia. Centrándonos en Cataluña, el caso que conocemos directamente, la Universidad Pompeu Fabra (UPF) se dotó de una política, su *Pla d'Acció per al Multilingüisme (PAM)* en el año 2007, la Universidad Autónoma de Barcelona (UAB) y la Universidad Abierta de Cataluña (UOC) en el año 2008, junto a la Universidad Politécnica de Cataluña (UPC), seguidas de la Universidad Rovira y Virgili (URV), y la Universidad de Barcelona (UB), que lo hicieron en el 2010. Lo mismo ha sucedido en la Universidad Jaume I de Castellón. Si tomamos como ejemplo el PAM de la UPF, un plan de lenguas abarca al conjunto de la universidad, en su dimensión académica, administrativa e institucional (PÉREZ-VIDAL, 2008).

Las recomendaciones europeas más específicas en materia de lenguas de hecho se enmarcan en una estrategia global encaminada a la promoción del multilingüismo, como ya se ha recalcado en el apartado anterior. Dicha estrategia ha ido tomando cuerpo a lo largo de las incorporaciones de nuevos países a la Unión, y se concreta en una serie de objetivos y principios, un programa de lenguas y unos instrumentos (PÉREZ-VIDAL, 2009a, 2009b). Respecto a los objetivos, se trata de garantizar la educación plurilingüe de forma que se permita que no sólo una elite, sino la ciudadanía en general sea competente en las dos lenguas extranjeras de la fórmula 1 + 2. En relación con los principios, pueden destacarse los dos mencionados anteriormente, uno de cariz socio-educativo, y otro de cariz más utilitario. Respecto al programa de lenguas destacaríamos de la fórmula la idea de que ha de garantizar el conocimiento del inglés, lengua internacional por excelencia y requisito indispensable hoy en día, y además el conocimiento de otra segunda lengua. Esta otra lengua puede ser: la lengua de los países vecinos, una lengua con tradición en el propio país, o una lengua de las nuevas comunidades llegadas a un país. Vale la pena reseñar que en la actualidad, quince años después de la publicación del Libro Blanco, se está empezando a plantear en foros europeos que como consecuencia del creciente interés por el aprendizaje de lenguas con un horizonte multilingüe la fórmula más fiel a la realidad debería ser 1 + n. Ello permitirá reflejar que para un número alto de estudiantes de diferentes universidades europeas el horizonte multilingüe incluye ya más de dos lenguas que no son propia(s).

El programa de lenguas se concreta en los siguientes términos, la movilidad siendo uno de los cinco parámetros:

— Adquisición temprana de una segunda lengua en la educación preescolar.
— Enseñanza intensiva y transdisciplinar de esta segunda lengua en la escuela primaria.
— Enseñanza intensiva y transdisciplinar de al menos una tercera lengua en la escuela secundaria.
— Enseñanza universitaria interdisciplinar.
— Movilidad a todos los niveles educativos.

Finalmente, en relación con los instrumentos de la estrategia generados hasta el momento, los más destacados son el Marco Común europeo de referencia (MECR), el Portfolio europeo de las lenguas (PEL) y más indirectamente el Suplemento Europeo al Título (SET). Permite incluir experiencias no-curriculares al expediente académico de un grado, como por ejemplo las certificaciones lingüísticas o las ELs.

Es evidente que en la actualidad la estrategia europea hacia el multilingüismo y en ella la importancia de la movilidad, se ha impuesto a nivel universitario, donde parecería que las dificultades para aplicar políticas lingüísticas pueden ser menores que a otros niveles (PÉREZ-VIDAL, 2008). En este sentido podríamos argumentar que la universidad se nutre de un alumnado con un alto grado de motivación por los estudios, que ha superado con éxito las anteriores etapas educativas, algunas selectivas y que es capaz de fijarse retos como el de una EL en el extranjero. Por ello las instituciones universitarias pueden establecer ciertas demandas o requisitos susceptibles de ser cumplidos. Un ejemplo es el caso de los programas de movilidad hacia países de habla inglesa. En algunas universidades de acogida se estaría requiriendo un nivel de B2 del MCER e incluso un nivel de C1 para estancias en universidades de cierto nivel. Consecuentemente estos son los niveles que se exigen en las universidades de origen y que por consiguiente el alumnado aspira alcanzar.

Hay que añadir que las universidades se han dotado de planes de lenguas no sólo al hilo de las recomendaciones generales del marco de Bolonia, o debido a exigencias de las políticas lingüísticas de las universidades de acogida, sino porque se están empezando a entrever los beneficios de las políticas de lenguas aplicadas al ámbito universitario: *la excelencia está ligada a la internacionalización y ésta a la movilidad, y ambas a su vez, al conocimiento de diferentes lenguas y culturas*. Efectivamente, cualquier requisito lingüístico y plan de movilidad, enmarcados en una política bien diseñada y organizada, y con contrapartidas claras, permite trazar trayectorias, y fijar objetivos de excelencia a los que pueden aspirar tanto el alumnado, que como ya apuntábamos a menudo hace suyo el horizonte multilingüe durante los estudios de grado, igual que el profesorado y la institución en general. No es difícil colegir que dicho tipo de políticas y objetivos comportan un esfuerzo de planificación y financiación sin precedentes. Los resultados sin embargo son claros: se está empezando a apreciar cómo el alumnado y el profesorado aprende un número de lenguas y aumenta su interés por desplazarse en el EEES o fuera de Europa. La internacionalización y la excelencia parecen más cercanas (ver TUDOR y MACKIEWICZ, 2008).

La movilidad es por tanto uno de los pilares de la estrategia europea hacia el multilingüismo. Ahora bien, esta importancia debe entenderse con dos salvedades. En primer lugar, tal como afirman DuFon y Churchill (2006) y apuntábamos al inicio de este capítulo «hay pocos contextos de adquisición de lenguas que presenten la riqueza y complejidad de las estancias lingüísticas en el extranjero» (p. 28). Sin duda, de los diferentes elementos de la estrategia europea la movilidad parece comportar la mayor complejidad de gestión y de inversión personal e institucional, además de la diversidad de objetivos que contempla. Coleman (1998) identifica los siguientes cuando analiza los programas de movilidad a escala global: el académico, el cultural, el intercultural, el lingüístico, el personal y el profesional. Este autor pone énfasis asimismo en la diversidad de resultados obtenidos (Coleman 2010). Destaca en este sentido la aparente contradicción de que a pesar de que los estudiantes que disfrutan de una EL sean un grupo homógeneo en cuanto a raza, nivel socioeconómico y educativo, los beneficios lingüísticos obtenidos presenten una variabilidad tan alta como la que presentan. En cualquier caso, la variabilidad en los beneficios lingüísticos y culturales de las ELs se explica por la distinta habilidad de los y las aprendices para saber aprovechar las oportunidades que brinda una EL, cuestión que se aborda a continuación.

2.3. Las estancias lingüísticas y el aprendizaje de lenguas

Pérez-Vidal (2011a) plantean tres parámetros que nos pueden ayudar a entender las ELs en tanto que contextos específicos de aprendizaje de lenguas. Los parámetros generales o macros, los parámetros específicos o micros, y la arquitectura de los programas de ELs. Las ELs pueden a su vez describirse en contraste con el contexto convencional de instrucción formal (de ahora en adelante IF), pues la lengua meta por lo general se ha aprendido en la escuela antes de ir al extranjero de intercambio. También se puede comparar con el otro contexto que figura de forma prominente en el programa de lenguas recomendado por las instituciones europeas, el enfoque transdisciplinar, actualmente más conocido en contextos universitarios como integración de contenidos y lenguas (ICL), tan apreciado de hecho en todos los niveles educativos, del que por razones de espacio no nos ocupamos en este artículo (ver PÉREZ-VIDAL, 2011b; y VALLS-FERRER, ROQUET y PÉREZ-VIDAL, 2010 para una visión integrada de los tres contextos de aprendizaje de lenguas: EL, IF, ICL).

En cuanto a los aspectos macro de una EL, corresponden a sus características sociolingüísticas, pragmáticas y cognitivas. KASPER y ROSE (2002) han descrito la EL como un entorno sociolingüístico en el que:

— Se aprende una lengua a partir de recibir una exposición masiva a la misma.
— Se interacciona en una gran variedad de situaciones comunicativas.
— Se establecen diferentes relaciones humanas.
— Se comunica en diferentes situaciones sociales.

En contraste, en un contexto de IF la exposición al *input* de la lengua meta y la variedad sociolingüística utilizada se limitan a las que se pueden obtener en un aula. De hecho lo mismo sucede en contextos ICLE, en este sentido. Sin embargo los beneficios del ICLE estriban en el hecho de que supone una experiencia de docencia de contenidos curriculares a través de la lengua extranjera como la que se da en el contexto de la EL de un programa de movilidad, y por tanto preparan en este sentido.

En el plano cognitivo, en contextos con tal riqueza sociolingüística como la de las ELs, los mecanismos que se ponen en funcionamiento son específicos. Lo más característico de las ELs es la necesidad social de comunicarse en situaciones cotidianas en las que se atiende al significado del mensaje más que a la forma, aunque a la vez se practican dichas formas. Regan describe la situación en la que se hallan los aprendices de lenguas durante una EL en los siguientes términos:

La investigación presenta las ELs como situaciones en las se tiene tendencia a aproximarse a la conducta y las normas de los hablantes nativos [...]. Los aprendices intentan identificar aquellos aspectos de la lengua que les permitirán sentirse integrados. Es decir, que constantemente tendrán su atención dividida entre intentar aprender y comunicarse a la vez (REGAN, 1998: 1).

Si analizamos con mayor detalle los procesos cognitivos del aprendizaje de lenguas, hoy en día se entiende que en cualquier situación comunicativa en la que se atiende especialmente al significado se activan mecanismos de aprendizaje implícito (ELLIS, 1994; SCHMIDT, 1994) e incidental (HULSTJIN, 2006). En contraste, en la IF se suele centrar la actividad del aula en tareas de atención explícita a la forma, en las que se persigue mejorar la corrección en las destrezas lingüísticas. DEKEYSER (2007) ha enfatizado el gran esfuerzo que asimismo han de hacer los aprendices de lenguas para intentar transferir los aprendizajes explícitos del aula de lenguas extranjeras a la situación de la EL ya que «[...] en la producción espontánea la distancia entre el conocimiento explícito y el uso es aún mayor que en el aula» (p. 213). La interacción puede ayudar tanto a practicar como a aprender nuevas formas, tal como GASS (2006) postula, pero el papel exacto que la interacción juega en los procesos cognitivos de adquisición de formas y significados es aún controvertido. En cualquier caso la cantidad de *input* que se recibe durante una EL tiene una repercusión cualitativa sobre la adquisición de lenguas puesto que tal como los hemos presentado los procesos cognitivos que tienen lugar en dicho contexto permiten:

— Establecer hipótesis sobre fenómenos lingüísticos de los cuales se es relativamente consciente.
— Repetir las mismas estructuras lingüísticas y su uso en forma de diferentes actos de habla.
— Contextualizar el aprendizaje en situaciones comunicativas de la vida cotidiana.

Siguiendo con la perspectiva cognitiva, autores como DEKEYSER (2007) y SEGALOWITZ (2003) han planteado que la EL permite practicar las estructuras y reglas de una lengua que conoce hasta llegar a automatizarlas. En el mismo plano cognitivo, COLLENTINE (2009) ha investigado la existencia de niveles umbral de competencia como requisito indispensable para su mejora durante la EL. En general DEKEYSER (2007) plantea que los aprendices deben tener un nivel de competencia funcional para beneficiarse de las oportunidades que la EL ofrece.

Si pasamos a los aspectos micros o específicos de las ELs, se concretan en los rasgos propios de los aprendices. DÖRNYEI y SKEHAN (2006: 611-612) acuñan el término «habilidades auto-reguladoras» definidas como «un constructo multidimensional que incluye procesos cognitivos, metacognitivos, motivacionales, de comportamiento y del entorno, que los aprendices utilizan para mejorar sus logros académicos». La importancia de la habilidad de cada aprendiz para establecer contacto con hablantes de la lengua meta ha sido resaltada por los estudios sobre EL desde las primeras publicaciones, por ejemplo REGAN (1995, 1998), hasta las más recientes de FREED, SEGALOWITZ y DEWEY (2004). Estos últimos autores profundizan en dicha cuestión en la monografía de la prestigiosa revista *Studies in Second Language Acquisition* editada por Collentine y Freed en los siguientes términos:

> Hemos de seguir investigando las diferencias que muestran los aprendices en cuanto a su habilidad e iniciativa para beneficiarse de las oportunidades de practicar la lengua meta fuera de las aulas durante sus estancias en el extranjero, redundan en diferentes oportunidades de contacto con dicha lengua, y por tanto de mayores beneficios para el desarrollo de su competencia lingüística (COLLENTINE y FREED, 2004b: 296).

La Figura 4 es una representación visual de los tres círculos concéntricos que COLEMAN (2010) ha propuesto en un Seminario recientemente impartido, como representación de las redes sociales en las que se mueve un estudiante universitario durante su EL. El primer círculo es el que corresponde al contacto con otros estudiantes de su misma procedencia, co-nacionales; el segundo corresponde al contacto con estudiantes de otras procedencias; y el tercero ya representa el contacto con hablantes de la lengua meta locales. El paso del uno al otro es el que depende de las habilidades auto-reguladoras individuales descritas.

En resumen, en el momento en que intentamos medir el progreso en el apredizaje de la lengua meta aparece una cuestión fundamental relacionada con el perfil individual de cada estudiante: la capacidad para establecer contacto con hablantes de la lengua. Sin embargo, otra cuestión es igualmente importante, y de

FIGURA N.º 4
*Los círculos concéntricos de las redes sociales
durante la EL (Coleman, 2011)*

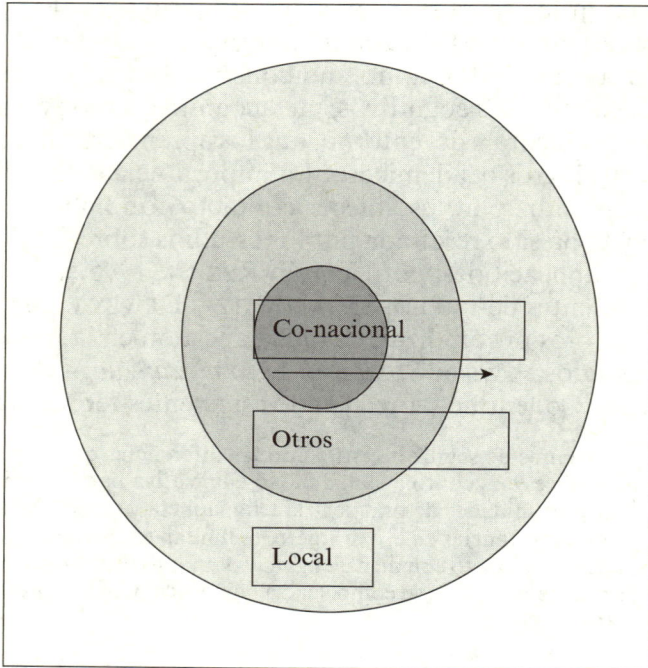

hecho en parte determina la primera: el diseño de la EL, inserta-
da en un programa de movilidad específico, en sus múltiples dimensiones, cuestión que tratamos a continuación.

3.2.4.   *Las estancias lingüísticas y sus modalidades*

El éxito de una EL también depende de su diseño, y del programa de movilidad en el que se inserta. La siguiente lista, basada
en PAIGE, COHEN, KAPPLER, CHI y LASSEGARD (2002) incluye dos
tipos de parámetros o dimensiones que conforman el diseño de
una EL. Son independientes pero en la práctica interactúan entre
sí y en conjunto determinan, ciertamente unas en mayor o menor
grado que otras, el éxito de una EL y del programa en general.

0. La filosofía del programa.
1. La preparación de la ES.
2. La temporización de la ES (duración y momento).
3. El componente de instrucción formal durante la ES.
4. El trabajo asignado desde la Universidad de origen.
5. El trabajo a la vuelta de la ES.
6. La evaluación de los beneficios.
- -
7. El nivel de competencia lingüística inicial del/de la aprendiz/a
8. El grado de contacto con hablantes de la lengua y el uso real de la lengua durante la ES.
9. Diferencias individuales: edad, género, motivación, personalidad.

El primer factor lo constituye en parte la perspectiva global con la que se organiza una EL, sus finalidades últimas, entendidas tanto desde el prisma del programa de movilidad institucional, como desde el de los aprendices, ambos agentes en el escenario complejo de una EL. Podríamos hablar de hecho de visión institucional y creencias de aprendices. Las otras variables pueden agruparse precisamente en los dos bloques: i) las características del programa (1-6), y ii) las características individuales de los/las aprendices (7-8).

En el primer bloque, la variable (1), preparación, responde al interés de dar a los estudiantes instrumentos tanto culturales como de autonomía de aprendizaje para la mayor eficacia y éxito de la EL. Se trata de ayudarles a desarrollar las habilidades auto-reguladoras descritas anteriormente. La preparación de la EL efectuada en la institución de partida incluye elementos de toma de conciencia de la propia cultura, del estilo propio de aprendizaje y decisiones entorno a los objetivos individuales y estilo de aprendizaje. Asimismo, se trabajan los aspectos relacionados con la implicación personal y los sentimientos de autoestima y confianza que entran en juego en una situación vital fuera de casa, en un país generalmente desconocido. Todo ello puede prepararse en un módulo educativo previo al viaje. En paralelo, como se ha comentado más arriba, alguna experiencia en aulas ICLE prepara para recibir clases en la lengua meta en las universidades de acogida. Respecto a la variable (2), duración y cronología de las estancias, éstas suelen durar entre 3 meses y un año. Coleman da una media de 7,2 meses. Suelen incluir instrucción formal (3). La asignación de trabajo varía enormemente de una universidad a otra, tanto si se entiende la universidad de origen como la de destino (4) y ambas pueden utilizarse para la evaluación de la EL desde la institución matriz. El trabajo de «recuperación y mantenimiento» de los beneficios de la EL es imprescindible si se desea mantener sus efectos positivos y aprovecharlos al máximo (5), tal como DeKeyser (2007: 219) subraya. La evaluación de beneficios (6) puede no darse, pero numerosas instituciones se dotan de fórmulas al respecto.

En el segundo bloque, el de las características individuales, el nivel de competencia inicial y el grado de contacto, variables (7) y (8) respectivamente, han sido los temas centrales de numerosos estudios publicados en este ámbito, como ya se ha mencionado. Se desprende de lo anterior que las características individuales de los aprendices inciden en los beneficios de las ELs (9) provocando un efecto en cadena. La investigación dedicada a analizar dicha cuestión se presenta en el siguiente apartado.

3.3. EL IMPACTO DE LAS ESTANCIAS LINGÜISTICAS

Desde hace unas tres décadas diversos autores analizan científicamente los efectos de las ELs con un objetivo doble. Por una parte se esfuerzan en medir su impacto real, y matizar las perspectivas más globales sobre las múltiples virtudes de las ELs, tal como se han expuesto en el primer apartado de este capítulo. Por otra parte, persiguen contribuir al estudio de la adquisición de lenguas en general, con la aportación específica de un contexto de adquisición único para los y las aprendices de lenguas convencionales, las estancias en un país en el que la lengua meta no es ya una lengua extranjera, sólo utilizada en el aula, sino una lengua segunda hablada en el entorno, como se ha explicado en el segundo apartado de este capítulo.

Así es que, a pesar de la relativamente corta trayectoria con la que se cuenta en el estudio de las EL, y de constituir un ámbito específico en el campo de estudio de la adquisición, los resultados de los estudios publicados hasta el momento tienen un valor científico y social importante. Efectivamente, tal como se ha explicado, los conocimientos con los que contamos ya nos permiten arrojar luz sobre los procesos de adquisición en circunstancias específicas como las de una visita temporal al país de la lengua meta. A menudo se ha contrastado la EL con la IF y con otros tipos de contextos como el ICL. Tal como COLLENTINE y FREED (2004b) sugieren, el análisis de los procesos de adquisición en diferentes contextos de aprendizaje nos permite ensanchar la visión de los mecanismos que entran en juego en el aprendizaje de lenguas.

Los primeros estudios analizaron en gran parte estudiantes de intercambio de fuera de Europa, a menudo estadounidenses, y europeos con carreras ligadas al aprendizaje de idiomas. Surgieron con fuerza en los años noventa (ver BRECHT y ROBINSON, 1995; DEKEYSER, 1991, 1997; FREED, 1995; HUEBNER, 1995; MEARA, 1994; MILTON y MEARA, 1995; PELLEGRINO, 1998; TOWELL, HAWKINS y BAZERGUI, 1996) y analizaron especialmente beneficios lingüísticos. Algo más tarde resurgió el interés por las ELs, con más ímpetu si cabe, ya en el nuevo milenio, con las primeras generaciones de alumnado que disfrutaba de los programas de movilidad europeos, y un renovado interés por las ELs después del del «11 de septiembre» en los Estados Unidos de América (ver COLLENTINE y FREED, 2004a; DEKEYSER, 2007; DUFON y CHURCHILL, 2006; FREED, SEGALOWITZ y DEWEY, 2004; HOWARD, 2001, 2005; KINGINGER, 2009; PELLEGRINO, 2005; REGAN *et al.*, 2009). Estos estudios más recientes se centran en el análisis de cuatro cuestiones, que se presentan con mayor detalle en el siguiente apartado, excepto la última, cuyo interés trasciende el de este capítulo.

a) Los beneficios lingüísticos de la EL, con especial atención a los procesos cognitivos que tienen lugar en dichas circunstancias; es decir el tipo y grado de práctica lingüística que el nuevo contexto permite, tratados en el apartado anterior (ver DEKEYSER, 2007; SEGALOWITZ y FREED, 2004 sobre procesos cognitivos).

b) Los beneficios extralingüísticos que se obtienen después de una EL, es decir el uso y desarrollo de las estrategias auto-reguladoras que los aprendices experimentan durante la EL y el grado de contacto con la lengua meta que consecuentemente consiguen obtener; las oportunidades que buscan para interactuar en dicha lengua (COLLENTINE y FREED, 2004a; PELLEGRINO, 2005).

c) El efecto del diseño del programa: duración del mismo y tipo de residencia utilizada durante la EL (PAIGE, COHEN, KAPPLER, CHI y LASSEGARD, 2002).

d) Las cuestiones metodológicas de la investigación (ver por ejemplo la revisión metodológica de REES y KLAPPER, 2008).

3.1. LOS BENEFICIOS LINGÜÍSTICOS DE LAS ESTANCIAS EN EL EXTRANJERO

En relación con la primera de las cuestiones expuestas, los beneficios lingüísticos de la EL, una revisión de los estudios existentes apunta, casi sin excepción, a que el progreso lingüístico es mayor en el ámbito de la producción oral, y en concreto en las áreas de fluidez, riqueza léxica y corrección gramatical (FREED, 1995; DuFON y CHURCHILL, 2006; MILTON y MEARA, 1995).

En este punto merece la pena referirse a los resultados del proyecto *Study Abroad and Language Acquisition* (SALA), coordinado en Barcelona con la Universidad de Palma de Mallorca (Universidad Pompeu Fabra y Universidad de las Islas Baleares respectivamente), por ser pionero en España. El proyecto analiza el impacto de una EL de tres meses realizada por 90 estudiantes de grado, bilingües catalán/español, con niveles de competencia en inglés a nivel avanzado. Se mide el efecto a corto y medio plazo, es decir a la vuelta de la EL y quince meses más tarde. Se contrasta dicho efecto con los beneficios de un período previo de IF de seis meses que recibe el mismo grupo de estudiantes en la universidad de origen. La EL es parte integrante de sus estudios de Traducción e Interpretación. Todas las habilidades lingüísticas se tienen en consideración y se examinan exhaustivamente, así como la motivación, la actitud, y las creencias y las condiciones de la estancia (ver PÉREZ-VIDAL 2011 para una presentación del proyecto).

El estudio de los beneficios lingüísticos en la producción oral del corpus de estudiantes SALA analizado por JUAN-GARAU y PÉREZ-VIDAL (2007) y VALLS FERRER y MORA (2009) está en línea con los resultados ya citados de investigaciones anteriores y confirma que el contexto de la EL produce resultados significativamente mejores que el de IF que los estudiantes reciben antes de salir de viaje. Es decir, que a la vuelta de la EL se habla con mayor rapidez e inteligibilidad, con vocabulario y sintaxis más ricos y menos errores.

En cuanto a la producción escrita, pocos estudios se han dedicado a esta habilidad, quizás una de las menos atendidas, junto a la comprensión oral. Con los datos de SALA, PÉREZ-VIDAL y JUAN-GARAU (2009) utilizan un test consistente en una composición escrita sobre un tema de interés cultural con el que los aprendices muestran una clara mejora. Las composiciones muestran unos beneficios estadísticamente significativos en las tres áreas de fluidez, complejidad léxica y corrección después de la EL. Estos resultados están en consonancia con los de SASAKI (2004, 2007), prácticamente únicos en el panorama bibliográfico. Efectos tan o más positivos, es decir estadísticamente significativos, se hallaron en el test de comprensión auditiva de SALA consistentes en una entrevista radiofónica auténtica, no editada (BEATTIE, 2008). Estos resultados nuevamente confirman los de las escasas investigaciones publicadas sobre el tema, como el estudio de ALLEN y HERRON (2003). En definitiva, después de la EL los estudiantes escriben textos más largos, con oraciones más elaboradas tanto a nivel sintáctico como léxico y con menos errores. Podría hablarse de un reflejo simétrico de las mejoras en la producción oral. Asimismo, su capacidad para comprender mensajes orales es significativamente más alta. Podría decirse por tanto que hasta aquí el beneficio lingüístico de la estancia es innegable.

Sin embargo, el panorama cambia de forma drástica al medir elementos discretos gramaticales, sintácticos y morfológicos. Lo mismo sucede, sorprendentemente, con la competencia fonética, tanto productiva como receptiva, que de forma intuitiva podríamos pensar que debería mejorar. Los estudiantes de SALA no mejoraron su producción y percepción fonéticas, medidas con tareas específicas que incidían en los contrastes vocálicos y consonánticos inexistentes en catalán y castellano y presentes en inglés. Por el contrario, fue el contexto de la IF el que les hizo avanzar en este ámbito, a menudo de forma significativa (MORA, 2008). Estos resultados confirman los obtenidos por DÍAZ-CAMPOS (2004) con alumnos de intercambio en los Estados Unidos.

Y, asimismo, al medir las habilidades léxico-gramaticales por medio de tests de manipulación de oraciones y de cloze, se obtuvo el mismo tipo de resultado significativamente positivo para la IF, y negativo para la EL (JUAN-GARAU, PRIETO y SALAZAR, 2010; y PÉREZ-VIDAL, JUAN-GARAU y MORA, 2011). Parecería que las habilidades lingüísticas y comunicativas que mejoran como resultado de la práctica idiomática que puede realizarse durante la EL son las que quedan recogidas por medio de tests integrados, como el juego de rol, la entrevista y la audición radiofónica. En cambio, las que se miden con tests de elementos discretos, como la gramática y la fonética, mejoran con la práctica lingüística que tiene lugar en el contexto educativo de IF, donde quizás se trabajaban de forma «discreta», atendiendo a la forma y no al significado, como sucede en las aulas, a diferencia de lo que es habitual durante una estancia en el extranjero.

Dos últimas cuestiones son importantes y han generado estudios de gran interés, el desarrollo de las habilidades pragmáticas y sociolingüísticas durante una EL. En cuanto a las habilidades pragmáticas medidas a partir del uso de coloquialismos, tanto JUAN-GARAU y PÉREZ-VIDAL (2007) como TRENCHS (2009) hallaron un progreso significativo con el corpus SALA después de la EL en cuanto a la mayor presencia de lenguaje formulaico tanto en las composiciones como en las entrevistas orales. Este estudio confirmó los resultados de un número considerable de estudios anteriores como los de REGAN *et al.* (2009) o DUFON y CHURCHILL (2006) los cuales también analizan competencia sociolingüística general. Sus resultados muestran indefectiblemente que la capacidad de comunicarse de forma apropiada en cada situación comunicativa aumenta durante la EL, en ocasiones llegando incluso a aparecer hipercorrecciones, o uso excesivo de ciertas fórmulas respecto al de hablantes locales de la lengua meta.

Los datos cualitativos sobre factores individuales de los aprendices nos ayudarán a buscar explicaciones e interpretar estos resultados de tipo cuantitativo, de ello se trata a continuación.

3.3.2. *Los factores individuales y el progreso lingüístico durante las estancias*

Tal como ya se ha mencionado, los beneficios que se derivan de las ELs parecen estar en relación con la capacidad de los aprendices de aprovechar las oportunidades de *input* e interacción que ésta ofrece, y así desarrollar su competencia comunicativa, cultural, de integración social y de desarrollo estratégico y personal.

COLLENTINE y FREED (2004a) concluyen que no es el contexto de la EL *per se* sino el tipo e intensidad del contacto que los aprendices establecen con la lengua y la cultura meta lo que condiciona el grado de progreso obtenido. FREED, DEWEY, SEGALOWITZC y HALTER (2004) publican un cuestionario cualitativo sobre el perfil individual de los aprendices y su comportamiento y emociones durante la estancia, utilizado en el conjunto de los estudios del monográfico de la revista *SSLA*. Asimismo, aporta información sobre las condiciones generales de la misma tanto en relación con el tipo de vivienda, como de trabajo. Incluye también preguntas sobre las actividades curriculares y extra-curriculares a las que los estudiantes dedican tiempo, su vida social y aspectos relacionados con el encuentro con la cultura de acogida.

A partir de una adaptación de dicho cuestionario, JUAN-GARAU y PÉREZ-VIDAL (2007b: 128), JUAN-GARAU (2009) y VALLS-FERRER y MORA (2009) examinaron a los alumnos con mejores resultados en producción oral medida a través del juego de rol y la entrevista en parejas para intentar identificar qué perfiles individuales los caracterizaban. Para ello triangularon los resultados de los tests de progreso administrados a sus sujetos con los datos sobre su grado de contacto con la lengua y la cultura meta durante la EL, sus actitudes y su grado de motivación. El análisis reveló que los individuos con mejores resultados habían tenido un grado de contacto considerable con hablantes de la lengua meta, en concreto a través de compartir el piso en el que residían. En relación con el tipo de residencia, anteriores estudios destacan que los más beneficiosos parecen ser el vivir en familia (*home stays*) o en un piso compartido con hablantes de la lengua, como en este caso, y no las residencias con amigos de la propia universidad de origen.

Tan importante como el tipo de residencia es la actividad académica extra-curricular que se desarrolla durante la EL, que se añade a la comunicación cotidiana a través de la lengua meta en tanto que tipología específica de contacto con la misma. En este ámbito los sujetos analizados con mejores resultados en las pruebas orales también declararon que habían llevado a cabo tareas académicas fuera de las horas de clase, tales como utilizar los medios de comunicación (prensa, radio y televisión) y que habían trabajado para mejorar su competencia en el idioma tanto como podían.

En el plano actitudinal declararon tener muchas ganas de aprender. Otras cuestiones más emocionales también quedaron reflejadas en los cuestionarios de actitudes y motivaciones: el hecho de que eran capaces de mantener un grado bajo de ansiedad durante la comunicación oral. Podríamos concluir que dichos parámetros parecen representar buenos predictores de éxito.

La misma perspectiva se adoptó para identificar el perfil individual de los y las estudiantes que obtenían mejores beneficios en producción escrita (JUAN-GARAU y PÉREZ-VIDAL (2009: 288). Sus análisis confirman los resultados de los estudios de COLLENTINE y FREED (2004a). Efectivamente, los participantes que mejores resultados escritos obtuvieron también llevaron a cabo actividades académicas extracurriculares además de interactuar con hablantes de la lengua meta. Los resultados de SALA asimismo mostraron que la consciencia de aprendizaje y de los factores emocionales, así como del propio progreso, y la mayor práctica oral se correlacionaban con mejoras lingüísticas.

La otra cuestión clave en el estudio del perfil de los estudiantes y el progreso conseguido durante la EL es el nivel inicial de competencia en la lengua meta. Los aprendices con un nivel inicial relativamente bajo, pero funcional, parecen mostrar mayor progreso (DEKEYSER 2007). Ello quedó confirmado con los datos de SALA de la composición escrita y el juego de rol.

Hay que recordar que los parámetros de grado y tipo de contacto con la lengua y la cultura metas y nivel inicial de idioma son factores individuales que a su vez conforman el bloque entero de factores internos del individuo en los diseños de programas de movilidad y parte de los externos. Efectivamente, los filtros lingüísticos y requisitos académicos y la preparación y monitorización de los estudiantes son aspectos susceptibles de organizarse desde cada universidad. En el siguiente apartado sobre el diseño de la EL se presentan el resto de parámetros de naturaleza estructural de los programas.

3.3.3. *El diseño del programa de estancias y su impacto lingüístico*

Las características del diseño de una EL permiten explicar en gran parte la medida en que se cubren los objetivos que para la misma se hayan fijado. De los dos grupos de parámetros de los programas identificados en el apartado 2.4., los individuales relacionados con la competencia inicial y el grado de contacto con la lengua meta, incluyendo las actividades de aprendizaje curriculares y extracurriculares desarrolladas y su evaluación se acaban de tratar.

Quedan por considerar aquellos factores externos como la preparación de la visita y su duración y las posibilidades de trabajar. Si bien sobre el primero es difícil conseguir datos fiables, el segundo es bien simple de calcular, y es clave pues tiene un efecto sobre la cantidad de exposición e interacción en la lengua obtenidos.

Ahora bien, la duración de la estancia es un ejemplo de resultados contradictorios en la bibliografía existente, pues no está claro por el momento cuál es el período mínimo de estancia en el país de la lengua meta con el que se obtienen resultados significativamente satisfactorios. LLANES (2010) concluye que una diferencia de un mes, de dos a tres meses, no permite obtener mejores resultados. Los datos de SALA con una duración de tres meses permiten concluir que dicho período es suficiente para apreciar progreso significativo. En esta línea DuFon y Churchill (2006: p. 26) concluyen que incluso los programas de corta duración son beneficiosos, excepto en el área de la fonética y la pragmática, tal como los datos de dicho proyecto confirman.

Para acabar, respecto a las posibilidades de trabajar, parece ser que, tal como muestran los datos del proyecto SALA, la EL tiene un impacto positivo. Juan-Garau y Pérez-Vidal (2007) lo confirman pues los «estudiantes que encontraron trabajo obtuvieron significativamente mejores resultados que los que no lo hicieron» en las pruebas orales (p. 128).

3.4. Conclusión

La investigación sobre los efectos de las ELs permite apreciar que ciertas habilidades experimentan mayor progreso que otras después de una estancia en el país de una lengua meta en el marco de los programas de movilidad universitarios. Estas son la competencia oral, la escrita, la comprensión oral, el léxico y la corrección gramatical. El grado de contacto con la lengua meta y la calidad de dicho contacto son factores centrales en los efectos positivos de las ELs, tanto cuantitativos como cualitativos. La producción oral, la escritura, la comprensión y las habilidades pragmáticas, la fluidez, el léxico y la corrección son las áreas en las que la mayor cantidad de *input* de la EL parece tener un impacto. La cantidad de *input* varía en relación con la vivienda que se consigue y las posibilidades de trabajar pues en principio facilitan un mayor grado de interacción con hablantes de la lengua meta. A su vez la calidad del *input* varía en relación con el tipo de trabajo extracurricular que se lleva a cabo durante la EL.

Parece innegable que las posibilidades de disfrutar de un programa de movilidad han de ser extensibles al conjunto del alumnado universitario siempre que se cumplan las condiciones mínimas para su aprovechamiento: tener un nivel lingüístico funcional en la lengua meta así como la mejor preparación para la EL posible, una vivienda compartida con hablantes de la lengua del país y posibilidades de contacto con medios de comunicación diferentes y hablantes diferentes.

En la primera sección de este capítulo se recordaba el objetivo último de las políticas europeas de movilidad y promoción de lenguas que afectan a la educación superior universitaria en el horizonte del EEES: formar a las nuevas generaciones de jóvenes estudiantes y futuros profesionales con una consciencia multilingüe y multicultural. Parece claro que la movilidad, aparejada con experiencias ICL y en paralelo a la IF, nos aproxima a dicho objetivo. Todas ellas deberían estar enmarcadas en una buena política de lenguas de la institución universitaria responsable de la EL.

6. REFERENCIAS BIBLIOGRÁFICAS

ALLEN, H. y HERRON, C. (2003): «Mixed-methodology investigation of the linguistic affective outcomes of summer study abroad», *Foreign Language Annals*, 36, pp. 370-385.

BEATTIE, JOHN (2008): «Evaluating the Acquisition of English Listening Comprehension Skills in the Framework of the SALA Project», *Monografías de Aula Abierta, Estudios de desarrollo del lenguaje y educación*, 32, Universidad de Oviedo.

BRECHT, RICHARD D. Y ROBINSON, JENNIFER L. (1995): «On the value of formal instruction in study abroad», en Freed, Barbara F. (ed.): *Second language acquisition in a study abroad context*, Benjamins, Amsterdam/Philadelphia.

COLEMAN, JAMES (1998): «Language learning and Study abroad», *Frontiers: The interdisciplinary journal of study abroad*, 4, pp. 167-203.

— (2010): *Foreign language learnin during Study Abroad: What do we know and what do we need to know*, conferencia pronunciada el 18 de octubre de 2011 en la Universidad Pompeu Fabra de Barcelona.

COLLENTINE, JOSEPH (2004): «The effects of learning context on morphosyntactic and lexical development», *Studies in Second Language Acquisition*, 26(2), pp. 227-248.

— (2009): «Study abroad research: findings, implications and future directions», en Michael H. Long y Doughty, Catherine J. (eds.): *The handbook of language teaching*, Willey, New York.

COLLENTINE, JOSEPH Y FREED, BARBARA F. (eds.) (2004a): Learning context and its effect on second language acquisition. [Special issue], *Studies in Second Language Acquisition*, 26(2).

— (2004b): «Learning context and its effects on second language acquisition: Introduction», *Studies in Second Language Acquisition*, 26(2), pp. 153-171.

COMMISIÓN DE LAS COMUNIDADES EUROPEAS (1995): *Teaching and Learning: towards a Learning Society, 449. White Paper on Education and Learning, DGV*, CE, Bruselas.

— (2003): *590 Promoting language learning and linguistic diversity: An action plan 2004-2006*, CE, Bruselas.

— (2008): *A Rewarding Challenge: how the Multiplicity of Languages Could Strengthen Europe*, CE, Bruselas.

DEKEYSER, ROBERT M.(1991): «Foreign language development during a semester abroad», en Freed, Barbara F. (ed.): *Foreign language acquisition research and the classroom*, MA: D.C. Heath, Lexington.

— (1997): «Beyond explicit rule learning», *Studies in Second Language Acquisition*, 19, pp. 195-221.

— (2007): «Study abroad as foreign language practice». En DEKEYSER, ROBERT M. (ed.): *Practice in a Second Language. Perspectives from Applied Linguistics and Cognitive Psychology*, Cambridge University Press, Cambridge.

DÍAZ-CAMPOS, MANUEL (2004): «Context of learning in the acquisition of Spanish second language phonology», *Studies in Second Language Acquisition*, 26(2), pp. 249-273.

DÖRNYEI, ZOLTAN, Y SKEHAN E., PETER (2006): «Individual differences in second language learning», en Long, Michael H.y Doughty, Catherine (eds.): *The handbook of second language acquisition*, Blackwell, Malden, Oxford y Victoria.

DUFON, MARGARET A. Y ETON, CHURCHILL (2006): *Language Learners in Study Abroad Contexts*, Multilingual Matters, Clevedon.

ELLIS, ROD. (1994): *The Study of Second Language Acquisition*, Oxford University Press, Oxford.

FREED, BARBARA F. (1995): «What makes us think that students who study abroad become fluent?», en Freed, Barbara F (ed.): *Second language acquisition in a study abroad context*, John Benjamins, Amsterdam /Philadelphia.

FREED, BARBARA F., SEGALOWITZC, NORMAN y DEWEY, DAN (2004): «Context of learning and second language fluency in French: Comparing regular classroom, study abroad and intensive domestic immersion programs», *Studies in Second Language Acquisition*, 26(2), pp. 275-301.

FREED, BARBARA F., DEWEY, DAN, SEGALOWITZ, DAN y HALTER, RANDALL (2004): «The Language Contact Profile», *Studies in Second Language Acquisition*, 26(2), pp. 349-356.

GASS, SUSAN (2006): «Input and interaction». En LONG, MICHAEL H. y DOUGHTY, CATHERINE (eds.): *The handbook of second language acquisition*, Blackwell, Malden, Oxford y Victoria.

HOWARD, MARTIN (2001): «The effects of study abroad on L2 learners» structural skills», en Foster-Cohen, Susan H. y Nizegorodcew, Anna (eds.): *European Second Language Association* (EUROSLA) *Yearbook* 1, John Benjamins, Amsterdam /Philadelphia.

HOWARD, MARTIN (2005): «Second language acquisition in a study abroad context: A comparative investigation of the effects of study abroad and formal language instruction on the L2 learner's grammatical development», en Housen, Alex y Pierrard, Michele (eds.): *Investigations in instructed second language acquisition*, Mouton de Gruyter, Berlin.

HUEBNER, THOM (1995): «The effects of overseas language programs: Report on a case study of an intensive Japanese course», en Freed, Barbara F. (ed.): *Second language acquisition in a study abroad context,* John Benjamins, Amsterdam/Philadelphia: Amsterdam/Philadelphia.

HULSTIJN, JAN H. (2006): «Incidental and intentional learning», en Long, Michael H. y Doughty, Catherine (eds.): *The handbook of second language acquisition*, Blackwell, Malden, Oxford y Victoria.

JUAN-GARAU, MARIA (2009): *Oral and written competence in English after «Stay Abroad» (SA)*, Contrasting gains and contact effects. Ponencia presentada en el congreso internacional de la American Association of Applied Linguistics Conference, Denver, 21-24 de marzo de 2009.

JUAN-GARAU, MARIA Y PÉREZ-VIDAL, CARMEN (2007): «The effect of context and contact on oral performance in students who go on a stay abroa», *Vigo International Journal of Applied Linguistics*, 4, pp. 95-117.

JUAN-GARAU, MARIA, PRIETO, JOSÉ I. Y SALAZAR, JOANA (2010): «The interaction of learning context and learner attitude and its effects on l3 lexico-grammatical competence», *AESLA XXI Conference 2008 Proceedings*.

KASPER, GABRIELE Y ROSE, KENNETH (2002): *Pragmatic development in a Second Language*, Blackwell, Oxford.

KINGINGER, CELESTE (2009): *Language learning and study abroad. A Critical reading of research*, Palgrave McMillan, Basingstoke/New York.

LLANES, ANGELS (2010): *Children and adults learning English in a study abroad context,* Tesis doctoral, University of Barcelona, Barcelona.

MEARA, PAUL (1994): «The year abroad and its effects», *Language Learning Journal*, 10, pp. 32-38.

MILTON, JAMES Y MEARA, PAUL (1995): «How periods abroad affect vocabulary growth in a foreign language», *ITL International Journal of Applied Linguistics*, 107-108, pp. 17-34.

MORA, JOAN CARLES (2008): «Learning Context Effects on the Acquisition of a Second Language Phonology», en Pérez-Vidal, Carmen, Juan-Garau, María y Bel, Aurora (eds.): *A Portrait of the Young in the New Multilingual Spain*, Multilingual Matters, Clevedon.

PAIGE, R. M., ANDREW COHEN, KAPPLER, B. CHI, J. y LASSEGARD, J. P. (2002): *Maximizing study abroad. A students» guide to strategies for language and culture learning and use,* University of Minnesota Center for Advanced Research on Language Acquisition, Minneapolis.

PELLEGRINO, VALERIE A. (1998): «Student perspectives on language learning in a study abroad context», *Frontiers: The Interdisciplinary Journal of Study Abroad*, 4, pp. 91-120.

PELLEGRINO, VALERIE A. (2005): *Study abroad and second language use: Constructing the Self*, Cambridge University Press, Cambridge.

PÉREZ-VIDAL, CARMEN (2011a): «The effects of context and input conditions on oral and written development: A Study Abroad perspective», en HOWARD, MARTIN (ed.): *The effects of input on foreign language learning,* Mouton de Gruyter, Berlin.

— (2011b): «Language acquisition in three different contexts of learning: Formal instruction, Study Abroad and Semi-immersion (CLIL)», en Ruiz de Zarobe, Yolanda, Sierra, José María. Gallardo del Puerto y Francisco (eds.): *Content and Foreign Language Integrated Learning: Contributions to Multilingualism in European Contexts,* Peter Lang, Bern/Berlin.

— (2009a): «The integration of content and language in the classroom: A European approach to education (The second time around)», en Dafouz Milne, Emma y Guerrini, Michele C. (eds.): *CLIL Across Educational Levels: Experiences from Primary, Secondary and Tertiary Contexts*, Santillana Educación, Madrid.

— (2009b): «Ciudadanía europea», *Cuadernos de Pedagogía*, 395, pp. 52-54.

— (2008): «Política lingüística universitària catalana dins l'EEES a la Universitat Pompeu Fabra: el Pla d'Acció pel Multilingüisme», en Martí, Joan y Mestres, Josep Maria (eds.): *El multilingüisme a les universitats en l'espai europeu d'educació superior: (Actes del seminari del CUIMPB-CEL 2007),* Institut d'Estudis Catalans, Barcelona.

PÉREZ-VIDAL, CARMEN, Y JUAN-GARAU, MARIA (2009): «The effect of study abroad on written performance», en Roberts, Leah, Veronique, Daniel Nilsson, Anna y Tellier, Marrion (eds.): *Eurosla Yearbook 2009* (9), John Benjamins, Philadelphia/Amsterdam.

PÉREZ-VIDAL, CARMEN, JUAN-GARAU, MARIA Y MORA, JOAN CARLES (2011): «The effects of formal instruction and study abroad contexts on foreign language development: The SALA Project», en Sanz, Cristina y Leow,

Ron P. (eds.): *Implicit and Explicit conditions, Processes and Knowledge in SLA and Bilingualism*, Georgetown University Press, Washington DC.

REES, JONATHAN Y KLAPPER, JOHN (2008): «Issues in the quantitative longitudinal measurement of second langugae progress in the study abroad context», en Ortega, Lourdes y Byrnes, H. (eds.): *The longitudinal study of advanced L2 capacities*, Routledge, New York.

REGAN, VERA (1995): «The acquisition of sociolinguistic native speech norms: Effects of a year abroad on second language learners of French», en Freed, Barbara F. (ed.), *Second language acquisition in a study abroad context*, John Benjamins, Amsterdam/Philadelphia.

REGAN, VERA (1998): «Sociolinguistics and language learning in a study abroad context. *Frontiers: The Interdisciplinary Journal of Study Abroad*, 4, pp. 61-91.

REGAN, VERA, HOWARD, MARTIN Y LEMÉE, ISABEL (2009): *The acquisition of sociolinguistic competence in a study abroad context*, Multilingual Matters, Buffalo.

SASAKI, MIYUKI (2004): «A multiple-data analysis of the 3.5-year development of EFL student writers», *Language Learning*, 54, pp. 525-582.

— (2007): «Effects of Study-Abroad experiences on EFL writers: A multiple-data analysis», *The Modern Language Journal*, 91, pp. 602-620.

SEGALOWITZ, NORMAN (2003): «Automaticity and second languages», en Long, Michael H.y Doughty, Catherine (eds.): *The handbook of second language acquisition*, Blackwell, Malden, Oxford/Victoria:

SEGALOWITZ, NORMAN Y FREED, BARBARA F. (2004): «Context, contact, and cognition in oral fluency acquistion: Learning Spanish in at home and study abroad contexts», *Studies in Second Language Acquistion*, 26(2), pp. 173-199.

SCHMIDT, RICHARD (1994): «Deconstructing consciousness in search of useful defintions for applied linguistics», *Association Internationale de Linguistique Apliquée* (AILA) *Review*, 11, pp. 112-116.

TOWELL, RICHARD, HAWKINS, ROGER Y BAZERGUI, NIVES (1996): «The development of fluency in advanced learners of French», *Applied Linguistics*, 17, pp. 84-119.

TRENCHS, MIREIA (2009): «Effects of formal instruction and stay abroad on the acquisition of oral fluency», *The Canadian Modern Language Review/La revue canadiènne des langues vivantes*, 65-3, pp. 365-393.

TUDOR, IAN Y MACKIEWICZ, WOLFANG (2008): «English language teaching in the European Credit Transfer System: Facing the challenge», en Pérez Canado, A. M. (ed.): Peter Lang, Bern, Berlin, Bruxelles, Framkfurt am Main, New York, Oxford, Wien.

VALLS-FERRER, MARGALIDA, ROQUET-PUGÈS, HELENA y PÉREZ-VIDAL, CARMEN (2010): «The effect of practice in different contexts of language acquisition: contrasting FI, SA and CBLC», en Caballero, R. y Pinar María J. (eds.): *Ways and Modes of Human Communication* [On-line serial n.º 129, pp. 219-229], Ediciones de la Universidad de Castilla La Mancha-AESLA, Cuenca.

VALLS-FERRER, MARGALIDA Y MORA, JOAN CARLES (2009): *Study abroad effects on the oral production of advanced L2 learners: The interaction between Fluency, Accuracy and Complexity*, Denver, 21-24 de marzo de 2009.

WÄCHTER, B. y WUTTIG, S. (2006): «Student mobility in European programs», en Kelo, M., Teichler, U. y Wächter, B. (eds.): *Eurodata: Student Mobility in European Higher Education*, Lemmens Verlags y Mediengesellshaft, Bonn.